支持性
社会组织概览

**An Overview on
Supportive Social Organizations**

主　编／丘仲辉　　副主编／佘红玉　陈友华

社会科学文献出版社
SOCIAL SCIENCES ACADEMIC PRESS (CHINA)

编 委 会

主 编：丘仲辉

副主编：佘红玉　陈友华

主 任：丘仲辉

委 员（按汉语拼音排序）：

　　　　陈友华　佘红玉　田梅梅　韦国生

　　　　周立婷　祝西冰

序　言

中国改革开放40周年经历了深刻的经济和社会变革。经济高速增长，GDP从1978年的3679亿元（世界排名第15位）提升到2017年的82.71万亿元，一跃成为世界第二大经济体。与此同时，我国的社会结构也发生了重要变化，社会需求结构和利益结构快速分化，社会个体的能力和意识都在不断增强。无论是经济发展，还是社会发展，都对政府管理方式提出了新的要求。同时，我们也看到了政府的一系列改革举措。培育社会组织，购买社会服务，推动第三部门的力量参与社会治理，这些都是我国在社会改革方面的重要探索。

社会组织培育工作之所以能快速发展，表面上看是因为我们掌握了培育的方式方法，根本则是满足了国家对社会变化后传统管理方式革新的需要。随着社会结构的变化以及结构性社会矛盾的凸显，传统的单纯依靠行政体系的管理和公共服务难以满足社会需要，探索新的、符合多层次需要的治理结构成为应对当前社会变化的迫切任务。中共十八届三中全会提出的"推进国家治理体系和治理能力现代化"为社会组织参与社会治理提供了绝佳的机遇，从"管理"向"治理"理念的转变更加深切说明了社会发展的新态势。社会组织作为多元治理主体之一，对其作用和地位的认识在不断变化。培育社会组织，政府从被动走向主动，在这一过程中也进一步深化了政府和社会的互动关系，促进了政府职能的转变。

截至目前，我国社会组织数量已经突破了80万家，不但数量多，类型也呈多元化发展态势，各类服务于社会组织的支持性社会组织也应运而生，丰富了社会组织的行业生态。但社会组织发展还很不均衡，在东部部分地区每万人拥有社会组织数量已经超过了21家，而中西部地区社会组织数量还相对较少。纵观我国社会组织的类型、数量、专业能力和活跃程度，社会组织发展之路依然任重而道远。在这种情况下，支持性社会组织发展尤为重要，正是基于这样的发展需要，才有了我们今天发布《支持性社会组织概览》的动力。我们希望能通过本书的调查研究，推动支持性社会组织的成长。

爱德基金会成立于改革开放之初，当时国内对于公益、社会力量还鲜有了解。爱德基金会引入国际资源，支持扶贫发展工作，从东部起步，逐渐西进，迎来了国家八七扶贫攻坚计划与西部大开发。爱德的大量公益项目，在教育、扶贫和公共卫生领域都发挥了较大的作用，并产生了广泛的影响。但在发展过程中，我们也清楚地认识到，仅凭一家社会组织的力量还远远不够。由此，爱德在引进国际资源的同时，非常注重国际先进公益理念的借鉴和引入。爱德把参与式理念广泛应用于项目实践中，并组织各类专业技能培训，促进本土公益理念的传播和公益人才的成长。2009年，爱德基金会在南京市民政局支持下成立了爱德社会组织培育中心，开启了公募基金会培育社会组织的先河。"政府主导，专业力量运作"的政社合作模式，得到中央学习实践活动领导小组的高度认可，并以第888期简报的形式向全国发布。由此，各地相继出台政策支持社会组织培育基地建设，从省级到社区一级快速推开。

独步难，众行远。无论对于社会组织这个行业，还是对于整个国家的社会治理，培育更加多元、健康、专业的发展主体，都是未来发展的重要任务，我们期望有更多的组织、个人加入推动我国社会组织的发展事业中来。在此，特别感谢参与支持本书研究的业内同仁。

公益的道路上，还需要大家同行共进。

丘仲辉

2018年5月30日

爱德基金会理事长兼秘书长

目录

CONTENTS

―― 上篇　理论篇 ――

第一章　支持性社会组织基本概念 ………………………… 3

　一　社会组织基本定位 …………………………………… 3

　二　支持性社会组织概念 ………………………………… 5

　三　支持性社会组织类型 ………………………………… 7

　四　支持性社会组织发展特点 …………………………… 10

　五　支持性社会组织发展突出问题 ……………………… 19

　六　支持性社会组织发展未来趋势 ……………………… 23

　七　支持性社会组织发展若干建议 ……………………… 24

第二章　资金支持型支持性社会组织 ……………………… 29

　一　基本现状 ……………………………………………… 29

　二　主要特点 ……………………………………………… 32

　三　问题与挑战 …………………………………………… 40

　四　发展建议 ……………………………………………… 46

第三章　能力支持型支持性社会组织 ……………………… 49

　一　基本现状 ……………………………………………… 49

二　主要特点 …………………………………………… 52
　　三　问题与挑战 ………………………………………… 55
　　四　发展建议 …………………………………………… 62

第四章　信息支持型支持性社会组织 …………………………… 66
　　一　基本现状 …………………………………………… 66
　　二　主要特点 …………………………………………… 68
　　三　问题与挑战 ………………………………………… 75
　　四　发展建议 …………………………………………… 80

第五章　智力支持型支持性社会组织 …………………………… 83
　　一　基本现状 …………………………………………… 83
　　二　主要特点 …………………………………………… 84
　　三　问题与挑战 ………………………………………… 89
　　四　发展建议 …………………………………………… 93

第六章　综合服务型支持性社会组织 …………………………… 96
　　一　基本现状 …………………………………………… 96
　　二　主要特点 …………………………………………… 97
　　三　问题与挑战 ………………………………………… 101
　　四　发展建议 …………………………………………… 104

下篇　案例篇

第七章　中国扶贫基金会 ……………………………………… 110
　　一　基本情况 …………………………………………… 110
　　二　对社会组织的支持 ………………………………… 112
　　三　经验总结 …………………………………………… 114

第八章 南都公益基金会 ························ 116
    一 基本情况 ························ 116
    二 对社会组织的支持 ························ 121
    三 经验总结 ························ 131

第九章 爱德基金会 ························ 136
    一 基本情况 ························ 136
    二 对社会组织的支持 ························ 137
    三 经验总结 ························ 142

第十章 浙江敦和慈善基金会 ························ 145
    一 基本情况 ························ 145
    二 对社会组织的支持 ························ 146
    三 经验总结 ························ 153

第十一章 恩派公益组织发展中心 ························ 161
    一 基本情况 ························ 161
    二 对社会组织的支持 ························ 163
    三 经验总结 ························ 168

第十二章 昆山爱德社会组织培育中心 ························ 171
    一 基本情况 ························ 171
    二 对社会组织的支持 ························ 172
    三 经验总结 ························ 175

第十三章 倍能公益组织能力建设与评估中心 ························ 178
    一 基本情况 ························ 178
    二 对社会组织的支持 ························ 179
    三 经验总结 ························ 179

第十四章　基金会中心网 ... 181
 一　基本情况 ... 181
 二　对社会组织的支持 ... 182
 三　经验总结 ... 186

第十五章　中国民间公益透明指数网 ... 188
 一　基本情况 ... 188
 二　对社会组织的支持 ... 189
 三　经验总结 ... 191

第十六章　北京师范大学中国公益研究院 ... 193
 一　基本情况 ... 193
 二　对社会组织的支持 ... 194
 三　经验总结 ... 196

第十七章　南京大学河仁社会慈善学院 ... 198
 一　基本情况 ... 198
 二　对社会组织的支持 ... 200
 三　经验总结 ... 201

第十八章　深圳国际公益研究院 ... 203
 一　基本情况 ... 203
 二　对社会组织的支持 ... 204
 三　经验总结 ... 209

第十九章　中国社会组织促进会 ... 211
 一　基本情况 ... 211
 二　对社会组织的支持 ... 212
 三　经验总结 ... 215

第二十章 成都公益组织服务园 …… 216
一 基本情况 …… 216
二 对社会组织的支持 …… 219
三 经验总结 …… 223

第二十一章 广州社会组织联合会 …… 226
一 基本情况 …… 226
二 对社会组织的支持 …… 227
三 经验总结 …… 227

━━━━ 附　录 ━━━━

附录一　国际支持性社会组织名录 …… 231

附录二　港澳台支持性社会组织名录 …… 242

附录三　中国内陆支持性社会组织名录 …… 246

上篇　理论篇

第一章　支持性社会组织基本概念

一　社会组织基本定位

在社会学语境中，社会组织（Social Organization）有广义与狭义之分。广义社会组织指人们从事共同活动的所有群体形式，包括氏族、家庭、秘密团体、政府、军队和学校等。狭义社会组织是指为实现特定的目标而有意识地组合起来的社会群体，如企业、政府、学校、医院、社会团体及包括个人媒体群在内的新型组织形式等。这类组织被认为是具有一定目标导向的群体集合，只是这一定义并未明确将这类组织与政府组织和市场组织做过多区分。

在中国管理语境中界定的社会组织与社会学意义上的社会组织存在较大差异，却同国外有些组织存在相似之处（马庆钰、廖鸿，2015：5）。国际上对社会组织的称谓还有志愿组织（Voluntary Organization）、非营利组织（Nonprofit Organization）、非政府组织（Nongovernmental Organization）、免税部门（Tax – exempt Sector）、慈善组织（Philanthropy Organization）、第三部门（Third Sector Organization）、社会中介组织（Social Intermediary Organization）等。

在中国官方语境中，中国政府于1998年将民政部的"社会团体管理局"改为"民间组织管理局"，官方广泛使用"民间组织"称谓。2004年3月后，中国政府工作报告中提出"社会组织"概念，逐步规范了民间组织、中介组织、群众团体等称谓。到十六届六中全会《中共中央关于构建社会主义和谐社会若干重大问题的决定》，包括律师、公证、会计、资产评估等中介机构，社会力量举办的教育、科技、文化、卫生、社会福利等民办非企业单位，行业协会、学会、商会等社会团体及基金会，这些机构正式被纳入"社会组织"范畴，并逐渐具备国际认可的NGO、NPO、第三部门、慈善组织、志愿组织、公民社会组织等特点。《中华人民共和国慈善法》(2016)将社会团体、基金会、社会服务机构等纳入慈善组织范畴。截至2017年初，社会团体涉及学术性、行业性、专业性与联合性四种，社会服务机构分为教育、卫生、文化、科技、体育、劳动、民政、法律等类型。

在学术领域，王名（2013：2～3）认为社会组织又称非政府组织（NGO）、非营利组织（NPO）或民间组织，它是区别于政府组织和市场组织的具有非政府性和非营利性等特征的组织形态，包括行业协会、社区社会组织、基金会、国际NGO、科技类社团、农村社会组织、各种民办非企业单位以及大量未在民政部门登记注册的草根社会组织。此外，如果将社会组织放在历史视角中还可看到，它并非完全脱离于国家与市场领域，比如人民团体与事业单位长期被纳入社会组织范畴，因为这些组织直接接触并服务于社会成员。

为进一步细化社会组织属性（王名，2013：20～21），有人认为同时具备非营利性、非政府性和社会性三大属性的组织才算做社会组织。非营利性要求社会组织捐赠人、理事会成员和实际管理者不得从经营中攫取利益，要求组织管理与运作不以牟利为目的，还要求所在组织必须采取非营利性财产保护机制，不得以捐赠以外的其他形式变更财产及产权属性。非政府性要求社会组织应区别于政府组织，其应是自主决策和自治管理的独立实体，也应是民主、公开且透明的开放组织，还应是非垄断性且可接受市场检验的组织。社会性要求社会组织的资源、产出与问责都具有较强的社会性，组织得以存续和运作发展的公益性资源应通过募捐、社会资助、收取会费等方式获得，组织提供的服务产品应有较强的利他性，同时组织需接受社会及公共部门的问责与监督。

综上所述，本书采用广义社会组织概念，更强调组织功能性，为此草根社会组织、工商或民政登记组织等都被纳入分析范畴。

二 支持性社会组织概念

美国波士顿大学教授戴维·布朗（L. D. Brown）和坦顿（R. Tandon）于1990年首次提出支持性组织[①]概念，他们认为"支持性组织是以价值为基础的组织，它们围绕社会价值观和使命建立，有自己的世界观和理想社会，共享那些指引志愿组织发展的哲学和思想基础"（L. D. Brown & R. Tandon，1994）。戴维·布朗（L. D. Brown）和阿查那·卡乐高卡（Archana Kalegaonkar）补充认为，"支持性组织的主要任务是提供服务和资源以帮助公民社会组织完成任务，可提供培训和员工发展服务、研究和信息资源、网络和联盟、财政资源、政策分析以及宣传支持"（L. D. Brown & Archana Kalegaonkar，2002）。他们明确了支持性组织至少在价值观与服务宗旨方面是为社会组织服务的。

只是在中国承接此类职责的组织与国外存在一定差别。中国社会组织发展先后经历改革开放后的复苏发展、20世纪90年代的曲折发展、2000~2012年的稳定发展以及2012年至今的增速发展（马庆钰、廖鸿，2015：6~7）。2002~2012年中共中央十一次提及社会组织发展问题，也正因此官方认可的这几类组织在近年得到较大数量增加，截至2016年底，全国社会组织已达近百万个[②]。社会组织的量级增加是令人欣慰的，

[①] 由于支持型社会组织指涉支持社会组织的类型，支持性社会组织强调社会组织的性质，大多数情况下后者包含前者，所以本书将支持型与支持性社会组织统称为支持性社会组织。同时，支持性社会组织中又可能包含多种支持类型，所以本书又将支持性社会组织划分为资金支持、能力支持等五种类型，称为资金支持型支持性社会组织、能力支持型支持性社会组织等。

[②] 包含未注册的草根社会组织。

但这种增加并没有与质的提升同步。数十年来社会组织发展掺杂了太多的官方动员色彩和违背社会规律的拔苗助长，政社不分现象明显、基层社会组织服务水平较低、相关社会组织法规体系尚不完善等问题弥漫。

为此，多年来我国都在探索一条促进社会组织有序发展之路，科技类、协会商会类、公益慈善类、社区服务类这四类社会组织成为国家重点发展的类型。同时，国家也鼓励发展有序引导社会组织发展的组织。比如，枢纽型社会组织[①]概念首次出现在2008年9月北京市社会工作委员会的《关于加快推进社会组织改革与发展意见》中，其被界定为"由负责社会建设的有关部门认定，在对同类别、同性质、同领域社会组织的发展、服务、管理工作中，在政治上发挥桥梁纽带作用，在业务上处于龙头地位，在管理上承担业务主管职能的联合性社会组织"。北京首次认定的枢纽型社会组织为市工会、市团委、市妇联、市科协、市工商联、市志愿者联合会、市律师协会、市对外友协、市民间组织国际交流协会等27家，此后枢纽型社会组织在全国推广。这类枢纽型社会组织具有较强官方色彩，主要提供社会组织交流与发展平台。在实际操作过程中，这些枢纽型社会组织也存在较多问题，如它们可能沦为普通社会组织的新管家、官僚色彩的行政介入导致新的政社不分、部分资源配置类枢纽型组织资金使用效率低下且在资源分配过程中更倾向于"自己经营的直系组织"等等（马庆钰、廖鸿，2015：11）。

在官方枢纽型社会组织面临转型挑战之时，社会上也出现了民间培育组织，这些组织不以直接提供一线服务为宗旨，而是承接政府培育服务，为其他社会组织提供专业性支持性服务。国内有学者将包括枢纽型社会组织在内的社会组织统称为支持性社会组织。黄江松（2015）和徐宇珊（2010）等认为支持性社会组织是专门为其他社会组织提供服务与支持且致力于创建并推动社会组织专业化、规范化发展的组织类型；葛

---

① 本书将其划分在综合服务类支持性社会组织中。

亮和朱力（2012）认为它是制度上独立于政府和企业，致力于调动资源和信息，培养社会组织及成员的能力，促使其在社会中建立横向和纵向联盟的民间组织；周秀平和刘求实（2011）认为支持性社会组织是以提供活动经费、公益需求信息、能力培训、政策咨询等方式，服务于其他一些中小型、草根社会组织，且不直接服务于目标人群的组织类型；唐璐（2014）认为支持性社会组织有独立法人资格，致力于服务与支撑其他社会组织发展，搭建综合型的支持服务平台，为其他相关主体提供资金支持、信息资讯、能力建设等多方面协助。另外，社会上也有将"伞状组织"、组织联盟、枢纽组织等称为支持性社会组织，一种为其他社会组织提供包括经费、能力建设、项目研发、组织孵化与培育、信息咨询等服务与支持的组织。

综上，支持性社会组织是专门为社会组织提供支持与服务的组织，它比一般社会组织的门槛高，通常分为如下情况：一是自身能力具有标杆式作用，且有时间与精力扶持同类组织的发展；二是自身虽然没有服务经验与标杆式产品，但是掌握有且能为其他社会组织提供发展所必需的资源，如经费、项目、平台等。

三 支持性社会组织类型

北京、广州、上海和江苏等地均出台过支持社会组织发展相关文件，表明政府支持支持性社会组织发展。在国家推动社会组织发展的情况下，众多同仁发现了社会组织发展中的困境与难处，也产生了支持社会组织发展的想法和实践。所以不管黑猫白猫，但凡具备资质和能力抑或是具有提升服务层次意愿的，多加入了支持性社会组织大军，承担起引领发展社会组织之"重任"。目前，国内已基本探索出这类支持性社会组织的主要功效（黄江松，2015；唐璐，2014）。

一是物质资源支持。从政府、市场、社会中获取资源，整合资金、智力、信息、场地等各种形式的资源,将这些资源提供给有需要的社会组织。在目前环境下,许多社会组织由于资金、办公与活动场地缺乏,工作很难开展,通过提供办公场所与一定的资金支持,可协助此类社会组织正常运行。

二是能力培养。通过咨询服务、人力资源和能力建设,提升社会组织的战略规划、内部治理、项目管理、组织运营等方面能力。目前,很多社会组织缺乏专业的社会组织专职从业人员队伍及相应的管理经验,导致组织在运行过程中出现的许多问题得不到及时解决,自身发展受限。支持性社会组织利用自身平台优势,邀请行业内专家与政府相关工作人员,通过交流会、培训等形式,为有需要的社会组织进行答疑解惑,提升组织发展能力。

三是专业服务。提供财务托管、法律咨询、技术支持、营销推广等科学化、规范化、专业化、集约化的专业服务,旨在打造促进社会组织可持续发展的专业支撑体系。其中,孵化培育、项目管理、资源对接、公益交流是主要的支持项目。

四是规范沟通协调。搭建一个政府与社会组织、社会组织之间、社会组织与企业的三方沟通桥梁,倡导和推动社会组织自律互律,发挥行业规范作用;发挥政府与运作型社会组织之间的桥梁纽带作用,向社会组织宣传政策,代表社会组织向政府表达利益诉求;在重大事件、灾难来临时发挥统筹协调作用。

针对不同的服务功效,支持性社会组织被划分为资金支持型、能力支持型、信息支持型、智力支持型、综合服务型等类型(周秋光,2016)。其中,资金支持型社会组织以非公募基金会为典型,也包括部分公募基金会;能力支持型社会组织是以公益孵化器为代表,提供特定的场所和空间,通过资金支持、服务提供和能力提升等多种形式,培育和扶持初创期社会组织;信息支持型社会组织以一些专业慈善信息网站为主;智力支持型社会组织以一些公益慈善研究院为主;综合管理类支持型社会组织是政府对社会组织管理体制的创新,以枢纽型组织为主,搭建同一领域、同一地域、同一性质、同一类别的社会组织联合体,用于社会组织自我服务、自我规范、自主协调。徐宇珊(2010)认为此类组织除上述五种外,还包括传统服务型机构的转型及支持型活动或论坛。黄江松(2015)补充了专业服务型社会组织,为社会组织提供包括战略、管理与法律咨询、培训、财务托管、信息服务、人力资源管理、营销推广等专业服务,其本质上属于能力支持型。

此外,这些组织也可根据其所属性质划分为三种(陆海燕、洪波,2012):一是原有的带有官方色彩的社会组织,即转型为枢纽型社会组织的组织类型,如北京市以工人、青年、妇女为基础建立的枢纽型社会组织,部分地方也将其划分为政府主导－行业协会类组织,主要提供平台搭建、能力建设、专业支持、财务管理、督导团队、政府和基层群众的资源链接、共同成长伙伴寻找等综合服务。二是政府主动扶持建立起来的新的支持性社会组织,如各地建立的社会组织服务中心、社会组织孵化基地、社会组织孵化器、非营利组织发展中心等。三是社会自发生成的支持性社会组织,如爱德基金会、南都公益基金会等。

综之,本书将采用资金支持、能力支持、智力支持、信息支持、综合服务型五种划分类型。资金支持以基金会等为主,能力支持以民间的标杆性组织提供的技术支持为主,智力支持以高校研究院为主,信息支持以各类信息网站为主,综合服务以官办枢纽型社会组织为主,划分类型详见图1-1。需要特别说明的是,如下分类是以功能为依据进行的理想划分,中国大多数支持性社会组织是兼具多种功能的。本书是以各组织中最重要的功能进行归类。比如,爱德基金会同时兼具资金支持、能力支持、综合服务等功能,但由于基金会以资金资源为主,所以被划分到资金支持型支持性社会组织。

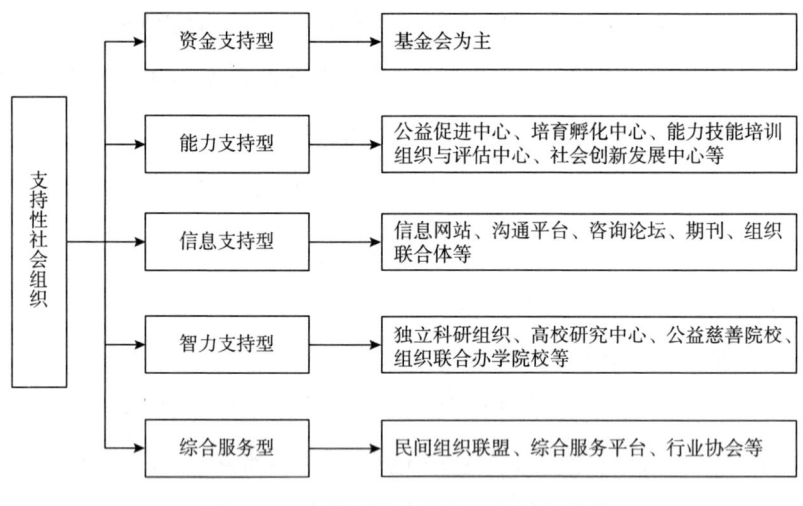

```
                    ┌──→ 资金支持型 ──→ 基金会为主
                    │
                    │                   公益促进中心、培育孵化中心、能力技能培训
                    ├──→ 能力支持型 ──→ 
                    │                   组织与评估中心、社会创新发展中心等
支持性社              │                   
会组织    ──────────┼──→ 信息支持型 ──→ 信息网站、沟通平台、咨询论坛、期刊、组织
                    │                   联合体等
                    │                   
                    │                   独立科研组织、高校研究中心、公益慈善院校、
                    ├──→ 智力支持型 ──→ 
                    │                   组织联合办学院校等
                    │
                    └──→ 综合服务型 ──→ 民间组织联盟、综合服务平台、行业协会等
```

图 1-1　中国支持性社会组织划分类型

四　支持性社会组织发展特点

2004年，中国共产党第十六届四中全会提出："发挥城乡基层自治组织协调利益、化解矛盾、排忧解难的作用，发挥社会、行业组织和社会中介组织提供服务、反映诉求、规范行为的作用，形成社会管理和社会服务的合力。"2005年，中国共产党第十六届五中全会又指出："在构建社会主义和谐社会进程中，要加强社会福利事业建设，完善优抚保障机制和社会救助体系，支持社会慈善、社会捐赠、群众互助等社会救助活动。"2011年，胡锦涛在中央党校省部级主要领导干部社会管理及其创新主题研讨班做报告时强调："引导各类社会组织加强自身建设、增强服务社会能力，支持人民团体参与社会管理和公共服务，发挥人民群众参与社会管理的基础作用。"2011年3月，中华人民共和国第十一届全国人民代表大会第四次会议通过《中华人民共和国国民经济和社会发展第十二个五年规划纲要》明确"促进社会组织发展、加强社会组织监督"等要求。2012年11月，党的十八大再次明确"加快形成政社分开、权责明

确、依法自治的现代社会组织体制"。2013年11月，党的十八届三中全会决定："适合由社会组织提供的公共服务和解决的事项，交由社会组织承担。支持和发展志愿组织。重点培育和优先发展行业协会商会类、科技类、公益慈善类、城乡社区服务类社会组织，成立时直接依法登记。"2014年，十八届四中全会提出培育扶持社会组织的方式和政策等疑问。国家明确推动社会组织发展的方向后，社会组织发展速度逐渐加快。民政部门统计数据显示，截至2016年底，全国依法登记的社会组织共70.2万个，其中，社会团体33.6万个，民办非企业单位36.1万个，基金会5559个，此外还有大量各级民政部门备案的城乡社区社会组织、未登记但以社会组织名义活动的草根组织和在华活动的境外社会组织（中华人民共和国民政部，2017）。社会组织虽然很多，支持性社会组织却很少。基于此，本书选择非随机调查方法，从基金会中心网、中国民间公益透明网、中国发展简报各大官方主页等网站，同时征求了相关专家学者、社会组织负责人等的意见建议，还从包括重要新闻报道、支持性社会组织相关会议中查漏补缺，最终在全国范围内选择了具有较强代表性的770家支持性社会组织作为分析样本。

（一）规模增长情况

数据显示，这些支持性社会组织的成立状况如图1-2与1-3所示。

一是2004年后至今，支持性社会组织数量有明显的增加，占所有支持性社会组织数量的87%，即大部分支持性社会组织都是此后才出现。之所以出现这种现象，可能与2004年中国开始将社会组织作为建设和谐社会的重要力量有关，在此过程中支持性社会组织也逐渐崭露头角。

二是2009年以后支持性社会组织出现第一次增长小高峰，占支持性社会组织总量的74%，即87%的支持性社会组织中有85%是2009年以后成立的。出现这种现象，笔者猜测原因有二：（1）2008年世界金融危

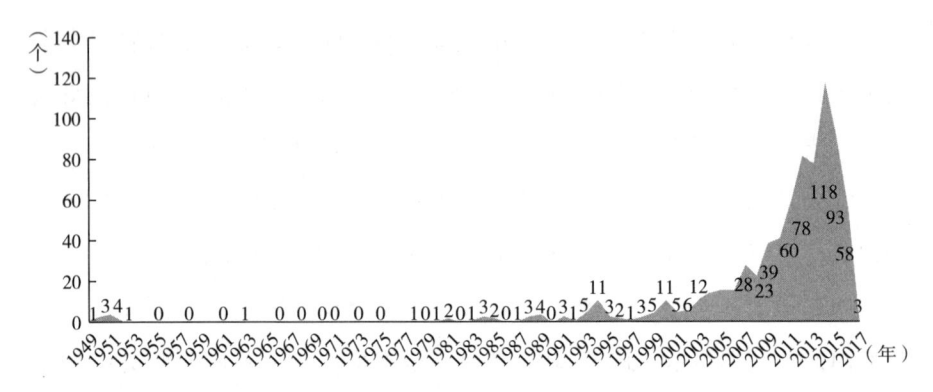

图1-2　部分支持性社会组织成立时间分布

注：1949年前支持性社会组织较少，故此前成立的组织未单独列出，统一汇总到1949年。

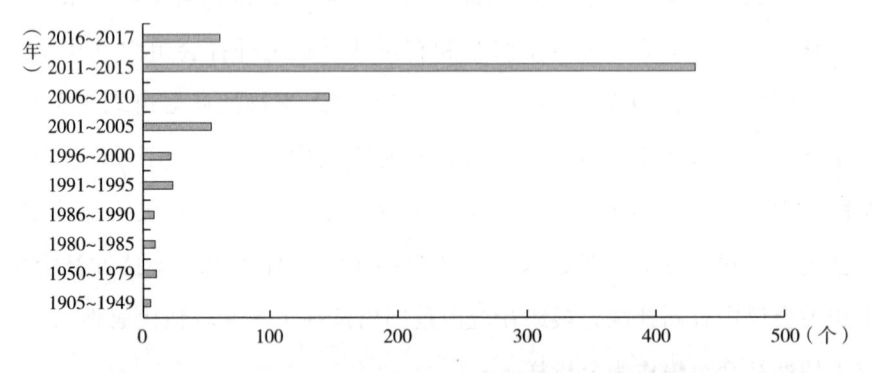

图1-3　部分支持性社会组织在不同时间区间的数量分布

注：原则上是5年作为一个区间进行划分，但新中国成立前、新中国成立到改革开放前支持性社会组织较少，所以时间区间做了微调。最终确定为1905~1949年代表新中国成立前成立的，1950~1979年代表新中国成立到改革开放前成立的，1980年仅成立1家，所以被纳入1980~1985年区间，剩下皆5年划分。

机后，社会问题与社会矛盾凸显，政府穷于应付，继续培养社会组织，成为帮助政府化解社会矛盾与社会问题的又一个帮手；（2）汶川地震后国家要求相关部门与组织大力支持社会组织发展，枢纽型社会组织也是在此时兴起的。

三是2013~2015年间成立了较多的支持性社会组织，属于三年丰收期。其中，2014年成立最多（共118家），且涵盖各种类型；2015年次之，共93家；2013年成立了78家。随着"互联网+"逐渐融入公益慈善领域，各种社会创新类社会组织应运而生，一些基层实践经验相对欠缺的组织开始利用新传媒技术开发新的社会服务模式，比如为社会组织提供各种信息支持。

（二）区域分布状况

数据显示，截至2017年底，这些支持性社会组织的地域分布状况如图1-4所示。

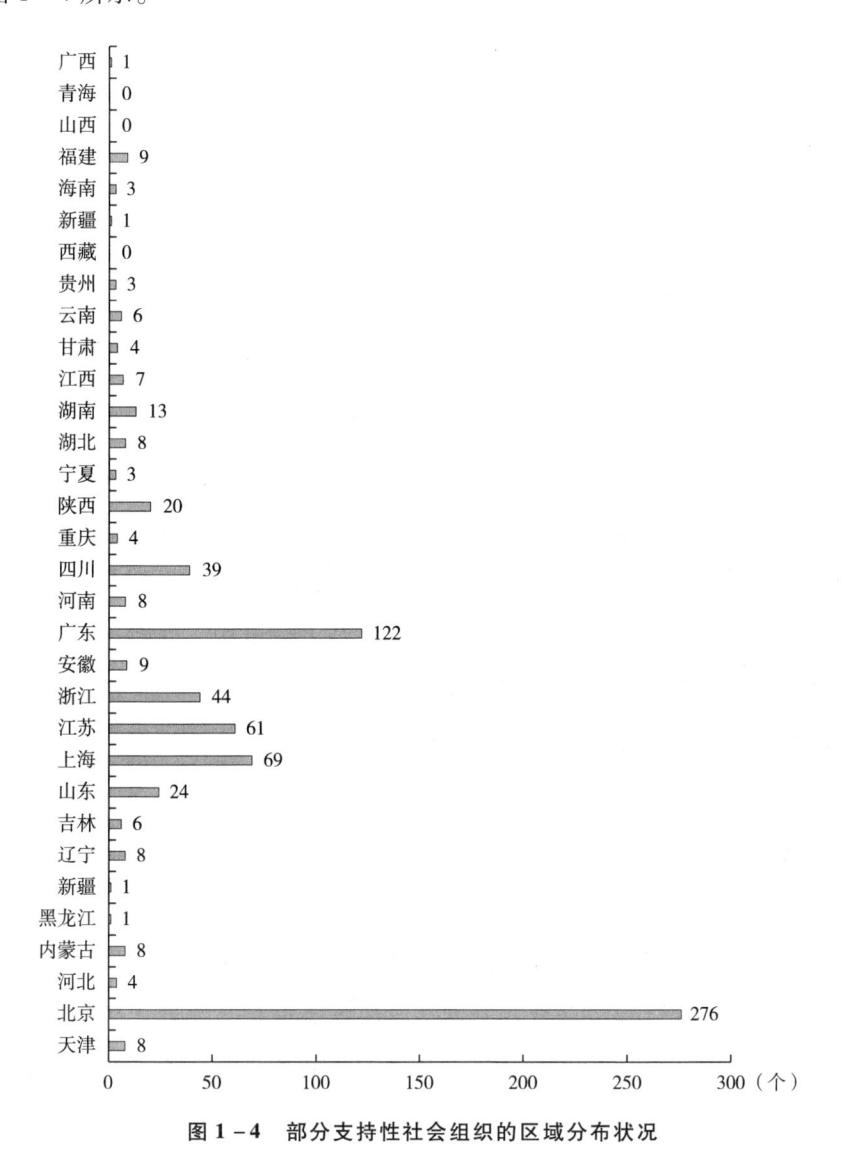

地区	数量
广西	1
青海	0
山西	0
福建	9
海南	3
新疆	1
西藏	0
贵州	3
云南	6
甘肃	4
江西	7
湖南	13
湖北	8
宁夏	3
陕西	20
重庆	4
四川	39
河南	8
广东	122
安徽	9
浙江	44
江苏	61
上海	69
山东	24
吉林	6
辽宁	8
新疆	1
黑龙江	1
内蒙古	8
河北	4
北京	276
天津	8

图1-4　部分支持性社会组织的区域分布状况

首先，北京、广东、上海是支持性社会组织分布最多的区域，共467家，占61%，属于发展支持性社会组织的第一梯队。产生这种现象的原因有以下几方面。

一是支持性社会组织发展的关键在于资源的提供与分享，而北京作为资源汇聚中心，拥有数量相对多且实践经验相对丰富的社会组织，其在资金、能力、信息、政策等方面占有绝对优势，在政策倡导下北京部分符合条件的社会组织能最快转型为支持性社会组织，在相对丰富的资源支持下北京也有能力产生全国性的支持性社会组织。作为中国最早一批支持性社会组织的发源地之一，北京的社会组织深受国际NGO的支持与影响，如农家女、恩玖、南都、倍能等皆因此受惠。

二是广东也是社会组织发展较快较早地区之一，这与当地政府大力支持社会组织发展，并为此出台了大量的支持政策息息相关。具体来看，广东社会组织的快速发展最早源于深圳。由于深圳是移民城市、改革之都，在经济快速发展过程中，大量社会问题及多元化社区需求显现；相较于上海、北京等地，政府的社会管理体系尚未完全覆盖及深入，这使得基层给予了社会组织较大发展和服务空间。加之受港澳台社会组织影响，深圳在社会管理创新方面大胆尝试，大力支持社会力量参与社会服务，由此在短时间内培育和发展了大批社会工作机构，同时逐步催生出一批本土化的支持性社会组织。在深圳的辐射带动下，广东的其他城市如广州、东莞等地社会组织也较早进入发展阶段。

三是上海是中国经济中心，各种与经济发展相伴的社会问题最快凸显；又由于当地政府力量涉足较少，大量为解决社会问题及满足多元化社会服务需求的社会组织成立，类似公益创投、政府购买社会组织服务、政府办组织等支持社会组织发展的行动多起源于当地。作为国际化大都市，上海积极进行社会管理体制创新。从政法系统三大社工机构的成立到罗山会馆的试点，上海通过建立政府购买服务机制，不断转移社会职能，让渡社会组织发展空间，逐步培育和发展社会组织；不仅发展和引入民间支持性社会组织①，也由政府部门牵头成立枢纽型社会团体，对社会组织进行规范化管理与引导②。

其次，江苏、浙江、四川作为第二梯队，支持性社会组织数量相对较多。出现此种现象是因为：一方面，江苏与浙江是全国经济较发达的省份，社会组织发展较快，在自上而下的政策推动下购买社会服务的力度相对较大。2012年肇始，江苏各级政府陆续出台政策鼓励市、区、街道发展社会组织培育基地。从南京、苏州、无锡、南通到扬州，多设立公益创投基金购买社会组织服务，各种相对有能力、有想法的组织都兴办孵化机构，催生了各类支持性组织。另一方面，四川经济发展虽不如沿海，但2008年汶川地震以后，各种社会力量纷纷入蜀，社会组织如雨后春笋般在当地兴起，使当地成为行业重点实验地；当外在力量撤出后，政府承担起支持功能，为社会组织发展注入新力量，催生了支持性组织。

再次，山东、陕西、湖南等属于第三梯队，支持性社会组织有一定的发展。究其原因，这些地域的支持性社会组织是应社会组织发展大势而生，缺乏内生力量，在外部压力之下呈现出萌芽态势，不仅数量较少，而且在发展速度方面也较前两梯队有一定差距。山东省支持性社会组织的发展很大程度上受山东大学等高校的影响，呈现出高校导向型发展态势。陕西、湖南、天津等地因应枢纽型组织建设需要，才纷纷搭建类似组织。

最后，西藏、新疆、青海、黑龙江等属于第四梯队，支持性社会组织发展缓慢。出现这种现象，与经济发展水平低、政府支持力度小、社会力量缺乏等密切相关，这些地方虽有一定数量的社会组织，但由于缺乏资源及相应的支持体系，支持性社会组织在这些地方也相当缺乏。

可见，支持性社会组织在全国呈现区域化分布特征，北、上、广等

---

① 如映绿、恩派等。
② 如上海市社工协会、静安区社会组织联合会等。

一线城市支持性社会组织分布较多且具有引领性作用,江苏、浙江等沿海发达城市正在奋力直追且发展势头迅猛,中西部地区属于因势而为的被动发展状态,还有部分地区发展严重滞后。

（三）构成类型分布

支持性社会组织主要涉及独立科研组织、高校研究中心、公益慈善院校、基金会、论坛、期刊、信息网站、行业协会、组织发展联盟、公益促进/组织发展中心、能力技能训练组织、组织培育孵化中心、公共服务平台、社会创新发展中心、政府直属团体、综合服务中心、组织评估中心等18种类型[①]。数据显示,这些支持性社会组织的构成类型分布如图1-5所示,特征如下。

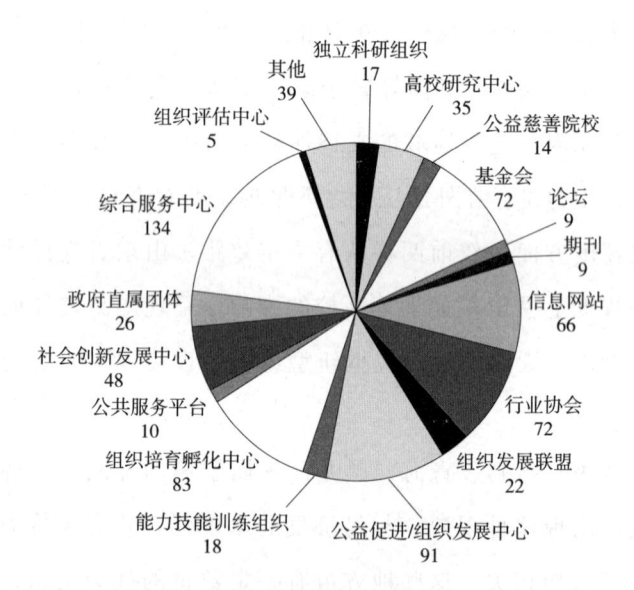

图1-5 部分支持性社会组织的构成分布（单位:个）

一是首先所有构成类型中数量最多的是综合服务中心,其次是公益促进/组织发展中心,最后是组织培育孵化中心,占比分别是17%、

---

① 其与支持性社会组织类型划分的关系详见图1-1。

12%、11%。可见,现有支持性社会组织主要为社会组织提供综合、培育孵化、项目支持等服务。

二是基金会、行业协会、信息网站均占支持性社会组织的9%,这些支持性社会组织分别为社会组织提供资金支持、综合管理、信息支撑等服务。

三是社会创新发展中心、高校研究中心、组织发展联盟、政府直属团体等类型组织,分别占社会组织的6%、5%、3%、3%。这些组织数量较少,却代表新兴支持力量,引导发展创新项目、开展深度研究、行业自律等。

四是独立科研组织、公益慈善院校、能力技能训练、公共服务平台、论坛、期刊等类型组织数量更少,只有少量几家。尤其是独立科研组织,即专门从事公益慈善、公民社会、社会组织等领域研究的组织。它们通过系统研究与社会组织相关的领域知识,尝试为社会组织提供智力支持,引导社会组织往正确方向发展;但中国缺乏具有实力的成员来搭建研究团队,也缺乏良好的公益生态来供养研究,所以这些组织发展显得乏力。此外,能力技能训练是对社会组织最直接的支持,但全国很难找出几家有影响的此类支持性组织。

从构成类型分析可见,中国支持性社会组织发展还处在起步阶段,大部分支持性社会组织规模较小,可利用资金有限,支持社会组织的发展有待得到政府及社会更大的支持。由于不是任何社会组织都能成为支持性社会组织,也不是所有支持性社会组织都能为社会组织提供有效支持,更不是所有提供支持的社会组织都是合理的,所以在中国需要探索有针对性的社会组织支持策略,并分层次发展相应的支持性社会组织。

(四) 支持状况分析

数据显示,这些支持性社会组织的支持状况如图1-6所示。

一是约48%的支持性社会组织主要为社会组织提供能力支持。出现

支持性社会组织概览

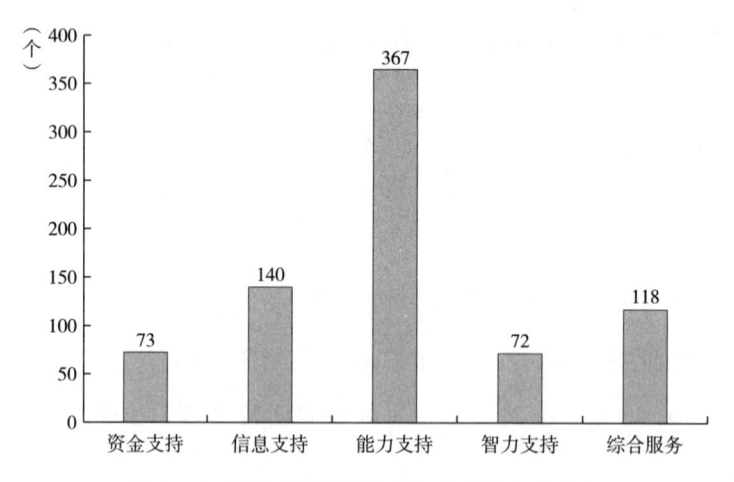

图1-6 部分支持性社会组织的支持内容分布

（柱状图数据：资金支持 73；信息支持 140；能力支持 367；智力支持 72；综合服务 118；单位：个）

这种现象的原因是：培育孵化中心、公益促进/组织发展中心、组织评估中心、能力技能训练组织等支持性社会组织数量较多，它们以为社会孵化社会组织为己任，通过完成适当的培训课程即完成培育孵化任务，其本身只关注组织成立问题，不关心组织成立后如何发展问题。由于社会组织发展和培育孵化是全国推广的一项工作，也是各地政府推动社会创新的主要工作，所以吸引了大批社会组织从实战型转为支持型。

二是约18%的支持性社会组织为社会组织提供信息支持服务。在总量上，这类组织数量明显少于能力支持型组织，又略多于资金支持与智力支持型。出现这种现象的原因是：在信息化发展及"互联网+"逐渐融入社会生活各方面的前提下，越来越多的组织开始注重提供网络化服务，它们纷纷建立官方网站、开通微博微信、增加线上线下同步互动；加之公益慈善领域透明化要求提高，吸引了部分专业人才专门从事信息提供工作，包括创办期刊、政策咨询等。

三是约15%的支持性社会组织为社会组织提供综合服务。出现此现象的原因是：提供综合服务型的主体包括政府直属团体、综合服务中心、公共服务平台等，由于其最初承接的是政府职能转移的工作，以提供场地、部分资金、能力建设、政策咨询、组织登记注册、兴办大型活动等综合性管理为主，因此这类组织大部分带有官方色彩，如枢纽型组织大多提供综合管理。此类组织由于其成立前就承担服务管理功能，所以在较强官方色彩背景下其更能发挥支持社会组织发展的作用，尤其在政策引导和服务管理方面具有与生俱来的优势。

四是分别有约9%的支持性社会组织属于资金支持与智力支持型。产生这种现象的原因是：以资金支持为例，中国社会领域原本就缺乏资金，而拥有这些稀缺资金的社会组织又相对谨慎，在满足自身组织发展基础上只是计划将少量资金用于促进社会组织发展。智力支持型组织也相对较少，关键是全国很难建立起一支具有高水平、高素质的专业智力支持队伍，这可能与社会组织发展重数量轻质量的背景有关，大批具有丰富专业知识和经验的人才或研究机构无法对该领域进行科研探索，导致输出成果的缺乏和智力支持不足的缺憾。

五 支持性社会组织发展突出问题

（一）数量不足以支持社会组织发展

调查发现，中国支持性社会组织有一定量的积累，但质量参差不齐且还不足以为有需要的社会组织提供支持服务。

一方面，中国社会组织增长速度较快，但存活较低且服务质量堪忧。据民政部消息，截至2016年底，全国经民政部门依法登记的社会组织达到70.2万个，其中社会团体33.6万个，基金会5559个，民办非企业单位36.1万个。然而，全国统计数据只提供了增长结果，并没有给出这些数据内部增长变化状况，比如总量提升原因可能更多是注册组织数量极大超过注销数。也就是说，很有可能大部分现存组织都是经验与资源相对缺乏状态，其寻求社会支持的需求较大。

另一方面，支持性社会组织发展速度相对较慢且发展高峰也仅是近几年的事情，正如图1-1所示。事实上，调查组在全国范围内找寻以为组织提供支持为核心业务的社会组织，排除不相关社会组织后找到的770家，数量总体是偏低的。即使按照全国1000家支持性社会组织来算，每家支持性社会组织服务20家社会组织，也不过才2万家，而全国社会组织都达到近70万了。相比之下，支持性社会组织明显太少了。

（二）能力不足以提供有质量的支持服务

调查发现，现有支持性社会组织包括自身运营管理与支持组织发展等在内的能力相对欠缺，其亟须加强能力建设。这种表现主要体现在从现有支持性社会组织中寻找经验相对丰富、社会声誉相对较好、服务内容相对合理的社会组织并非易事，大部分社会组织自身都需要能力建设。也正因此，调查才会发现，资金支持性组织与被支持型社会组织争抢资源现象，能力建设型社会组织仅开展少量与能力提升相关的培训活动。除少部分基金会外，大部分支持性社会组织缺乏信息披露环境。

导致这种现象的原因可能是以下两点。

一是社会资源分布不均，导致支持性服务两极分化严重。比如，信息支持型支持性社会组织中部分社会组织非常出色，但同时也面临发展困境的同类社会组织。

二是支持性社会组织总体发育时间短，尚且存在需要完善之处。比如，部分类型社会组织首次出现时间较晚，加之国际联系欠缺，政府、企业、公民社会三部门之间联系不足，这些支持性社会组织在此种环境下需要时间积淀，以提升能力并开发相关服务。

（三）区域差异过于明显影响支持效果

调查发现，支持性社会组织的发展不仅是数量与质量问题，还存在区域差异现象。部分地区的支持性社会组织支持力度较大甚至出现过度，而部分地区却无法享受有需要的服务，甚至有些地方完全没有提供任何服务。

比如，北京恩玖非营利组织发展研究中心最初专门为社会组织提供能力建设服务，随后又开发了培训和评估咨询服务，在当地产生了较好的服务效果。

为此，很多支持性社会组织纷纷效仿，也在当地开展工作，争抢资源。原本这种优胜劣汰是有利于社会组织本身发展的，但就区域分布来讲，这种资源抢夺仅发生在资源相对丰富、经济发展较快、社会服务需求量相对较大且社会组织较多的北京、上海、广东等地，中西部等其他地方则难觅其踪。

最关键的是，这种优胜劣汰一部分是经验的较量，更多的是业务复制与模仿，同类服务在同区域蔓延，导致资源浪费且效果大打折扣。

（四）类型多元但受行政惯性影响较大

调查发现，现有支持性社会组织类型较多，但大部分社会组织还未摆脱传统组织运行模式。

第一，行政化色彩仍然存在。政府直属社会团体、部分综合服务中心、组织孵化中心与评估中心等，都与政府或其资源有较为紧密的联系。比如，从政府直属社会团体转型而来的枢纽型社会组织更多体现的是政府管理社会；再如，从街道或社区中心演化而来的部分综合服务中心实际上是在执行上行下效的政策，包括协助政府购买服务、完成社会组织评估或社会组织注册登记等事务；还如，组织孵化中心或评估中心可能需要依赖政府购买服务而存活；结果是支持社会组织的工作特点表现出较强的行政化。

第二，各类型社会组织间联系较少，缺少有序沟通。鉴于社会组织间竞争关系，支持性社会组织之间无序竞争现象明显，资源浪费严重。正如前所述，支持性社会组织发展正处初级阶段，除少部分支持性组织对支持内容有相对明确的定位外，大部分社会组织并不清楚为社会组织提供哪些支持较好，所以能力建设业务受诸多发展初期的支持性社会组织青睐。

第三，社会活力较强的支持性社会组织数量太少。社会组织发展联盟、社会创新发展中心、公益慈善院校等，都是以往社会较少的社会组织类型，这些社会组织的存在在某种程度上体现了社会活力。只是这些社会组织数量非常少，同类型社会组织间也疏于交流，国际交流更少，所以总体来看此类社会组织发展较慢。

（五）被支持者需求与支持供给匹配度较低

现有支持性社会组织的支持服务以能力提升为主，创新性支持偏少。在缺少外界支持下，社会组织较难以满足大量的社会服务需求。在资源有限的情况下，市场原则为社会组织提供支持性服务起到重要的参考作用。

从现有支持来看，咨询、培训、评估、法律服务、财务、金融、信托、保险、投资、理财、筹资、研究、战略规划、能力建设、孵化、品牌推广、公关传播、信息披露、人力资源服务、IT技术服务等内容，均可纳入市场化探索范畴。

调查也发现，现有支持性社会组织服务范围广，尤其重视能力训练与组织孵化。各种社会组织被培育，然而这些被培育的社会组织，有的甚至仅是一个项目，在可持续性方面存有较多问题。事实上，已有的支持性服务并没有根据市场匹配而被支持方需求，提供方很少关心支持质量，更不用谈精细或创新服务。

（六）支持问题上缺乏有效的方向引导

处在初级发展阶段的支持性社会组织，缺乏良好的公益生态链。行业内不良竞争、虚假报效果、重宣传不重业务、恶性竞价等诟病还存在，部分支持性社会组织也面临政策支持相对分散、自身规模小、定位模糊、支持能力待提升、支持地域重叠、内容重复、领域空缺等困境。当这些现象与问题超过一定程度后会生成恶性循环链，阻碍支持性社会组织总体发展，延长初级阶段时间。为此，有必要从宏观层面来思考社会组织发展的方向性问题，至少现在本领域缺乏这种有效的引导，智力支持型社会组织数量与质量都不足以完成这一使命。

六 支持性社会组织发展未来趋势

总体来看，社会组织发展第一阶段为量的扩张，第二阶段为质的提升与单体规模的扩大。就目前情况判断，中国社会组织还处在第一阶段，即社会组织数量在国家力量推动下得到快速发展，但是在资金、服务品质、专业化程度方面还存在诸多问题。由此可以认为，支持性社会组织出现在中国社会组织从第一阶段到第二阶段转型期，在中国公益慈善事业向规范化、规模化、专业化、职业化方向发展方面，具有重要的推动作用。

由于未来社会组织发展可能会走向兼并重组、规模化和节约化，所以支持性社会组织在提供支持时也不需要刻意回避公益慈善组织的低效率甚至社会失灵，而应该积极开拓勇于创新思路，挖掘提高被支持社会组织服务效率的方法，甚至不排除自己及支持的社会组织向社会企业转型。

对此，支持性社会组织发展趋势可能如下。

一是支持性社会组织重在质量。现在很多支持性社会组织本身能力有限，没有支持其他组织发展的能力。实际上中国具有支持能力的支持性社会组织数量还很少。政府与民间兴办的社会组织培育中心，多不具备这方面的能力。

二是中国社会组织已经达到相当的数量，进入一个相对平稳的发展时期。与经济新常态类似，将逐渐进入社会组织发展的新常态。正因为如此，所需要的支持性社会组织从量上也不太可能会有快速的扩张，因而其支持能力的提升会成为发展的重要方向。

三是不同类型的支持性社会组织其发展前景将有所不同。资金支持型支持性社会组织将有较大发展空间，这部分社会组织以基金会为主。能力建设型支持性社会组织将稳中有降，今后将逐渐淘汰一批，特别是街道层级能力建设型支持性社会组织将逐渐淡出。信息支持型支持性社会组织今后可能有一定的发展，但数量占比仍会很低，如基金会中心网等。智力支持型支持性社会组织今后会有一定发展，但数量不会很多，因为目前这类社会组织支持能力还相对较弱。此外，随着时间的推移，其在吸纳资金与人才、研究水平与支持能力方面将有所增强。综合服务型支持性社会组织数量应当不会有明显的增长，相反，专业服务类社会组织数量会有较快增长，例如行业性协会等。

七 支持性社会组织发展若干建议

（一）率先推动支持性社会组织发展

社会组织上游有基金会，中游有支持型、枢纽型、示范型社会组织，下游有丰富多彩的社区操作、实务型社会组织。一般情况下，下游的实务型社会组织是被支持的对象，上游与中游是相对稳定的且提供支持的社会组织。

在支持性社会组织发展过程中，各地通过孵化基地、公益招标创投、财政资助补贴、政府购买服务、发展专项基金等方式帮助支持性社会组织实现初步发展。如，2006年上海浦东创立"社会公益组织孵化器"概念，2010年全国第一家"社会创新孵化园"在上海成立，为政府培育社会组织和参与社会服务提供新机制。2009年上海开始摸索社会公益服务项目招标创投，深圳、广东、江苏、北京等地也在进行政策探索（马庆钰、廖鸿，2015：59）。此外，2009年北京也率先开始枢纽型社会组织建设。这些行动体现了对包括支持性社会组织在内的组织支持。

为此，对支持性社会组织发展方向的建议如下。

一是积极增加资金支持、信息支持、智力支持等类型的支持性社会组织数量。

二是深入做好支持性社会组织的能力提升，保证服务质量，避免资源浪费。

三是合理促进支持性社会组织的地域分布，加大对中西部等欠发达地区支持性社会组织发展的投入。

（二）探索有针对性的创新性社会组织支持方式

随着我国社会现代化的不断递进，现代人的生活方式、生产模式、消费方式等都因网络发生了根本变化，处在社会领域的支持性社会组织，也应对这种变化有所回应。为此，对支持性社会组织支持社会组织发展的建议如下。

一是加强"互联网＋"跨界合作在支持性社会组织中的运用，注重社会组织支持的公益社会化。在起步时协助社会组织寻找共同的合作伙伴，在协力驱动发展时积极争取高校、政府、组织、企业、媒体等多行业跨领域合作，争取多方社会资源。同时，更新社会组织运作模式，融合管理中的大数据和产品化思维，在互联网思维模式下营造标准化、可复制、制度化运作模式，实现社会组织上中下游的无缝链接。

二是结合网络与资金、技术、信息、能力等方面的融合，提升社会组织支持能力的专业化，开发需求导向的现代化支持体系，尤其是加强社会组织培育孵化和能力建设方面的创新，如搭建O2O互联网虚拟孵化器等。

三是通过网络打造协同交流平台，进行会员制分享信息、协同沟通、伙伴训练营、线上线下交流同步、宣传促进等支持。

四是运用网络优势挖掘被支持社会组织的潜在需求，融合社会创业思想，为组织提供有偿、保质、有效的精准服务，发展具有存活能力的创新性社会组织。

（三）激发社会潜力深化多元支持服务

支持性社会组织可为社会组织发展提供资金、人员、场地、设备、信息等多元支持，但是究竟由谁来提供、如何提供、提供什么、提供多少等值得探索。为此，对支持性社会组织服务内容的多元化建议如下。

一是引入企业化运作与品牌化建设，让支持性服务接受市场检验，淘汰腐化老旧的支持性服务内容。将支持性社会组织的支持业务进行市场化适应，推出市场反应相对较为强烈的支持性社会组织"产品"，实现自我发展，进而有效地推动被支持的社会组织自身业务发展。

二是激发包括政府、企业、社会等在内的有利于支持性社会组织发展的社会潜力股，比如均衡考虑与政府合作项目。

三是主动建构有利于支持性社会组织发展的对口需求，完善支持性社会组织的支持内容。

（四）改变外环境搭建有效公益生态链

支持性社会组织的长远发展有赖于良好的公益生态链，以让社会组织沿着正确的方向有序发展。为此，对支持性社会组织生态链的建议如下。

一是明确现存的社会组织发展环境，包括社会组织发展状态、政策支持方向、国家对支持性社会组织的态度等。

二是把握支持性社会组织发展的正确方向。通过结合本土特色、综合专业人才和行业、跨界协作沙龙、搭建交流平台等方式发展枢纽社会组织。发展合理培育扶持方式，包括引导发展服务支持型、资金支持型、智力支持型、自律联盟型社会组织，协调社会力量为各类社会组织提供有针对性的前期辅导、技术孵化、专业培训、筹资融资、管理咨询等服务。通过设立基金和场所为公益组织提供孵化支持，但须警惕政社不分现象。助推行政培育模式向社会培育模式转变。通过政策杠杆整合社会资源设立非公募基金会、公益社会团体，首先支持公益性社会组织发展；其次支持社区社会组织发展；再次支持符合市场经济需要的行业协会发展，推动行业自律联盟建设；最终重点打造优质且具有引领性的支持性社会组织。

四是积极营造良好的公益生态体系。搭建良好的公益分工市场，明确资助型支持性社会组织、直接服务型社会组织、中介服务型专业机构等各自的责任与义务。政府也要明确支持社会组织发展过程中自己的职责，包括提供专业督导团队、公开信息、增加支持性社会组织的自由度、及时落实政府购买的资金、提高支持性社会组织的生存安全感、正确评估实际需要并避免面子工程、简化支持性社会组织的行政审批手续并降低行政官僚化、增加各级政府对支持性社会组织的重视度、提供政策支持保障支持性社会组织的发展等。社会各界也要在资金、舆论、人力资源等方面支持支持性社会组织发展。

主要参考文献

Brown，L. D. ，& Kalegaonkar，Arehana：Support Organizations and the Evolution of the Ngo Sector［J］. *Non - profit and Voluntary Sector Quarterly*，2002（2）：239 - 240.

Brown，L. D. ，& Tandon，R. *Strengthening the Grass Roots：Nature and Role of Support Organizations*［R］. New Delhi：The Society for Participatory Research in Asia，1994.

杜志莹：《支持性组织发展遇困：自身能力建设不足生存环境有待优化》，《公益时报》2010 年 7 月 23 日，参见：http：//www. chinadevelopmentbrief. org. cn/news - 2170. html。

葛亮、朱力：《非制度依赖：中国支持性社会组织与政府关系探索》，《学习与实践》2012 年第 12 期。

胡锦涛：《扎扎实实提高社会管理科学水平建设中国特色社会主义社会管理体系》，《人民网》2011 年 2 月 20 日，参见：http：//politics. people. com. cn。

黄江松：《大力发展支持型社会组织推进首都社会治理体系现代化》，《城市管理与科技》2015 年第 6 期。

陆海燕、洪波：《政府向支持型社会组织购买公共服务研究——以浙江省宁波市海曙区为例》，《内蒙古社会科学》2012 年第 3 期。

马庆钰、廖鸿：《中国社会组织发展战略》，社会科学文献出版社，2015。

唐璐：《政府与支持性社会组织关系研究》，西南财经大学硕士论文，2014。

王名：《社会组织论纲》，社会科学文献出版社，2013。

徐永光：《公益支持性组织的市场定位》，《乐创公益》2016年1月27日，参见：http：//www.chinadevelopmentbrief.org.cn/news-18313.html。

徐宇珊：《社会组织结构创新：支持型机构的成长》，《社团管理研究》2010年第8期。

中国社会科学院：《中国社会组织进入整体性变革期》，《中国新闻网》2017年2月24日，参见：http：//www.chinanews.com/gn/2017/02-24/8159015.shtml。

中共中央：《中共中央关于制定国民经济和社会发展第十一个五年规划的建议》，《人民网》2015年10月14日，参见：http：//china.huanqiu.com/politics/2015-10/7757310_9.html?q_tzem2。

中共中央：《中共中央关于加强党的执政能力建设的决定》，《新华网》2004年9月19日，参见：http：//news.xinhuanet.com/zhengfu/2004-09/27/content_2027021.htm。

中华人民共和国民政部：《2016年社会服务发展统计公报》，《民政部门户网站》2017年8月3日，参见：http：//www.mca.gov.cn/article/sj/tjgb/201708/20170800005382.shtml。

周秋光：《湖南公益慈善创新发展研讨会暨湖南乐创公益慈善发展中心揭牌仪式上的主旨演讲》，《河南慈善网》2016年2月，参见：www.henancishan.org。

周秀平、刘求实：《以社管社：创新社会组织管理制度》，《社会非盈利评论》2011年第1期。

第二章　资金支持型支持性社会组织

一　基本现状

支持性社会组织中基金会多以资金支持为主。基金会又称基于捐赠的公益基金，是一个社会通过组织化的形式激励富人对穷人以公益捐赠的方式表达社会关怀的制度安排，也是财富在社会公益的名义下得以重新分配与永续存在的合法形式（王名，2013：198）。我国2004年颁布实施的《基金会管理条例》将基金会定义为"利用自然人、法人或者其他社会组织捐赠的财产，以从事公益事业为目的，依法成立的非营利性法人"。按照资金运作方式，基金会分为运作型、资助型与混合型三种，其中资助型属于支持性社会组织，混合型根据混合比例来分析其是否属于支持性社会组织。按资金运作主体性质，分为社会基金会、私人基金会和政府基金会；由于公益属于民间，政府做的不是公益，而是基于自身的责任，因此政府基金会并不列入社会领域。按基金会存续时间长短，基金会分为永久型、随意型和终止型。按基金会的捐助方式，基金会分为被动型、主动型、规定型和强制型。按基金会治理结构、成立背景和运作模式，分为官办基金会、学校基金会、企业基金会、社区基金会、家族基金会和独立基金会。这些都有可能属于支持性社会组织。其中，资助型基金会是支持性社会组织，它处在公益行业链条的上游。截至2017年8月，我国基金会的数量达到6118家，然而，定位资助型的基金会不足1%，全国仅有40多家。

一般情况下，资助型基金会将筹集到的资金主要用于资助其他组织运作公益项目，运作型基金会使用自己筹集到的资金，开发公益项目产品并具体实施项目，混合型基金会既募集资金开展资助活动，也亲自运作公益项目。在国外，基金会多是资助型的，资助别人做公益项目，自己不做具体项目。运作型基金会做产品，资助型基金会做投资。在公益发展成熟阶段，做产品的是那些服务型的机构，基金会主要是做投资。现在中国99%的基金会都是在做产品，不是说做产品不好，有的恰恰做得很好，只是这种状态反映了整个中国公益行业的发展还不成熟，还处在初级阶段（徐永光，2016）。

基金会于20世纪初在国外得到蓬勃发展，中国基金会发展起步较晚，儿童少年基金会是中国第一个公益基金会。从图2-1所示，1981~2003年间全国共成立639个基金会，这些基金会多是公募基金会，归口管理部门是中国人民银行。2004年以后，胡锦涛总书记发表重要讲话，鼓励公益慈善事业发展，在中央高度重视下，我国公募与非公募基金会得到全面发展，每年新注册基金会数百家。截至2017年初，全国共5620家基金会，2015年末净资产达1188亿元。

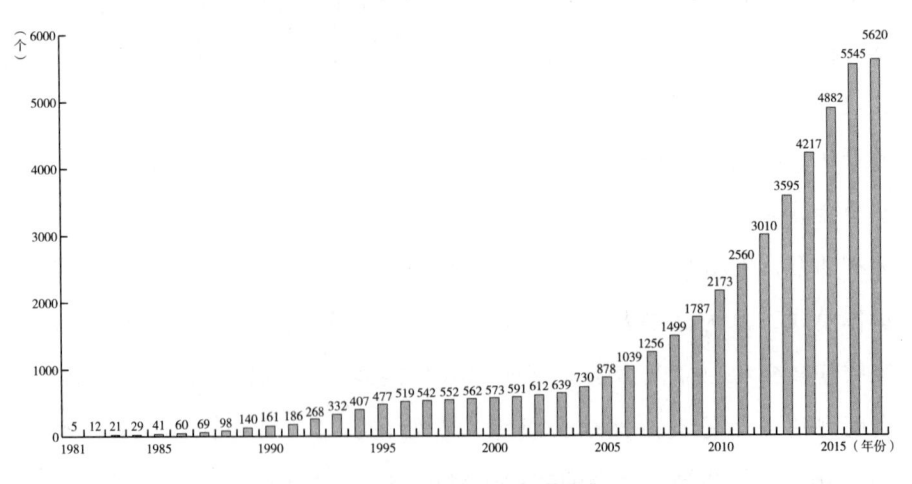

图2-1 全国基金会数量发展

第二章 资金支持型支持性社会组织

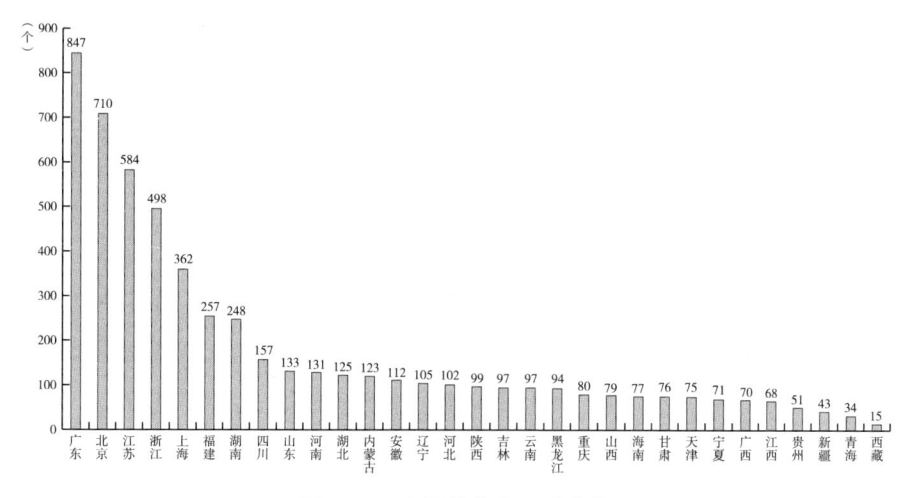

图 2-2 全国基金会区域分布

从图 2-2 所示，基金会并非是均匀在全国分布，广东、北京、江苏、浙江、上海位居前五，共 3001 家基金会，占 53.4%，超过半数被五省市占据。由于资金分布不均匀，地方社会组织申请到的资金量相对有限，即便某些基金会是面向全国提供资助，但对外地社会组织而言，申请成本也远高于本地，结果很有可能导致地方社会组织发展不均衡，对社会组织支持也明显存在地域差异。

从图 2-3 也可以看出，基金会登记部门也存在明显差异。约 79% 的

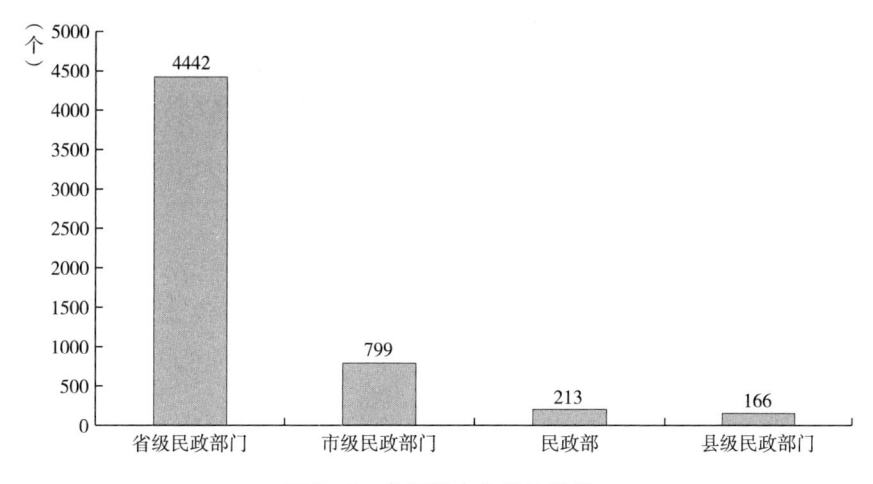

图 2-3 全国基金会登记部门

31

基金会在省级民政部门登记，约4%在民政部登记，全国性基金会相对较少，大部分基金会立足于服务本地。

基金会中心网数据显示，基金会较多集中在沿海地区，西部、东北地区分布较少。

综之，中国基金会在量上已有一定积累，但在地域分布、发展经验和财务信息方面与西方发达国家基金会存在一定差距。国内大部分基金会成立时多以运作某个项目作为出发点，因此在申请注册后倾向运作型，拿到资金后自己研发项目或聘请机构做项目，而资助型基金会相对较少。在美国，多以家庭和个人为单位成立资助型基金会。香港中文大学和中山大学联合报告（2012）显示，中国非公募慈善基金对民间公益资助不足一成，大多自己运作项目，仅有四成开展过资助型项目，这些项目也仅作为一种有益的尝试。朱汐（2013）发现：与汶川地震的震后救助有关，中国慈善公益事业爆发于2008年，自此大型公募基金会转向资助型基金会；但到2013年，还没有一家顺利完成转型。作为基金会注册数量最多的广东，大多数基金会是传统的运作型。幸运的是，部分基金会已意识到从运作走向资助是趋势，毕竟基金会位于整个慈善事业生态链的上游，"获得较多的社会捐赠、有效利用公益资金"才是重要任务。基于此，本书在全国范围内寻找资金支持型支持性社会组织时，主要锁定以资金运作与发展为核心的资助型基金会、开展过支持社会组织活动及其他正向资助型转型的基金会，与徐永光先生于2016年初预测的30多家，数量上有所增加，本书最终统计分析73家[①]。

二 主要特点

（一）多数组织成立时间较短

从图2-4可见，这73家基金会最早成立于1981年；2005年前成立

---

① 名单详见附录三。

且具有资助性的组织有 22 家，其中 1994 年成立 6 家；2005 年以后成立的占大多数（约 70.7%）。照此推测，中国资助型基金会并非完全是随着时间发展慢慢向资助型转型，而大部分基金会是在学习经验基础上做了资助型定位，自己并没有积累太多发展经验。

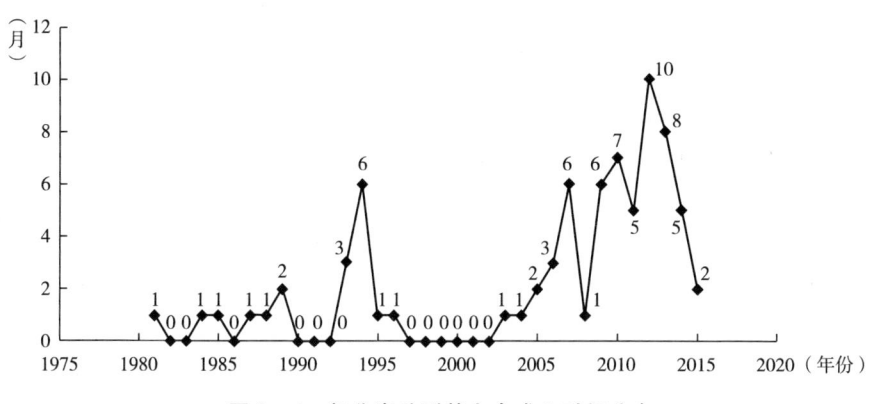

图 2-4 部分资助型基金会成立时间分布

（二）资金资源区域分布不均

如图 2-5 所示，73 家基金会主要分布在北京、广州、深圳，约占 74.0%。此外，上海、杭州、南京、福州相对次之。广州是总量最多的城市，但很少有特色的资助型基金会，公益资金用于支持社会组织发展的相对太少，大多数基金会面临转型困境。从全国范围来看，大部分公

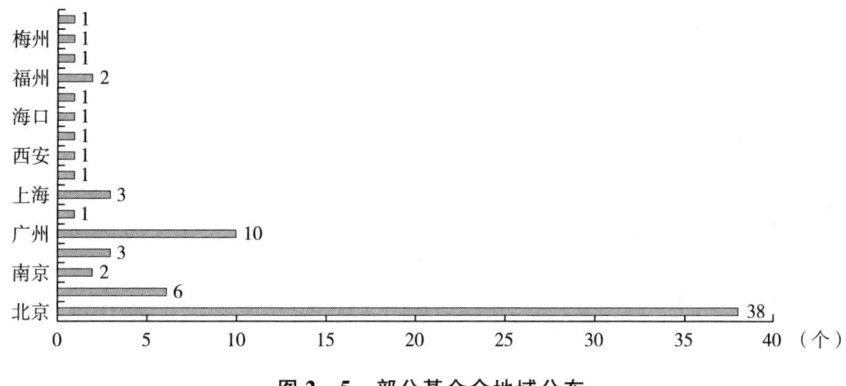

图 2-5 部分基金会地域分布

益资金多聚集在北京。

(三) 多数组织资金支持潜力大

这些基金会中公募 27 家，非公募 46 家。不同性质的基金会对资金来源有较大影响。从基金会原始注册资金来看，平均为 1119.49 万元，除上海市慈善基金会 4.6 亿元、江苏陶欣伯基金会 2 亿元、南都基金会 1 亿元外，大部分基金会注册资金在 200 万~1000 万元间，2000 万元以上的基金会 22 家，约占 30.1%，见图 2-6。

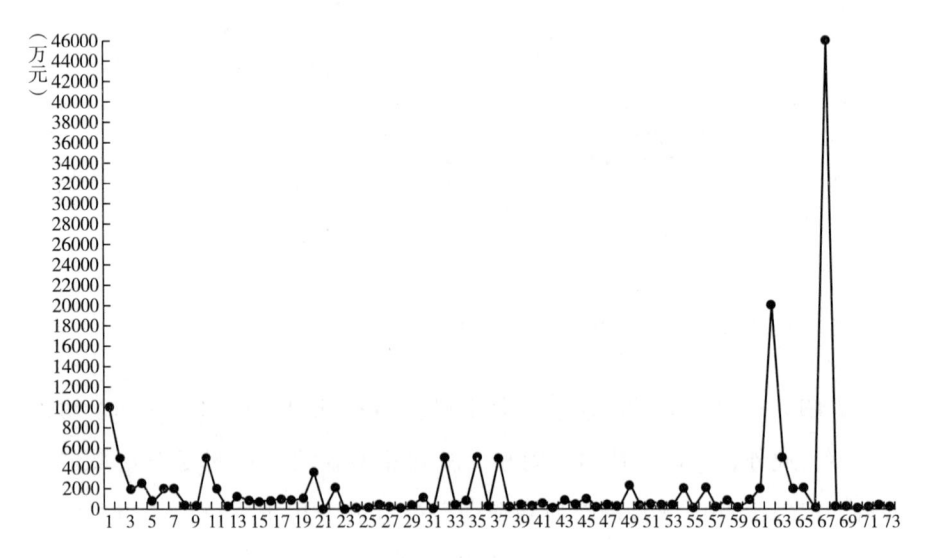

图 2-6　部分基金会原始注册资金

相较于原始注册基金，所调查基金会净资产都有所增加，平均为 43691.7 万元。如图 2-7 所示，净资产超过 10 亿元的基金会有 8 家，它们分别是清华大学教育基金会、北京大学教育基金会、河仁慈善基金会、老牛基金会、中国青少年发展基金会、中国扶贫发展基金会、江苏陶欣伯基金会、南都基金会。

表 2-1 为 73 家基金会 2013~2015 年收支状况。从原始注册资金、净资产、经费收支情况来看，这些基金会不仅具备相当数量的资金储备量，每年收支情况也相对稳定，这些都为支持其他组织提供坚强的后盾。

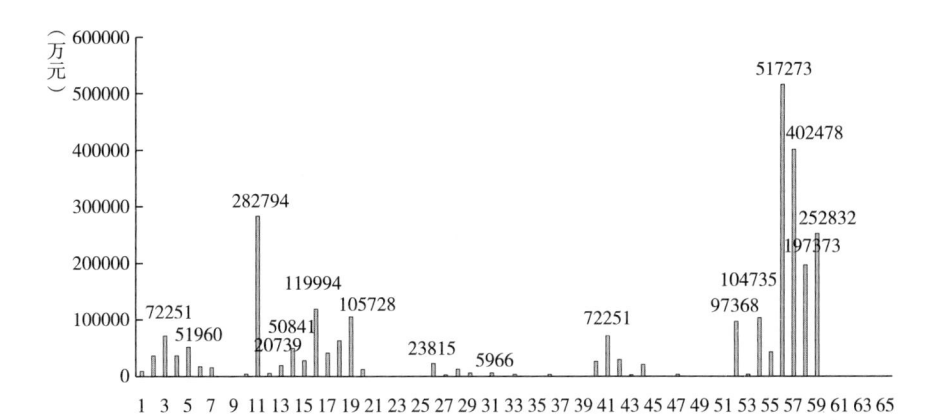

图 2-7 部分基金会净资产

注：有10家基金会的净资产为缺失值，未在图中显示。

其中，2013~2015年基金会收入相对稳定，分别是1.97亿元、1.91亿元、2.25亿元。大部分基金会这三年收入基本趋平，8家基金会的收入情况非常可观。2013~2015年基金会支出相对稳定，分别是1.71亿元、1.53亿元、1.62亿元。大部分基金会这三年支出基本趋平，8家基金会支出份额相对较多。可见，2013~2015年这些基金会收支情况基本持平，支出略微少于收入，收支总体呈现稳步增长趋势。

表 2-1 部分基金会2013~2015年收支状况

单位：万元

名　称	2013年收入总额	2013年支出总额	2014年收入总额	2014年支出总额	2015年收入总额	2015年支出总额
南都公益基金会	2435.7	2484.9	2147.2	2794.3	2895.0	3579.5
深圳壹基金公益基金会	51884.3	13122.1	16818.1	22447.2	14805.7	11833.7
腾讯公益慈善基金会	12869.9	11314.9	31434.8	9610.0	47968.0	22764.4
爱德基金会	8521.8	7987.8	8985.7	7438.0	13469.8	8566.9
中国儿童少年基金会	32952.5	29634.6	22403.8	36821.8	38102.2	26182.5
浙江敦和慈善基金会	2088.6	959.9	5050.0	9550.1	20206.0	9875.4
中华少年儿童慈善救助基金会	7886.5	8142.7	9465.4	11684.6	19067.2	10522.1
自然之友基金会	200.0	—	80.2	72.9	355.9	222.8
广东省千禾社区公益基金会	1124.0	1044.2	1432.0	1098.0	1313.1	991.9

续表

名　称	2013年收入总额	2013年支出总额	2014年收入总额	2014年支出总额	2015年收入总额	2015年支出总额
阿里巴巴公益基金会	1405.6	1404.4	5113.4	2870.9	12214.5	13524.1
河仁慈善基金会	—	12741.9	—	11828.9	—	17964.7
刘鸿儒金融教育基金会	787.6	704.1	859.6	1123.0	470.7	1198.1
中国人口福利基金会	25201.3	25190.8	16867.5	15969.1	19618.6	15758.3
中国红十字基金会	14715.4	28261.8	16439.3	35042.6	15935.1	23728.6
中国社会福利基金会	18367.8	14525.3	24417.9	16479.0	27068.1	14458.2
中国青少年发展基金会	50270.7	43350.3	42212.5	36324.0	50078.0	41492.2
中国妇女发展基金会	42252.1	39429.7	46779.0	53109.2	53486.6	47987.4
中国光华科技发展基金会	64432.1	50961.8	65251.6	57415.6	61657.8	56451.0
中国扶贫发展基金会	52462.1	32242.0	61321.8	41000.2	49034.0	39046.4
广东青少年发展基金会	5317.3	4284.8	3467.6	3912.4	6830.6	3001.7
四川省城乡统筹发展基金会	—	—	—	—	—	—
友成企业家扶贫基金会	—	—	—	—	—	—
上海仁德基金会	—	—	—	—	—	—
新联合公益基金会	—	—	—	—	—	—
安利公益基金会	—	—	—	—	—	—
北京法律援助基金会	912.9	686.5	530.0	702.8	739.2	6795.8
北京光华慈善基金会	403.1	365.9	299.3	288.9	253.9	330.7
北京嫣然天使儿童医院	—	—	—	—	—	—
陕西福智慈善基金会	—	—	—	30.2	—	25.8
北京亿方公益基金会	1000.0	—	75.0	109.1	74.0	85.7
春桃慈善基金会	230.7	139.7	290.1	180.2	263.5	251.2
广东省何享健慈善基金会	5000.0	—	13000.0	2500.4	18364.3	5046.0
上海联劝公益基金会	3097.1	1929.1	3097.1	2682.3	5138.4	3380.2
中华环境保护基金会	5840.4	4167.2	9767.1	8800.2	4399.0	5298.8
成美慈善基金会	795.0	805.9	1220.7	1356.2	1576.6	1462.0
青岛市华泰公益基金会	17.7	16.1	22.2	32.5	20.0	19.5
招商局慈善基金会	5046.0	4483.3	4018.2	4148.5	3921.6	3529.1
广东省绿芽乡村妇女发展基金会	336.0	109.2	265.2	190.6	592.9	241.3

续表

名　　称	2013年收入总额	2013年支出总额	2014年收入总额	2014年支出总额	2015年收入总额	2015年支出总额
兴业慈善基金会	723.5	616.4	1366.9	835.8	2888.1	583.6
正荣公益基金会	1406.9	1085.3	1583.6	1479.3	1309.3	1006.6
浙江天景生公益基金会	—	—	—	—	790.0	345.9
华夏经济学基金会						
中华社会文化发展基金会	1701.2	1740.5	2055.4	1601.5	4046.4	2407.8
北京三一公益基金会	—	—	250.0	210.5	432.7	417.1
中国社会救助基金会						
梦无缺基金会						
广东省与人公益基金会	—	159.2	1000.0	270.8	1000.0	253.4
希贤教育基金会	436.8	145.1	531.3	131.1	542.8	198.2
广东省扶贫基金会	52699.0	50086.9	43842.9	41895.8	24862.0	31759.4
广东省中山大学教育发展基金会	5972.0	5859.1	14733.2	7192.0	14862.1	10726.1
珠海市扶贫基金会	2647.6	1214.5	2033.3	2302.1	803.0	1685.8
广东省华南理工大学教育发展基金会	4581.6	1744.6	3282.4	1719.9	4858.7	3490.4
广东省合生珠江教育发展基金会	2500.0	2995.9	2340.0	1948.8	1400.0	1907.6
比亚迪慈善基金会	255.2	656.9	550.1	513.7	302.9	388.8
广东省紫琳慈善基金会	—	1233.0	—	119.0	—	62.3
北京银泰公益基金会	—	—	2021.4	1759.4	1943.5	1348.6
北京彩虹桥慈善基金会	112.0	47.1	101.6	170.3	176.2	163.7
北京市企业家环保基金会	3564.7	3698.0	4298.9	4761.0	7092.8	7163.0
北京天使妈妈儿童慈善救助基金会	—	0	1907.1	1191.2	2616.6	2410.1
中国癌症基金会	160836.0	165657.9	213092.0	191069.6	302779.4	264548.0
华鼎国学研究基金会	1163.0	198.8	2510.0	918.3	720.0	1101.4
江苏陶欣伯基金会	28044.2	1467.4	70081.6	1718.9	—	2558.7
中国教育发展基金会	22738.5	189435.1	25294.8	106911.6	28389.7	107144.1
清华大学教育基金会	145120.4	69372.7	148997.1	57195.8	118214.5	72735.5
北京大学教育基金会	139584.2	20936.6	56796.8	30250.9	66561.6	28885.1

37

续表

名　称	2013年收入总额	2013年支出总额	2014年收入总额	2014年支出总额	2015年收入总额	2015年支出总额
老牛基金会	—	16903.6	7947.8	18625.9	153398.9	17946.3
上海市慈善基金会	74367.1	54225.5	72965.1	57445.3	81815.2	65235.4
西部阳光基金会	1721.4	1177.2	1720.1	1448.1	1652.8	1653.4
银杏基金会	—	—	—	—	967.0	103.6
深圳市亚太国际公益教育基金会					3689.2	1271.4
北京达理公益基金会	—	—	2568.2	1540.1	2287.8	3037.4
北京巧女公益基金会	657.1	123.7	2723.5	3046.7	2740.2	2652.8
深圳市龙越慈善基金会	509.4	389.6	1801.5	958.8	4001.1	3890.6

（四）部分组织已渐成支持特色

调查发现，大部分基金会并没有专门统计支持社会组织的经费，年度报告和财务审计报告中也未对这部分经费做详细说明，大部分是按项目资助。为此，本书仅统计了25家2015年用于社会组织发展与建设的支持经费，如图2-8。

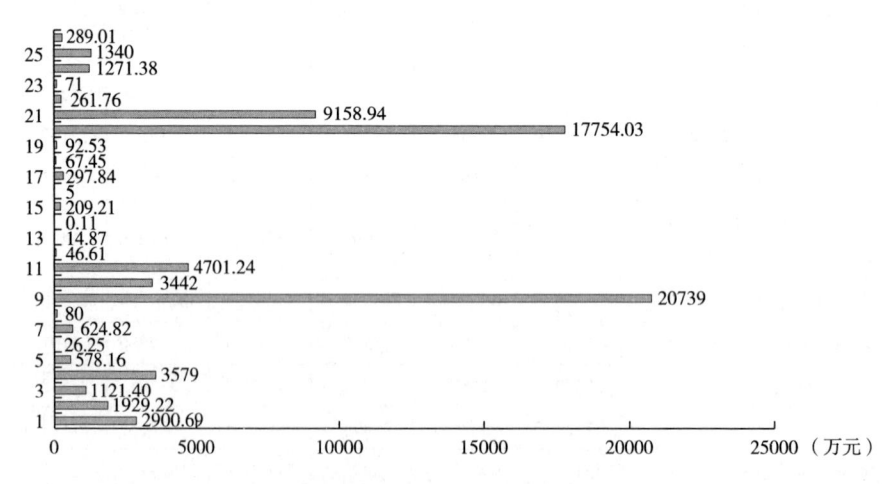

图2-8　部分基金会2015年的社会组织支持经费

具体来讲,这些经费主要在扶贫助困、医疗卫生、科教文娱、公益行业发展、救灾救助、环境改善、创业就业、志愿服务、特殊群体服务、心理健康、社区发展与公共服务、法律等领域资助社会组织。从表2-2还可见,大部分基金会控制在3~5个资助领域,并在此基础上形成一些特色资助项目。中国人口福利基金会设有幸福工程、生殖健康援助行动、"健康暖心"扶贫基金等;浙江敦和基金会设立敦和种子基金计划,支持亚太基金会原始基金建立,促进深圳国际公益学院建设;中国青少年发展基金会创立希望医院项目等;南都公益基金会开展银杏伙伴成长、机构伙伴景行等计划;腾讯慈善公益基金会设筑梦新乡村项目、教育及公益倡导项目等;中国儿童少年基金会有安康计划、春蕾计划;自然之友基金会与阿里巴巴公益基金会合作,设立环境公益诉讼支持基金;中国红十字基金会设红十字天使计划、嫣然天使基金;四川省城乡统筹发展基金会主要资助民间公益组织;友成企业家扶贫基金会以平台服务为主;上海仁德基金会有社区海公益支持计划;上海联劝公益基金会致力于打造高效的公益平台;广东省与人基金会建立了青年人参与公益的一站式、整体化解决的互联网平台。

表2-2 部分基金会的社会组织资助领域

组织编号	扶贫助困	医疗卫生	科教文娱	公益行业发展	救灾救助	环境改善	创业就业	志愿服务	特殊群体服务	心理健康	社区发展与公共服务	法律
1	√	√	√									
2	√		√	√	√	√						
3		√	√		√							
4	√		√	√								
5	√		√	√								
6		√	√	√								
7			√	√	√		√	√				
8				√	√			√	√	√		
9			√			√		√				

续表

组织编号	扶贫助困	医疗卫生	科教文娱	公益行业发展	救灾救助	环境改善	创业就业	志愿服务	特殊群体服务	心理健康	社区发展与公共服务	法律
10	√	√	√	√	√	√		√				
11						√						
12						√						
13	√	√	√			√						
14	√			√							√	
15	√		√		√							√
16	√		√						√		√	
17		√	√						√		√	
18		√	√		√				√		√	
19				√					√		√	
20			√						√		√	
21				√								

注：1. 中国人口福利基金会（2.1亿元）；2. 老牛基金会（1.8亿元）；3. 上海市慈善基金会（0.92亿元）；4. 中国扶贫发展基金会（0.47亿元）；5. 浙江敦和基金会（0.36亿元）；6. 中国青少年发展基金会（0.34亿元）；7. 南都公益基金会（0.29亿元）；8. 深圳壹基金公益基金会（0.19亿元）；9. 北京巧女公益基金会（0.13亿元）；10. 腾讯慈善公益基金会（0.11亿元）；11. 爱德基金会；12. 自然之友基金会；13. 阿里巴巴公益基金会；14. 广东省千禾社区公益基金会；15. 河仁慈善基金会；16. 刘鸿儒金融教育基金会；17. 中国红十字基金会；18. 中国社会福利基金会；19. 上海仁德基金会；20. 广东省绿芽乡村妇女发展基金会；21. 正荣公益基金会。标注金额表示2015年组织用于支持社会组织发展的资金总额。

三　问题与挑战

（一）组织定位波动与对外支持不足共存

社会组织中基金会的生存、发展和管理都与资金密不可分，它处在公益慈善行业上游，就像资源中心一样承担着"筹钱、增值、散财"的功能，所以本质上最能胜任资金支持角色的非基金会莫属。在美国，基金会是慈善资金的提供者，大量专业性的公益服务组织是消化这些资金的终端。在美国160多万个社会组织中有8.62万家基金会，这些基金会大部分是资助型基金会。根据美国基金会中心网统计，美国基金会2013年的公益事业支出达到547亿美元。

从基金会自身定位而言，运作型或资助型并无优劣之分。但是，资助型基金会数量的多少却能反映公益行业整体发育的成熟度。因为基金会不直接执行公益项目，而是资助其他社会组织进行项目实践，这将有利于其充分发挥专业潜能，研究从筹资到用资的高效路径，最大化利用所有资源筹集资金，基金会在公益发展成熟阶段主要是做投资。然而调查来看，中国基金会可能因为没有找到合适的且能做好捐赠者要求之公益项目的社会组织，也可能是分布过于集中，在北京、深圳、广州、上海等基金会资金投放远远多于社会组织能提供的产品服务，产生了供大于求现象，所以很多基金会选择直接执行项目。另外，由于资金透明度问题，基金会在资金运作过程中不能得到公众的信任，错失部分资金来源，如图2-9所示，大部分基金会都存在FTI指数不到100情况，最低的仅40左右。同时，基金会所做项目可能也与很多基层组织的产品与服务部分重合，表现为服务领域的供大于求。很多一线组织也因为资金缺乏而生存困难。为在维持组织的正常运转基础上搞好社会服务，符合成立资质的组织基本都申请成立了基金会，但实际上本身是做服务的，结果是原本是以资金支持为主要业务的组织成为自给自足型组织，做服务

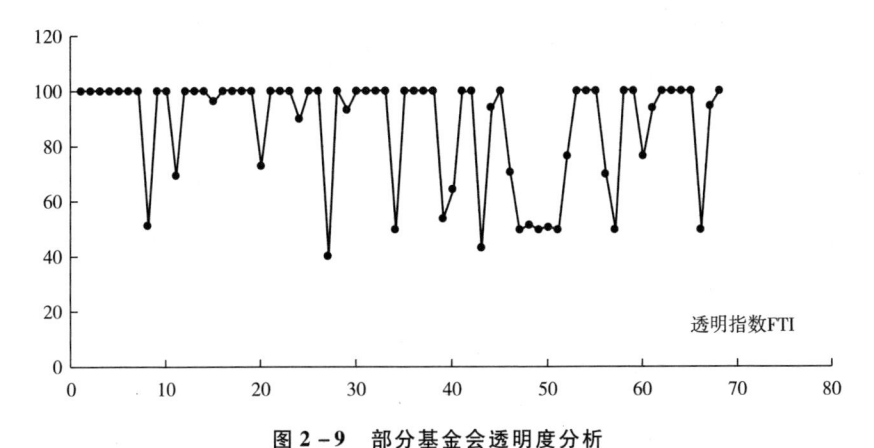

图2-9 部分基金会透明度分析

的组织不得不开发新功能，沦为四不像的"基金会"。

可见，无论是出于何种原因成为基金会，不准确的组织定位，很可能会阻碍自身发展，也不利于整个公益生态链的形成。社会组织的资金来源主要由政府拨款和基金会捐助，存在资源导向性的问题。中国的实际情况：一是准确定位资助型的组织少之又少，仅有代表为南都公益基金会、浙江敦和慈善基金会、爱德基金会。二是部分虽有定位但正处在经验积累阶段，如中国扶贫基金会在尝试向资助型基金会转变；中华少年儿童慈善救助基金会在2011年7月推出了以"童缘"命名的行业资助合作项目。三是还有部分正在转型但原有项目又一时难以放弃，结果转型受阻。

（二）对社会组织的资金支持呈现片区效应

从图2-2和图2-6都可见，包括资助型在内的基金会在全国的分布都呈现明显的区域聚集特点，包括广东、北京、江苏、浙江、上海在内的五个省市是基金会集中分布区，同时也是资助型基金会较集中的地区。中国中西部、东北部等地的基金会相对较少，资助型基金会更少，这就意味着基层社会组织如果要争取活动资金，主要有两种路径：一是向政府申请；二是向外地申请。不管哪一种，对这些组织要求都相对较高，优胜劣汰成为必然。原本正常竞争导致部分基层组织被淘汰实属正常，然而中国现阶段需要大量的、不分区域的、相对均等化地向社会提供产品，在基层组织数量积累基础上，地方性社会资金的增加无疑可更好地促进公益慈善事业在全国范围的发展。然而，几个热点城市的资源相对集中，必然会吸引大量人财物力，结果是其他地方的资源减少。实际上，即使在热点城市，公益资源仍是稀缺的，公益具有的福利性质导致需求被无限放大，公益需求也很难得到全面满足。

（三）挖掘资金活力方式方法还待升华

调查发现，大部分资金支持型社会组织都具备较强的资金实力，它们采取各种方式募集资金。有些基金会在如何为捐赠者服务上做准备，订单式服务为捐赠者找准服务项目。上海联劝公益基金会采取"互联网+"在公益领域的新尝试，以联合劝募方式来支持民间公益发展，它以社会问题为导向，集结众多公益组织/项目，自下而上、线上线下开展劝募活动，同时通过高度问责的方式将募集资金分配给公益组织，这种创新方式打通了民间公益组织与慈善资金之间的壁垒，属于挖掘资金活力所做出的有益尝试，见图2-10。从2009年成立至今，上海联劝公益基金会收入已增长到6000余万元，七年来累计筹款收入超过1.9亿元，累计筹款笔数超过283万笔，累计公益支出近1亿元，直接支持1093个公益项目，资助涵盖儿童、教育、环境、助残、社区发展、公益行业支持、医疗健康、扶贫济困、助老等13个领域（上海联劝公益基金会，2016）。当很多基金会面临筹资难、项目管理难、捐赠人不理解不支持、草根组织专业性不高、执行项目效果难以保证等困境时，这些创新性的资金筹集方式给予缺乏资金的组织新的启发。社会力量正慢慢兴起，如何创新性融资以及融资后如何有效利用是多数基金会需要探索的。

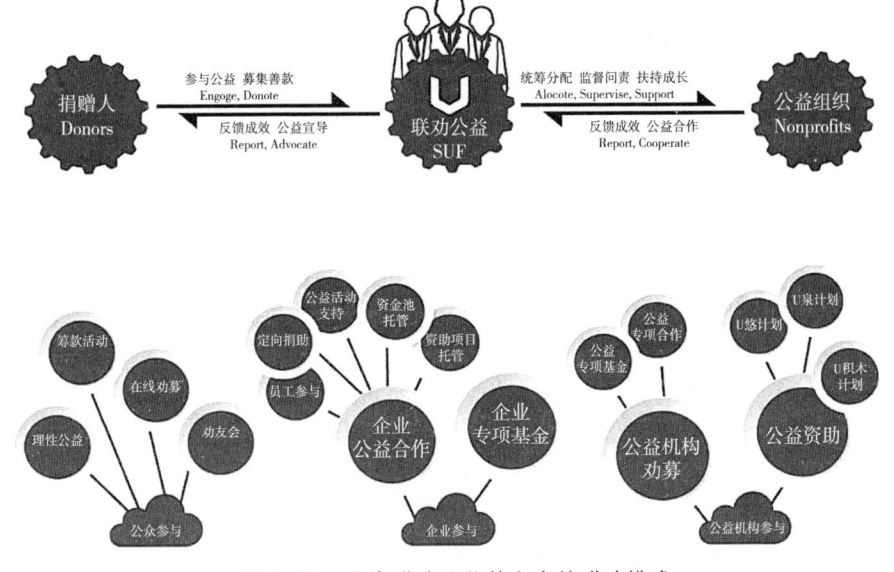

图2-10 上海联劝公益基金会的联劝模式

现阶段中国的状况是，仅有少量基金会形成了资助特色，让捐赠者清晰明了组织服务领域，良好的社会公信力、资金透明指数及相对稳定的服务模式，让组织得到更多社会支持，所募集资金也定向性用于某些持续性项目。比如，阿里巴巴公益基金会作为民营企业基金会，资助方向非常明确，即环保宣传、水资源保护、能力建设、森林保护、公益组织发展、环境调研。通过多年的努力，它已经开发了芒咖啡、水污染地图 APP、环境公益诉讼民间行动网络及支持体系建设等明星项目。2014年，净资产 0.50 亿元，FTI 100.00 分，共批准公益资助超过 3700 万元，资助 21 个公益项目，其中环境保护类占 1/3，约 1200 万元，包括 SEE 基金会、TNC 大自然保护协会、绿行侠环境影像资助和身边水专项，通过以上专项已经有若干子项目开始资助，其中绿行侠目前共资助 7 个项目，"身边水"项目共有 12 个子项目获得资助。此外，阿里巴巴还在加勒比海、南美洲、尼泊尔、非洲等多个国家和地区资助了大量发展型项目。业务模型详见图 2-11。

图 2-11 阿里巴巴基金会业务模型

然而，对大部分组织而言，包括部分资助型基金会在内大多都只进不出，对所资助项目或组织特别苛刻，结果大量社会募集资金闲置，资源大量浪费。部分基金会可能募集到大量指向性资金，捐赠方没有预估到这笔经费可能超支，所指向领域并不需要如此多经费，结果这笔资金被搁置。此外，很多基金会在持续性筹集善款方面受阻。这些问题都困扰着基金会合理有效使用善款。

（四）部分支持性社会组织的资助愿景缺乏长远规划

目前，支持性社会组织采取的资助方式与困境主要有以下几点。

一是直接对基层社会组织提供非定向的资金支持，面临的问题是这些基层社会组织可能缺乏合理使用资金的能力。

二是基金会带动基金会发展，资助型基金会培养资助型基金会，如浙江敦和慈善基金会对正荣基金会的资助，面临的问题是规模较小。

三是以创新性项目为依托对基层社会组织提供资金资助，类似于公益创投，基层社会组织根据自己特长向基金会提出资金申请，这是资助型基金会和正在转型的基金会采取的主要方式，面临的问题是项目延续性与持续性等。

四是依托论坛、会议、学习沙龙等为基层社会组织提供交流平台，相互学习经验、共享资源，只是效果还待考量。

五是以参与式合作方式提供资助，基金会与其他社会组织合作共同为社会提供服务产品，这些社会组织可能是资助型基金会，也可能是相对成熟的社会组织。

六是投资公益慈善领域研究，包括资助科研院所开展公益领域内各项研究、支持创办线上线下刊物、协助建立相关的研究院等。

七是以颁发奖项形式鼓励基层社会组织与慈善公益人才。

八是孵化组织并提供全面支持，这些被孵化组织将承担基金会重点资助领域的各项服务工作。

九是定点扶持开发特色社区项目。

十是聘请各类专家为社会组织开展包括能力建设在内的各项服务。

由此可以看出，虽然基金会资金支持形式灵活多样，大多数以创新为主，但在长远规划方面仍表现不足，以至于公益资金不能被高效使用。

四　发展建议

（一）明确前提：资助型基金会是资金支持型社会组织的主要力量

资金支持型支持性社会组织指资助型基金会有稳定的资助路径，能被社会服务机构清楚认知。其中，品牌资助项目+稳定资助路径是可持续发展的一个重要因素。政府资金可能从机构购买服务方式走，企业与社会捐助都可能从基金会走。对社会组织而言，资金是必不可少的部分，充足的资金是社会组织，尤其是基层社会组织立命之本。如果这些组织不具备较强的造血能力，如收取会员费、低价服务费等，那么必须从政府或基金会申请经费。为此，促进社会组织和慈善公益事业发展，作为社会组织的重要资金来源的基金会，有必要提高社会资金的利用率，合理布局安排资金的使用，资助型基金会应成为资金支持型社会组织的主要力量。

（二）锁定方向：促进地方性基金会向资助型基金会转型

从基金会目前分布情况来看，大部分都聚集在北京、上海、广州、深圳等几个一线城市，全国性公募基金会多在北京，占据大量资金资源；这种分布在某种程度上导致对社会组织的资金支持呈现片区效应。为打破这种局面，建议积极探索各种策略以促进地方性基金会发展，如地方非资助型基金会向资助型基金会转型。地方性基金会发展成熟后可拿出资金资助那些具有专业管理团队、执行能力和信息透明度高的公益机构去运作项目。虽然现在很多基金会产品做得非常好，但这并不是长久之计，否则基金会就应该转型为公益服务组织了。促进地方基金会向资助型转型，正体现了中国公益行业向成熟阶段迈进的需要。

（三）树立典型：资金支持型社会组织加强交流共商战略计划

现在资助型基金会在支持社会组织方面已经形成一些具体策略，然而，一方面这些策略只有少数几家支持性基金会有能力和资格提供；另一方面，有些策略被渴望转型的部分基金会盲目借鉴；这两种结果中任何一种都不利于公益慈善生态链的建立。为此建议：不管公募基金会还是私募基金会都应加强合作，搭建资金支持社会组织联合体，每年共同商议资金支持策略。一般情况下最好的状态是：地方基金会支持地方社区服务机构，全国性基金会做战略规划与查漏补缺；在发展初期阶段，全国性基金会要重点扶持地方资助型基金会发展，通过会议交流、方法培训、能力锻炼等方式搭建完善的资金供应体系，最大化利用资源。

（四）积极沉淀：累积挖掘资金活力方法经验

资金募集一般有四种：筹款[1]、增资收益[2]、投资和经营[3]、向政府获取资源。但是大部分基金会资金还是相对紧缺的，特此建议：一是资助型基金会要开拓思维创新社会募款方式，现在社会广为流行的线上劝募活动，确实发挥了其在吸引社会力量、提升公益服务的作用和功能，其迅猛发展的势头，体现了公益服务的社会主体的可激活性，然而在挖掘资金的渠道和方式上仍有进步空间，还需不断创新。另外，资助型基金会在众筹时代，需要联合体来合作共赢、共同维护公益生态环境。二是社会募集的资金不仅要公开透明，更要让它发挥实效，流入有需要的组织，投资到社会效用高的项目。随着公益事业的发展，公众对资金的

---

[1] 主要是接受企业和个人的捐赠。
[2] 如可以采取城市信托的方式实现慈善资产的保值增值，并用增值收益资助公益组织开展活动。
[3] 创办社会企业，自己资助自己的组织开展活动。

透明度要求增大，尤其是富人/企业家更希望他们的捐款能真正提升企业或个人形象，比如某企业爆出"螺丝门"丑闻，尽管后期花大量经费做产品宣传，然而对企业社会形象的树立助益较少；但若将这笔经费中部分用于社会投资、做好项目，挽回形象则成本降低；若如此，这类企业也会乐意为公益买单。三是借鉴基金会联合的思路，通过规模效应来增加公益资金。

主要参考文献

王名：《社会组织论纲》，社会科学文献出版社，2013。

徐永光：《公益支持性组织的市场定位——在湖南公益慈善创新发展研讨会上的讲话》，《南都基金会》主页，2016年1月27日，http://www.naradafoundation.org/content/4799。

徐永光：《基金会若不跟草根组织合作那这个行业没前途》，《公益慈善论坛》2013年9月1日，参见：http://gongyi.ifeng.com/news/detail_2013_08/30/29145257_0.shtml。

徐永光：《公益支持性组织的市场定位》，《乐创公益》2016年1月27日，参见：http://www.chinadevelopmentbrief.org.cn/news-18313.html。

朱汐：《公益2.0：中国NGO组织的艰难转型》，《中国企业家》2013年9月29日，参见：http://gongyi.qq.com/a/20130929/010107.htm。

第三章　能力支持型支持性社会组织

一　基本现状

2010年，我国社会组织建设取得长远进步，国家专门针对社会组织提出"激励广大社会组织加强能力建设"。2012年党的十八大召开，明确经济建设、政治建设、文化建设、社会建设和生态文明建设五位一体，社会建设思想被再次明确，要求人民群众依法通过社会组织进行自我管理、自我服务和社会事务管理。但当时我国社会组织发展面临较多困境，如社会组织登记门槛过高、行政化倾向明显、组织资源人才和能力皆不足等，所以在2013年党的十八届二中全会和十二届全国人大一次会议通过《国务院机构改革和职能转变方案》，对改革社会组织管理制度做出重大部署，主要任务包括推进行业协会商会与行政机关脱钩，对行业协会商会类、科技类、公益慈善类、城乡社区服务类社会组织实行直接登记，完善相关法律法规，健全社会组织管理制度，推动社会组织完善内部治理结构。当时，各级民政部门直接登记了19000多个社会组织。在这个过程中，行业协会商会类、科技类、公益慈善类、城乡社区服务类社会组织被重点培育。2014年，党的十八届四中全会通过了《中共中央关于全面推进依法治国若干重大问题的决定》，全文8次提及"社会组织"，在11个部分20余处对社会组织改革发展和作用发挥做出新部署、提出新要求。2016年3月16日，《中华人民共和国慈善法》由十二届全国人大四次会议通过，同时，国务院法制办、民政部先后就制定修订《志愿服务条例》、《社会团体登记管理条例》、《基金会管理条例》、《社会服务机构登记管理条例》公开征求意见,民政部制定实施了《慈善组织公开募捐管理办法》、《慈善组织认定办法》、《公开募捐平台服务管理办法》等配套规章政策,指定了首批13家慈善组织互联网募捐信息公开平台。2016年8月21日,中共中央办公厅、国务院办公厅《关于改革社会组织管理制度促进社会组织健康有序发展的意见》,充分肯定了社会组织在我国经济社会发展中的重要地位和积极作用,科学阐述了推进社会组织改革发展工作的指导思想、基本原则和总体目标。这是党的十八大以来,党中央、国务院对社会组织改革发展做出的重大决策部署,是指导当前和今后一个时期我国社会组织工作的纲领性文件。支持社会组织发展的政策环境,使社会组织在近几年得到快速发展。从图3-1可见,我国社会组织数量每年都在增加,2015年已达到66.2万个。

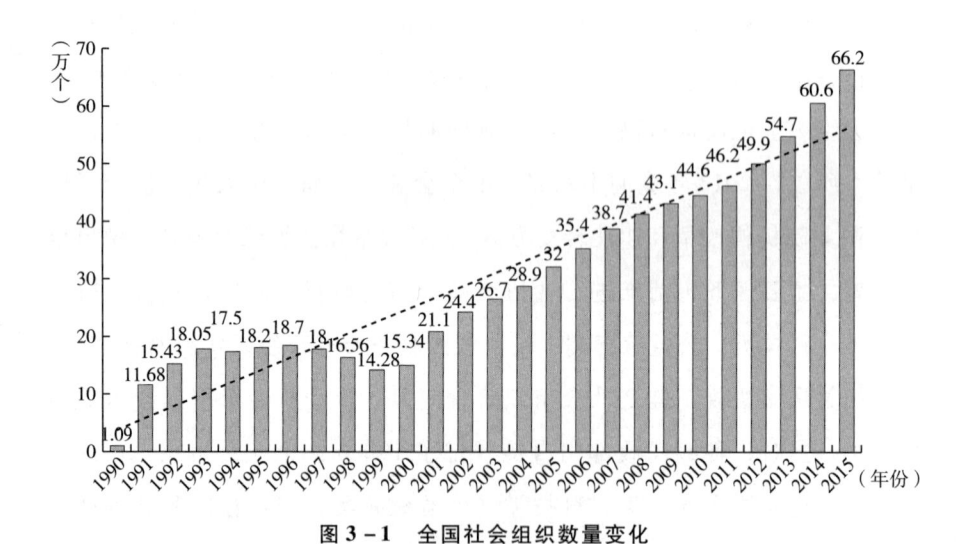

图3-1 全国社会组织数量变化

随着社会组织数量增加,社会组织在发展过程中的问题也日益明显。为更好地发挥社会组织的社会建设与服务作用,国家也在不断完善社会组织发展的培育扶持政策,包括细化政府购买服务政策,通过提供资金和制度环境配套培育、引导和发展社会组织,也包括完善社会组织税收优惠政策、简化税收征管程序、落实税收优惠、拓宽捐赠渠道等，还包括采取专项补贴、以奖代补、公益创投并辅以能力建设支持等方式给予社会组织财政补贴或帮助进行人才资源建设等。此外，社会也呈现一批协助政府扶持社会组织发展的社会组织，如帮助政府实现购买服务或公益创投功能，协助社会组织搭建资源对接平台，专门为社会组织提供人力、财务、项目管理等技能服务，这些组织大多数属于能力支持型。

本书认为能力支持型支持性社会组织特指以提升社会组织能力为主的社会组织，涉及内部治理、战略规划、项目管理、人力资源管理、财务运行、营销与筹资等能力（刘春湘，2016：66～249）。

第一，内部治理能力。包括理事会治理和监事会监督，运行机制包括理事长会议、各类专业委员会和实际执行人，各类专业委员会包括执行委员会、审计委员会、薪酬委员会、提名委员会、公共政策委员会等，实际执行人包括首席执行官、理事长、权利分割的理事会等，监事会主要是监督理事会的决策权和执行权。

第二，组织战略规划能力，主要是组织可否明确自身所处的内外环境并以此进行规划。其中，环境分析包括一般环境分析和利益相关者分析[①]。

第三，项目管理能力。一般情况下，社会组织的项目管理涉及教育、卫生保健、环境保护、救助贫困、弱势群体权益保护、城乡社区服务等领域。支持性社会组织在项目管理能力培养方面，涉及项目范围、时间、成本、风险、质量、采购、沟通和整体等内容，也包括评估所支持组织

---

① 一般环境分析常用PESTN分析，包括政治与法律环境（P）、经济环境（E）、社会与文化环境（S）、技术环境（T）、自然环境（N）。利益相关者分析涉及捐赠者、服务对象、合作伙伴、竞争者、社区和政府等。组织分析包括使命分析、顾客需求与满意度分析、项目评估、高层管理、财务系统、设施管理、工作士气、权责架构、人事薪酬等。此外，战略制定方法常有SWORT矩阵、BCG矩阵、麦克米兰矩阵等，常用战略有借力发力战略、兼并战略、联盟战略等。战略规划能力是组织能否按正确方向前进的关键，也是能力支持型支持性组织应引导的重要部分。

的项目，包括项目效率、客户绩效、过程绩效、社会影响、组织成长等方面。

第四，人力资源管理能力。支持性社会组织应在人力资源管理能力方面对社会组织进行培训，理事会成员、项目执行者、行政人员、志愿者等在组织中的角色各有不同，相应的招聘条件、培训与开发、薪资结构、绩效评价、劳动关系与激励机制也各有不同。大多数社会组织刚成立时都只会做项目，欠缺人力资源管理相关常识与基本技能，结果导致社会组织人才流失严重。

第五，财务管理能力。财务及审计已成为公益类社会组织的重要业务内容。在对社会组织的考核评价中，财务清晰且公开透明越发重要。预算困难、资金缺乏、支出结构不合理、缺乏高素质管理人才、财务信息不透明等问题已困扰很多组织若干年，社会组织正确进行融资和财富合理分配，已成为组织存活的关键指标。为此，财务管理能力培养也是被支持的关键部分，涉及社会组织资产、负债、净资产、收入、费用、财务预算、财务核算、财务风险控制等分析处理能力。

第六，营销与筹资能力。社会组织营销是综合工程，目的是筹集资源、向投资者提供资助人和受益人都满意的产品、建立长期的资金链，为此营销与筹资能力训练也是应被支持的部分。

为更清晰地了解这类组织的发展状况及其对社会组织的支持情况，特在全国范围内进行抽样调查，筛选了367家能力支持型社会组织，涵盖公益促进中心、综合服务中心、培育孵化中心、社会创新中心等多种类型，详见附录三。

二　主要特点

（一）大多数组织成立时间短而集中

从图3-2可见，这367家能力支持型组织成立时间相对集中，大多如雨后春笋般出现在2009~2016年间，2014年达到77个的峰值，这77家社会组织大部分为公益园、社会孵化中心、社会组织促进中心等。从图还可见，数量转折期大概在2010~2013年间，原因可能与政府对社会组织的积极支持与鼓励有关。

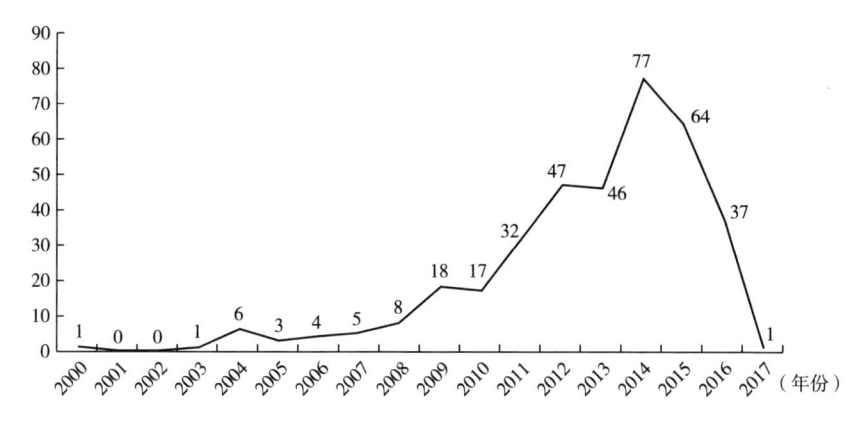

图3-2 部分能力支持型支持性社会组织成立时间分布

（二）大多组织集中分布在社会组织活跃省市

数据显示，北京、江苏、上海、广东、浙江五个省市能力支持型社会组织数量相对较多，约占60.8%。此外，四川、陕西、山东等省能力支持型社会组织数量次之，云南、贵州、甘肃、宁夏、海南等社会组织

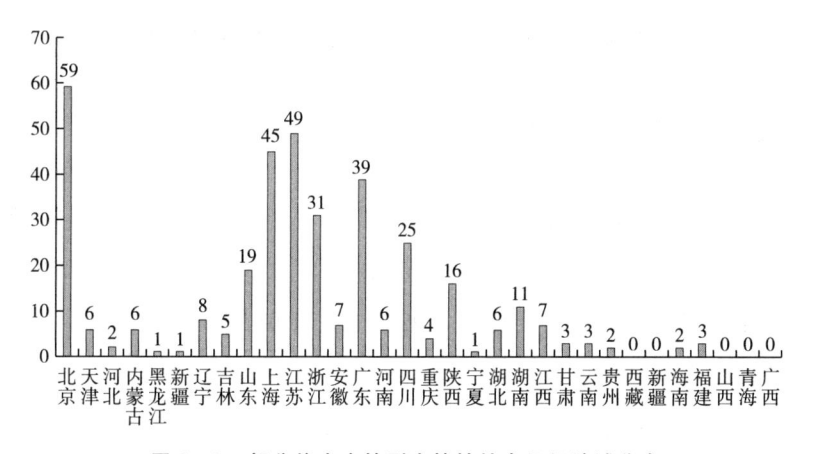

图3-3 部分能力支持型支持性社会组织地域分布

发展并不活跃的地区也陆续成立此类组织。可见，社会组织相对集中的地区，其支持性社会组织也相对较多。

（三）大部分组织规模集中在省市级

数据显示，约56.9%的能力支持型社会组织隶属省市级，主要为组织所在省市提供支持性服务；此外，约33.8%的组织专门为所在区县提供服务。可见，社会组织在获取能力支持资源时，更多的是在省市级层面，区级和街道级获取的能力支持有限。不仅如此，全国性的能力支持型组织在总量上更加不足，这就意味着边远或经济发展较慢地区，即组织最需要被扶持地区，尚未得到应有的支持。

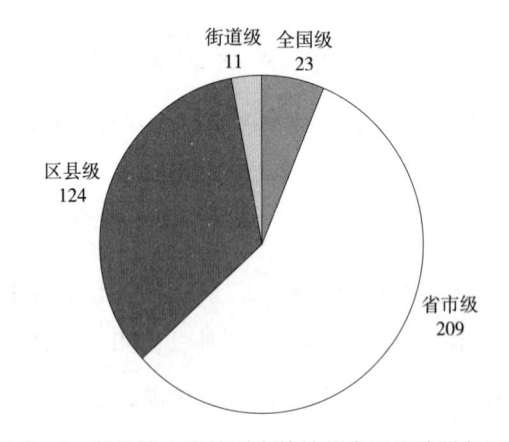

图3-4 部分能力支持型支持性社会组织的服务层次

（四）带有政府扶持性质的组织较多

并非所有社会组织都能承担起能力支持功能，已有能力支持型支持性社会组织主要表现在以政府扶持为主的综合服务类和公益促进类，以培育孵化组织为主、以社会组织发展相关技能培育为主或社会性色彩较浓厚的社会创新类等。

公益促进类和综合服务类在所有能力支持类组织中占大多数，约占59.1%，见图3-5。这些组织大多受惠于地方民政系统的办公场地、少

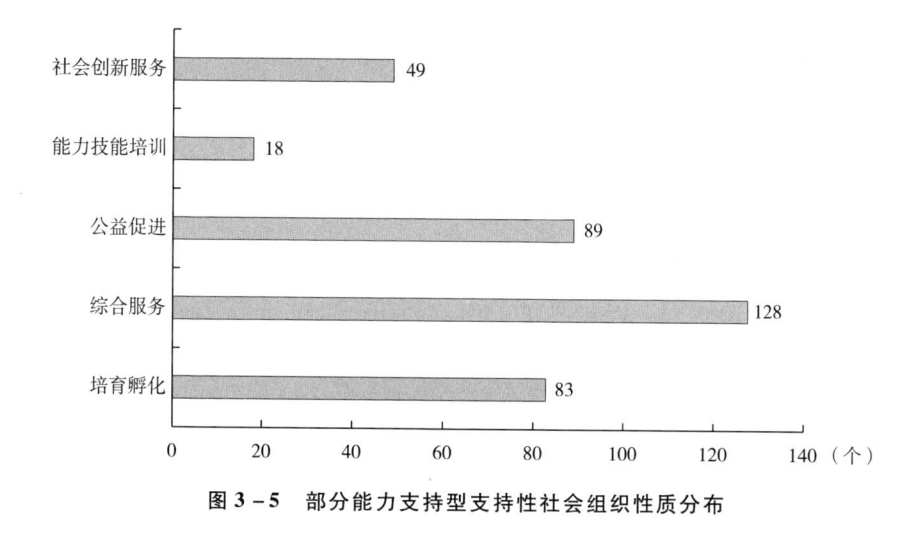

类别	数量
社会创新服务	49
能力技能培训	18
公益促进	89
综合服务	128
培育孵化	83

图 3-5 部分能力支持型支持性社会组织性质分布

量启动资金支持，多以协助政府购买服务或完成公益创投项目为目的。

另外，培育孵化类组织以孵化园为主，订单式培养社会所需组织或选择式培养有潜力的项目。

此外，社会创新服务与能力技能培训总占比较少，主要提供创新性财务管理课程、资金筹集途径、组织管理技能、项目策划、品牌管理等服务内容。

三 问题与挑战

（一）所有社会组织中具备扶持能力的支持性社会组织较少

能力支持型支持性社会组织在政策引导下多成立于2012~2016年间，然而，数量的聚集并不代表这些组织就一定具备扶持能力。很多社会组织在没有任何实践经验情况下扶持其他组织，有些组织仅提供场地、一次性支持项目便孵化出新组织，还有一些组织并没有实际做任何与能力支持有关的事宜。

首先，以综合服务、培育孵化与公益促进为主且带有官方性质的社会组织。如由各省、市、区、街道下设的社会建设办公室、社会工作委员会、民政局、社会团体、行政主管机关等牵头成立的能力支持型社会组织，这类组织行政功能性较强，以场地和资金支持方式扶持社会组织。

其次，以"政府牵头、社会力量实施"的政社合作形式的半政府半社会性质的社会组织。如政府与各大高校、学术机构、行业协会合作且借助优势专业资源而成立的能力支持型组织，这类组织多名不符实，仅安排政府购买服务和公益创投等工作，对社会组织能力建设的指导性相对较弱。

再次，纯社会性质[①]的社会组织。如基金会成立、包括恩派在内的支持性社会组织扶持成立、行业协会与组织联合成立、科研院所与专家学者发起、社会热心人士/志愿者/优秀社工/教育专家/社区组织/资深高管/社会企业单独成立，这类组织的能力支持基本能落到实处。调查发现，纯社会性质的能力支持型组织数量较少；在这些纯社会性质的组织中，"同一班子、不同名字；同一名字，不同区域"现象明显，如恩派就在全国范围内发起若干家能力支持型社会组织。

最后，政府性质的综合服务中心、组织培育孵化中心或公益促进中心。这也是在响应国家号召前提下从省、市、区到街道级依次成立。存在量的较大积累，但实质工作内容并没有任何变化，只是方便了相关部门更好地管理社会组织。

可见，能力支持型社会组织如雨后春笋般得到量的积累，但真正有条件提升社会组织能力的组织非常少。究其原因，主要在于社会组织的属地管理、地方保护、公益人才与资源集中。

（二）大多数组织的功能定位与实际执行脱节

能力支持型社会组织包括以下方面。

第一种为社会组织提供全方位的综合支持，主要业务包括为组织提

---

① 不过多受国家资源制约的组织。

供免费办公场所及相关辅助设备等硬件支持，为组织提供公共水电和物业管理等后勤支持，为组织提供初创期申请成立、资源链接、项目支持等软件支持，对相关组织提供个性化辅导与培训，提供项目申报、项目策划、活动举办、财务托管等方面专项协助，详见表3-1。

表3-1 功能定位以全方位综合支持为主的部分能力扶持型支持性社会组织

组织名称	功能定位
北京市社会组织孵化中心	对初创期的民间公益组织提供前期孵化、能力建设、发展指导等关键性支持
北京市西城区社会组织孵化中心	从街道层面为小型孵化培育组织搭建平台，为社会组织提供孵化培育、能力建设、资源对接、影响力推广等社会创业的专业综合支持服务
广州市社会组织培育基地	为入驻社会组织提供行政办公、政策及法律咨询、项目策划、服务指导、交流培训、资源链接及财务托管、人事托管、网站托管等服务
北京石景山区芯动力社会组织发展中心	提供孵化培育公益组织、教育培训、咨询评估、资源整合、品牌传播、社会组织专业能力建设等服务
北京房山区社会组织服务中心	提供社会组织孵化、公益项目设计、能力建设、管理咨询、资源对接、交流展示等服务
北京市顺义区社会组织培育发展中心	提供信息查询、咨询服务、办证服务、组织评估、项目支持、推介展示、社工支持、志愿者支持、人才服务、培训考察、编辑刊物等服务
天津社会组织服务管理中心	提供政策咨询、理论研究、年检服务、党建指导、信息发布、培训交流、社会组织培育、组织评估、社工及志愿者指导、推介展示等服务
天津和平区社会组织孵化中心	提供公益理念普及、社会组织孵化培育、社会组织能力建设、社会组织评估、社会组织成果展示、社工人才培训实践、社会组织政策咨询、政府购买社会组织服务、社会组织集中监管、公益资源共享等服务
内蒙古乌海市社会组织孵化基地	为入驻的文体类社会组织提供硬件设施和软件服务，邀请专家和社会组织管理资深人士为社会组织从业人员提供系统培训，提供相关配套政策支持，对处在成长初期的社会组织进行系统地培育和扶持
内蒙古鄂尔多斯益启公益组织发展中心	提供资源平台、财务托管、公共空间、能力建设、种子基金、注册辅导等服务，对政府购买服务项目、公益创投项目开展项目筛选、组织评估、项目评估、项目监管等服务

续表

组织名称	功能定位
天津滨海新区社会组织孵化园	为入驻社会组织提供专项服务，包括聘请社工及专家，为其提供个性化辅导和培训，在项目申报、策划、活动、财务等方面给予协助；为社会组织免费提供办公、会议、电话、网络等基础设施和公共水电、卫生保洁等后勤服务
哈尔滨市道里区嘉仁公益服务发展中心	提供组织能力建设、公益传播、咨询指导、人力派遣、志愿服务培训、资源筹措、社会组织孵化园第三方管理等服务
沈阳铁西区社会组织孵化基地	在政府资金支持、民间力量兴办、专业团队管理、政府公众监督、社会民众受益的运营模式下，培育社会组织，打造公共服务平台
济南历下区社会组织培育发展中心	承接区、街道、社区三级社会组织培育发展工作，为社会组织提供基础条件支持、能力建设、督导培训、品牌建设等服务
潍坊市新路社会组织发展中心	对社会组织给予能力建设、资源和智力支持，培育社会组织发展，引导社会组织提供公益服务
上海浦东公益服务园	形成专业孵化、规范引领、人才输送、公共服务、项目发展、供需对接等机制为社会组织服务
上海松江区社会组织服务园	提供孵化培育、能力发展、咨询受理、规范评估、合作交流、品牌推介等服务
上海宁聚社区发展服务中心	提供与社会工作相关的咨询、督导、培训、评估，承接托管社会服务场所和政府购买服务项目，运作公益招投标项目

这些组织的典型特点是政府部门牵头、民间组织运营、社会公众监督。在大多数情况下这些组织也没有相关项目服务经验或组织策划活动能力，更大程度上仅属于公共空间、政策咨询、公益资金等资源提供方，公共交流平台搭建者，社会组织创造器。然而，在组织的能力支持过程中多重视组织在初创期的困难和问题，忽视成立后组织的发展与壮大，许多培养起来的组织停留在萌芽期而不能真正提供有效的产品和服务，并不能从根本上增强组织能力。

第二种是促进社会组织能力建设的以创新性服务为主的组织，见表3-2。这些组织创新性比较强，在社会组织能力建设方面大胆尝试并开发项目设计、人力资源培训、组织品牌建设、组织文化推广、财务管理等与组织发展相关的课程，也关心社会组织发展中核心议题。但最大的问题是：这些组织在数量上仍有限，部分能力建设或创新型组织还需要与其他非支持性社会组织竞争资源。此外，公益界也非常缺乏实践经验丰富、知识基础扎实、社会回应较快的公益领导人才，很多组织的能力培训流于形式，讨论多、产出少、实际支持效果还待检验。

表3-2 功能定位以创新性服务为主的部分能力扶持型支持性社会组织

组织名称	功能定位
恩派公益组织发展中心	实施公益创投、政府购买服务招投标平台、联合劝募、公益行业交流展示会、企业CSR咨询、社区综合发展等系列具有重要示范意义的创新探索，并在社会组织能力建设与绩效评估、社区公共空间托管、社会影响力投资、社会创业媒体平台等诸多领域深耕细作
广州恭明社会组织发展中心	专注以有效和创新的手法为草根社群及其自组织充权和赋能，开展公益培训、顾问辅导、公共教育和行业推动等服务
北京互联社会组织资源中心	运用互联网协助政府购买服务工作和促进各类社会组织的发展
上海探索公益文化发展中心	专注公益传播、公益品牌策划、公益影视和戏剧、企业社会责任促进和空间创意设计
上海浦东新区时间银行公益事业发展中心	专注打造一大批卓有成效的现代公益领导人
北京恩玖非营利组织发展研究中心	致力于建立基金会行业信息披露平台、提供行业发展所需的能力建设服务、促进行业自律机制形成和公信力提升、培育良性透明的公益文化
行动亚洲生命关怀能力发展中心	以"生命关怀"能力建设推动社会发展
北京协作者社会工作发展中心	政府、企业、NGO及志愿者广泛合作，提升包括空巢老人和流动儿童在内的困境人群社会参与能力，建立多元包容、长幼共融社区，接受委托培育孵化社会组织，开展行动研究，为政府社会治理创新献策
东莞市现代社会组织评估中心	公益组织评估、公共/公益服务评估、社会工作专项评估等监管评估，服务标准研究、社区建设与发展规划、社会治理相关课题研究、社会组织发展等研究规划，社区建设、社区服务、公益组织能力建设等能力建设与培训

续表

组织名称	功能定位
益起来企业社会责任机构	包括企业社会责任（CSR）战略、企业社会责任报告编制、公益项目管理与评估、企业基金会战略等支持
米公益	从公益传播推广、项目策划设计咨询、资源对接、项目执行与审核等方面支持社会组织
益家人	通过品牌咨询、战略规划、CI形象、VI设计、品牌推广等方面促进组织能力建设
益云社会创新中心	为公益和社会创新提供互联网信息技术咨询、培训倡导、开发与服务支持，提供一站式互联网信息技术服务，降低公益组织与社会创新机构的互联网信息化建设成本，提高机构与业务运营效率

可见，大多数支持性社会组织都有相对清晰的定位。然而调查发现，社会组织的支持性功能定位和实际执行存在脱节，能力支持型社会组织在实际发挥培育社会组织功能过程中并未发挥其应有的功能，输出效果有待进一步检验。

（三）以孵化组织与开展项目数量为评价标准

能力支持型支持性社会组织中有以项目或组织评估为主要业务的，但这些组织很少用来评估支持性社会组织是否达到支持目的。以培育孵化类支持性社会组织为例，它有多种建设形态，从基地性质大体可区分为事业单位、民非、社团及尚未注册登记几种，其中民非、未注册登记占绝大多数；从资金来源上有福彩公益金、财政拨款、业务主管单位扶持、自筹等渠道；从建设形式上有政府出资兴办、政府与社会组织合办、民政与其他部门合办合建的专业性社会组织孵化基地；从功能定位上包括场地资金扶持、专业能力提升、项目设计开发、社会组织等级评估等。这类组织孵化基地的主要功能各有侧重，如市级基地以评估、培育、孵化等综合性功能为主，街道/乡镇级尤其是社区层级的基地以政策宣传、代办手续等服务为主。这些纷繁多样的组织形态，在支持性方面多以

"是否成立孵化中心或社会组织培育基地、多少社会组织被较快培育出来并出壳、社会组织在被培育期是否争取到并完成了项目"等为评价标准，数量成为考核的重要指标之一。这也是为何调查发现，公益孵化园、公益促进中心、社会组织发展中心、社会组织孵化基地等遍地开花，但却很难从中找到有效扶持社会组织的路径与经验。

（四）支持性社会组织能力有待提升且技术支持尚待完善

调查发现，由于中国社会组织整体存在分布不均、经费与场地等资源缺乏、专业人才稀缺、内部治理残缺、监督缺乏、行为失范等问题，而且在发展中也存在政社不分、组织协调困难、政府职能转移界限模糊、相关法规建设滞后、监管体系不匹配等问题，所以有必要通过外在力量支持社会组织发展，包括为组织提供有针对性的前期辅导、技术孵化、专业培训、筹资融资、管理咨询等能力提升服务。

目前，在社会管理/公益事业领域培育、扶持和孵化有行业影响力、有发展潜力、社会急需的社会组织，主要有孕育型、萌芽型、初创型、成熟型等四种类型。上海作为孵化组织的主要发源地，在能力支持方面积累了一定经验，例如：恩派在全国各地培育孵化支持性社会组织。佛山市社会组织孵化培育基地，采取政府资金支持、专业团队管理、政府公众监督、社会民众受益模式，为孕育型、萌芽型、初创型、成熟型社会组织提供办公场地、政策咨询、项目策划等专业服务，承担公益理念普及和社会资源整合等功能。深圳罗湖社会组织孵化器采取"政府支持、具体决策和运营交给社会多元主体"方式，孵化公益型、属地型、创新型社区社会组织。各类社会组织培育中心也将其业务集中在机构孵化、项目研发、能力提升、绩效评估、智力支持、协作共建、行业规范、资源拓展、文化传播、平台支持等10项实务型功能。其中，服务活动、培育孵化、公益展示、创投对接等成为支持重点。

综合来看，能力支持的内容相对具体，但少有组织能有效完成这些内容，具体技术还在探索。例如，能力建设涉及能力培训、咨询/研究服务、监测/评估、在线教育等，能力培训课程为具体摸索的技术。机构运营能力涉及战略规划、IT技术、财务、法律、筹款、公关与品牌推广、自律、信息披露、人力资源管理等方面，已有组织还未形成支持方案。对这些能力建设型支持性社会组织来说：一方面，在提升社会组织能力方面，还需要不断积累经验，形成有效的提升技术；另一方面，有能力提供能力支持的组织较为集中地分布在全国几个大城市，但恰是这几个大城市以外的大量组织更需要能力支持。可见，可复制推广的能力提升技术，是目前能力支持型社会组织需要不断积累经验并不断探索。

四 发展建议

（一）市场淘汰：区域性重复的能力支持型社会组织

全国范围内所需的社会组织总量应是有限的，但至今社会组织数量已经超过70万家，社会依然有高呼数量不够的现象，主要原因有二：一是社会组织分布不均，包括支持性社会组织在内的大量组织集中分布在经济发展较好的少数几个城市；二是现存能力支持型社会组织能力不足，大部分能力支持型支持性社会组织发展较为缓慢，发挥的功能十分有限。在这种情况下，有必要对能力支持型支持性社会组织内部进行结构调整，适当淘汰区域范围内重复的、自身都需要被扶持的社会组织，扶持部分二三线城市的能力建设型支持性社会组织。

（二）重点支持：社会创新类能力支持型社会组织

调查发现，大多数支持性社会组织都会策划能力支持性项目，然而真正执行的却很少，这即给社会制造了假象：支持性社会组织较多且功能齐全，公益界一片大好的繁荣景象。这些组织中带有政府扶持性质的，可为组织提供实实在在的包括办公场地、通信网络等硬件设施的场地支持，也可为社会组织在指定社区开展活动给予小额资助，还可提供政府购买服务、公益招投标、社工督导、社区实践、企业合作、学术研究等资源平台，部分还可提供包括财务托管、注册咨询、活动协助、服务评估等日常辅导，及包括网站建设、对外交流、典型推介、项目推广等服务。然而，大部分提供能力支持的组织都不具备提供规模化的场地、资源、注册办理、信息咨询等服务的能力，尤其是项目策划、筹资技能、人力培训、组织评估等事关组织能力建设的范畴，少有组织涉及。结果是能力支持型社会组织多沦为资源再分配者，在资源有限的情况下，缺乏资源分配机会的社会组织在分配中处于相对弱势地位，而且，从根本上提升组织自我造血能力的各种支持方式很少被开发。调查还发现，社会创新类能力支持型组织尝试从IT技术引入、财会管理、文化策划与推广、品牌建设、项目规划、融资技巧等角度提升组织综合实力，达到能力建设目的，但遗憾的是这类彰显社会活力的组织在社会上数量还是很少的。为此，建议资源更多地向社会创新类能力支持型组织倾斜，扶持其开发各种利于组织自我发展的课程与技术，从根本上达到挖掘各类组织潜能、提升组织能力目的。

（三）精准攻坚：能力支持型社会组织核心业务

大部分支持性社会组织的功能定位都比较清晰，只是趋同化现象明显，不利于被所需组织辨识，支持与被支持组织之间达成联系的可能因此减弱。例如："某社会创新机构"是由公益团队创立的社会组织连锁品牌，以"乐仁乐助"为核心理念，以"再生产社会"为核心使命，全力打造"综合型、枢纽型、平台型"社会组织。该组织已发展成为国内较有知名度的、多领域融合、多层级共通、公益行业全链条的综合性连锁型服务机构，业务拓展至上海、苏州、昆山、无锡、江阴、南京、徐州、南通、泰州、武汉、杭州、泸州等城市，正式注册机构22家，包括"社会创新研究院"、"社工事务所"、"公益发展中心"、"公益发展与评估中心"等。就这家组织而言，被社会各界熟知的是数量的增加，因为功能不同而分化成为研究院、评估中心、公益发展中心等。然而此类组织存在的问题是：作为被孵化或被培育组织，可能缺乏人力资源，也可能缺乏融资能力。另外，此类组织也并非能够提供组织之所需，整合了全链条功能的组织更容易让需求方找不到聚焦点。为此，建议能力支持型组织在定位时能开发特色支持项目、攻关核心业务，大而化之的策略已越来越不适合现行组织的专业化发展需要。

（四）整体搭建：社会组织分类扶持体系

在社会组织孵化、培育与支持的道路上，经过多年发展摸索和大胆尝试，支持性社会组织已有所积累。各类孵化组织从无到有、数量快速增长，各省社会组织孵化从市级、区县级、乡镇街道级到社区级都有分支。有些地方开始根据孵化基地层级、性质以及组织规模大小、成熟程度等因素对支持性社会组织进行功能归类。例如：市县两级主要培育孵化处于初创期/成长期的区域性、公益性、支持性、专业性社会组织，而街道/社区级孵化处于初创期的公益慈善类和社区服务类社会组织。部分地方也通过资源整合搭建孵化园等，依托专业团队，采取社区托管，依托街道民政办或镇政府现有其他资源，自上而下下达培育发展任务，搭建社会组织培育基地管理构架。

此外，对社会组织的支持也开始多维发展，并非单一提供资金场地、服务支持和能力建设，而是将前三者融合于公益项目运作中，把指导被孵化社会组织运作公益服务项目作为支持社会组织的重要抓手，积极引导组织竞选各级公益创投活动。部分地方还为社会组织开展专业能力培训、项目开发扶持、交流平台搭建、社会组织规范性建设等业务。这些都是宝贵的经验，应该做好积累。

但由此衍生的问题也需要引起反思，例如很多社会组织培育的组织因各种原因可能不能注册登记、从事支持性社会组织工作的人员并不专业、社会组织能力支持体系搭建不完善，需要社会组织在力度、广度、协同推动机制上亟待提升和加强。可见，对社会组织的能力支持是社会领域的重要抓手，充满活力的、专业性较强的、自我造血能力具备的公益服务类社会组织是目前社会亟须的，为此建议从整体布局分阶段、分类支持社会组织，对孕育期、萌芽期、初创期及支持型社会组织的支持，不仅要有量的短期规划，也要有对社会组织发展质量的长远追求。

主要参考文献

杜志莹：《支持性组织发展遇困：自身能力建设不足生存环境有待优化》，《公益时报》2010 年 7 月 23 日，参见：http：//www.chinadevelopmentbrief.org.cn/news - 2170.html。

刘春湘：《社会组织运营与管理》，经济管理出版社，2016。

第四章 信息支持型支持性社会组织

一 基本现状

资源类型多样，人、财、物是最常见的实体资源，智力、精神支持等是非直接可见的无形资源。在所有资源形态中，信息是相对宝贵的，尤其在现代信息社会，信息更容易直接转化为财富或关系。它在通讯与控制系统中代表着普遍联系，在现代社会科学中代表着事物发出的信息、指令、数据、符号等，泛指社会传播的一切内容。在现代社会中，社会组织的发展变化尤其需要足够的信息，如公益创投项目招标的信息可让社会组织迅速找到合适的项目。当知识以信息载体形式存在时，社会组织可通过获取相应的知识而达到能力提升的作用。此外，信息也可转化为人力资本，通过信息获取社会组织可结识到更多同行，才有可能形成组织联盟，争取更多发展机会。

从 20 世纪 60 年代开始，网络已逐渐融入公众视野，信息产业已在国民经济中所占比重越来越大。互联网作为信息产业中的重要载体，已成为社会成员日常生活与工作中必不可少的部分。随着手机终端时代的到来，每个人更是被划定在以互联网为中心的网络中，通过网络拓展社交关系、传递信息、认识世界。在这个时代，信息传递时间与速度已达到以往任何时代都无法比拟的程度。伴随信息技术的改进，这种发展态势还将快速加强。有数据显示，2014 年全球互联网网站破 10 亿，网民数量逼近 30 亿（环球网科技，2015）。国际组织 CENTR 也发布信息：截至

2015年12月31日，全球共有3.115亿个域名，其中，中国域名数量最多，达到1640万个，见图4-1（爱名圈，2016）。也有数据显示，中国网民与手机用户数量从2000年以来有明显增长，尤其近十年这种增长速度呈直线上升趋势。此外，在经济领域，伴随互联网经济发展，网络销售也取得蓬勃发展，2015年中国天猫"双十一"销售额较2012年有数十倍增长，见图4-2。2015年，中国两会的《政府工作报告》将"互联网+"正式纳入国家战略，十八届五中全会的"十三五"规划也明确提出，实施

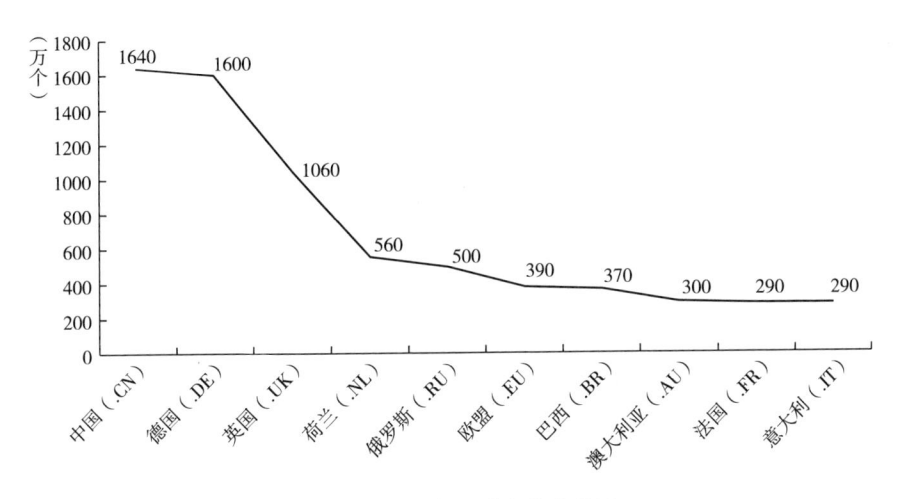

图4-1 世界各国域名站点数量

资料来源：http://www.22.cn/news/2016/0125/5569.html。

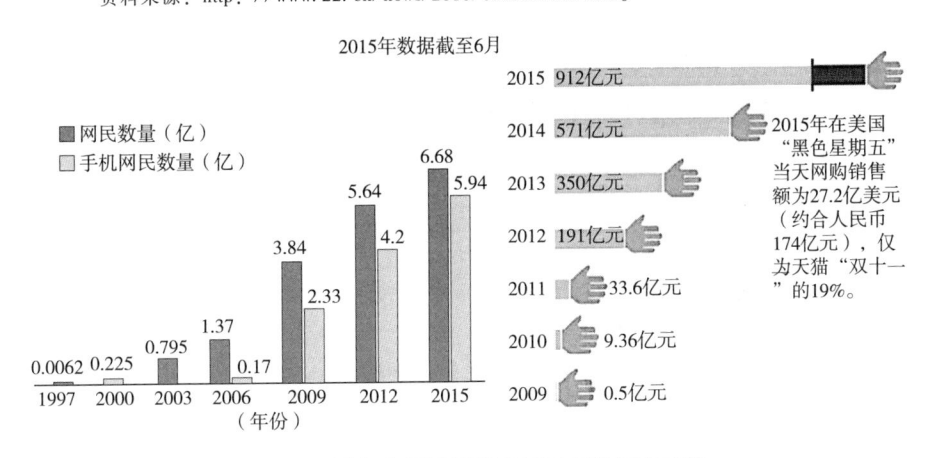

图4-2 历年中国网民数量与网络零售交易额

资料来源：http://mt.sohu.com/20151215/n431351045.shtml。

"互联网+"行动计划，发展物联网技术和应用、分享经济，促进互联网和经济社会融合发展。种种迹象表明，人类社会已进入了互联网时代，网络已成为人们日常生活与工作中必不可少的部分，网络经济时代已经到来。

伴随互联网在各领域的渗透，公益领域也发生较大变化。近年来，各类社会组织纷纷筹建网站，以网站服务为依托为社会提供服务。相较于传统农业社会与工业社会的物质能源，信息成为现代社会中更为重要的资源，这些社会领域的信息网站以开发和利用信息资源为目的，为社会提供服务并创造价值。

在支持性社会组织中，有专门为社会组织提供信息支持的组织，它们的主要任务是确保社会组织能及时有效获取所需信息。以往社会也存在社会慈善，大量公益募捐资金和物资通过相关组织捐赠给需要者。然而在此过程中，捐赠资金或物资是否输送到位，捐赠者很难知晓。不仅如此，由于信息沟通渠道不畅，社会组织拿到捐赠资金和物资，也很难将这些资源较快地交给需要者。不畅通的信息沟通渠道，不仅减少了公益领域的支持者，也降低了公益服务效率，还让恶意者乘虚而入。所幸，随着网络信息技术的发展，互联网在各领域渗透，极大提高了公益领域信息的传递速度与公益组织的透明度，也为公益需求方与提供方搭建起了良好的沟通平台。为更清晰洞察信息在公益领域中的重要作用，更好地了解信息支持性社会组织的发展状况，更明确社会组织的信息支持内容，本书在全国范围内选择了140家信息支持型支持性社会组织进行分析（详见附录三），这些组织涉及各类信息咨询网站、门户网站、杂志社等类型。

二 主要特点

（一）时间相对集中但发展速度较快

数据显示，大部分信息支持型社会组织是2000年后成立，集中在2005年后的十年间，2013年后成立的组织较多，见图4-3。

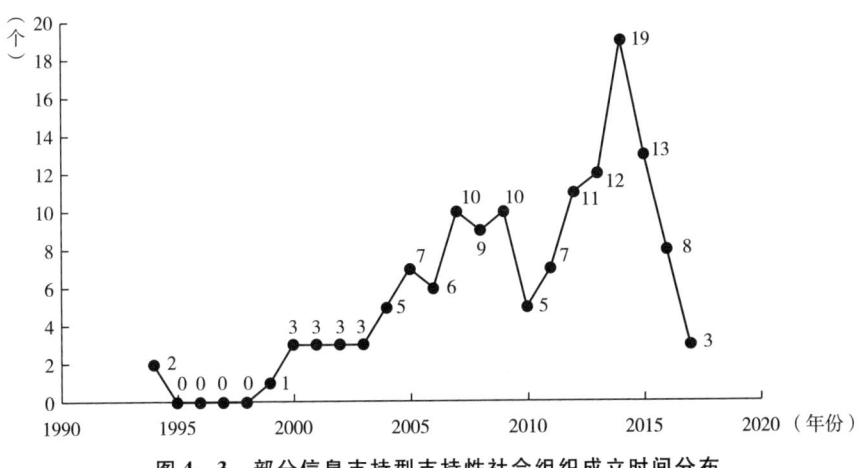

图 4-3 部分信息支持型支持性社会组织成立时间分布

出现这种现象的原因如下。

一是信息支持型组织的成立与互联网发展阶段相适应。在通常情况下，互联网发展首先反映在经济领域，最后才出现于社会领域，因为网络本身也是一种资源，社会领域获取资源的能力相对滞后。由于互联网的快速发展开始于2000年以后，所以此类组织也是此后才有所发展，尤其是在"互联网+"计划被提出后，信息支持型支持性社会组织的发展步伐势必加速。

二是特殊历史事件对公益领域的刺激作用。2001年中国加入WTO后，对全球信息获取需求量增加，越来越多的先进经验需要通过便捷的传递渠道传递到中国。2008年汶川大地震，中国民众的公益热情被激发。此后，出现大量社会组织和公益领域的社会支持者，同时也伴随着一些信息支持型组织。2011年，郭美美事件引起公益慈善领域对社会组织透明度的关注，此后才有公益联盟，形成透明度网站。2013年，众多标志性众筹平台与公益机构对接，"人人公益"的互联网公益模式被确立。这些都意味着公益领域信息传播越来越依赖于网络。

（二）地域分布相对集中且北京最多

这些组织约70%成立于北京，次之的依次是广东、江苏和上海，见图4-4。

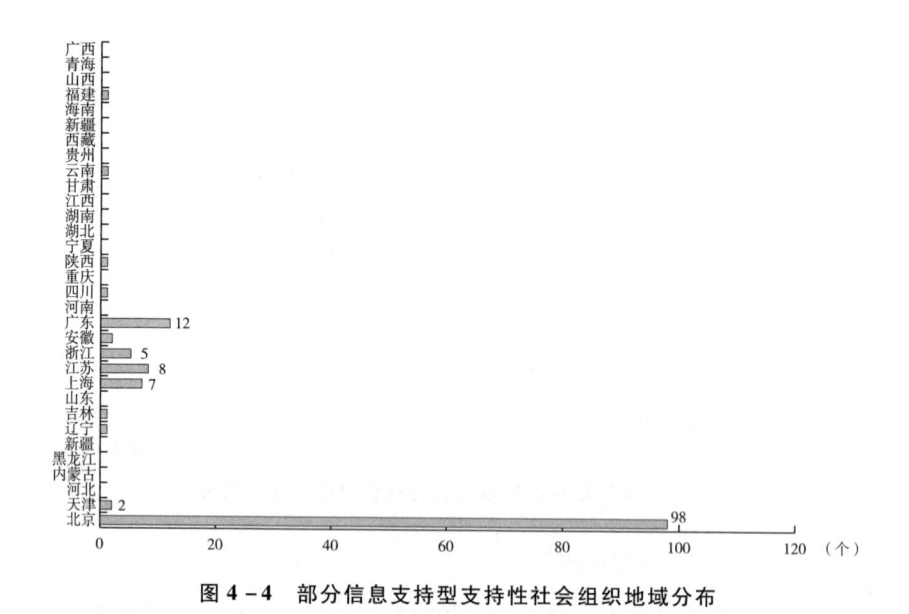

支持性社会组织概览

图 4-4 部分信息支持型支持性社会组织地域分布

出现这种格局的原因：一是信息支持型组织以互联网为依托，其对地域的依赖性较弱，通过虚拟网络站点链接，信息资源可在全国甚至全球范围内被快速接收。二是经济发展水平与资源拥有量也对组织分布产生重要影响。一方面，经济水平发展较高的省份更有财力支持公益组织发展，满足社会公众对公益服务的需求。另一方面，资源拥有量越大，越可能获取更多信息，为组织提供服务。大多数信息支持型社会组织在北京扎堆，不仅因为在北京注册网站或成立组织便捷，也因为在作为国家政治中心的北京，获取信息渠道更便捷多元，还因经济发展水平高且信息平台规格较大，可提供大量全国性信息资源。调研结果还显示，大多数信息支持型组织希望所搭建的信息平台是全国性的，才能产生更大的影响力。

（三）信息支持形式暂时以网站为主

支持性社会组织可通过信息网站、组织联合体、沟通平台、咨询论坛、各类杂志和咨询公司等方式为社会组织传递信息。数据显示，约

46.4%的组织是通过网站为组织提供信息服务,见图4-5。通过信息网站,社会组织能查询包括政策、组织、热点新闻、关键人物、实务案例等与社会组织相关的基本信息,部分网站也提供包括慈善拍卖、观点讨论、寻人启事、组织注册、项目对接、活动资源链接、资金支持、活动沙龙等在内的实质性服务。网站的典型特点是时效性较强、信息更新快且配有服务。

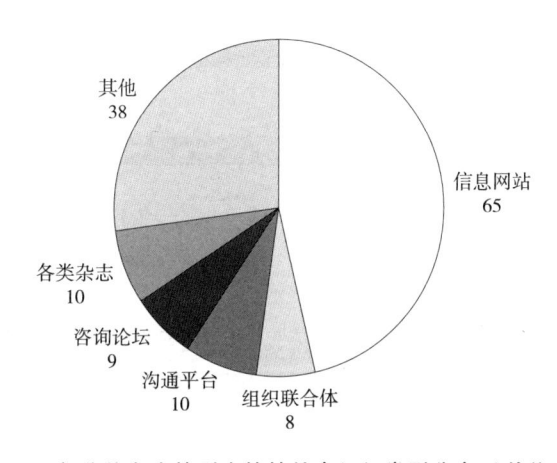

图4-5 部分信息支持型支持性社会组织类型分布（单位：个）

- 其他 38
- 信息网站 65
- 各类杂志 10
- 咨询论坛 9
- 沟通平台 10
- 组织联合体 8

首先,网站信息多元且多数网站都具有自己的特点,如图4-6所示。中央人民广播电台公益频道主要涉及公益资讯、社会责任、明星公益、公益活动、公益沙龙等。人民网公益主要涉及政策法规、公益新闻、公益观点、公益组织、公益曝光和益生活等。凤凰网公益涉及公益新闻、公益项目、公益创新、热点专题、公益行动等。京东公益涉及公益专题、资讯、商家公益与公益行动等。新浪公益涉及公益资讯、公民社会、公益互动、项目执行等。海南航空公益包括最新动态、公益行动、积分换公益项目、社会责任案例精选等。慈善中国包括新闻、慈善榜、基金项目、志愿者、视界慈善等。公益中国包括新闻、民生、生态、人物、责任、社区、影像、志愿等。中国公益在线设置了地方频道,国际互助网开通了各种互助项目、公益组织互助视频学习与全球公益导航。上海社

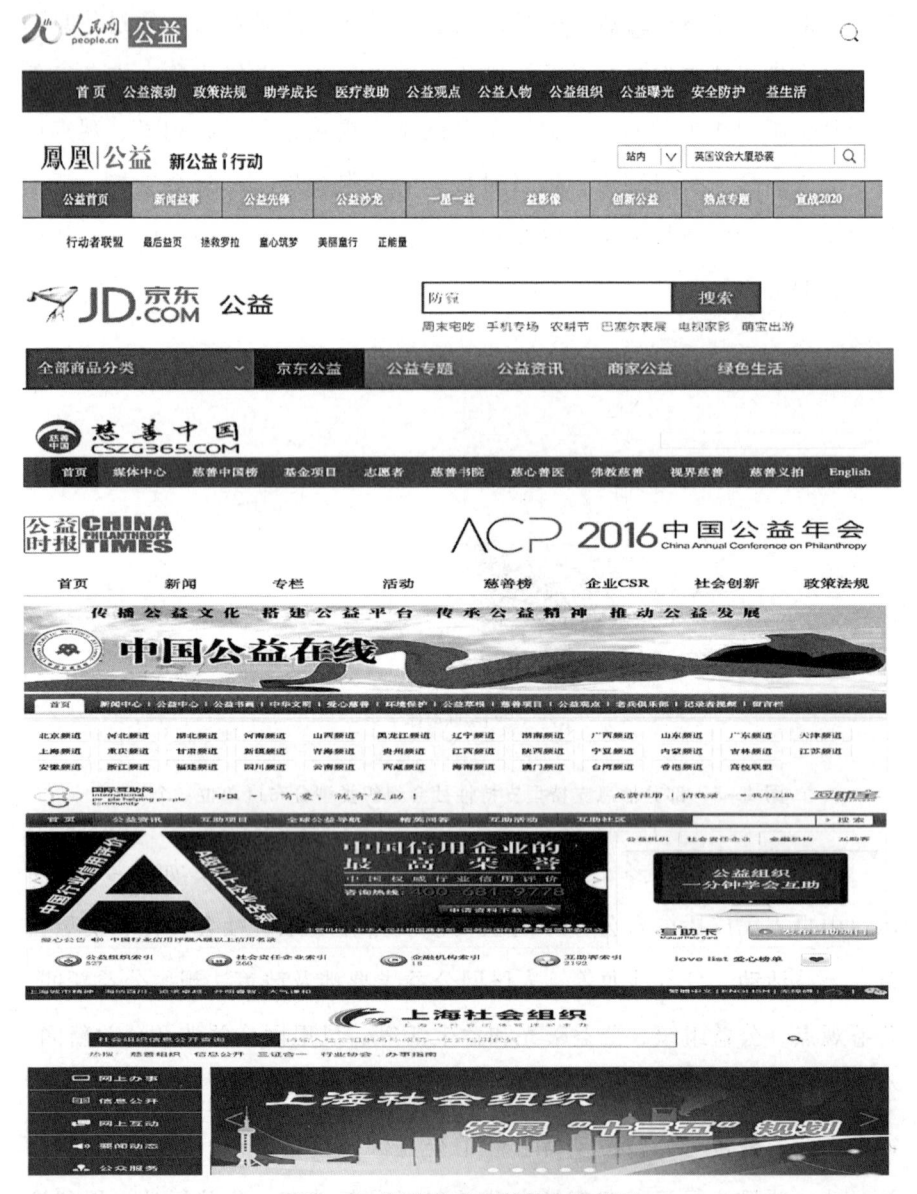

图 4-6 部分信息网站的主要栏目

会组织网为社会组织提供注册、更名、注销等实质性服务等,同时还开通了微信和微博服务。

其次,组织联合体主要以公益联盟的形式为社会组织提供最新信息,如中国公益组织服务联盟,专门为公益服务型机构提供专业信息服务。

它专注于推动中国公益第三产业的专业化和标准化发展，目前已为数万各类公益组织提供优质产品，现有联盟成员机构28家，包含公益服务行业11个细分领域，业务范围涵盖全国20个省、自治区、直辖市，累计服务数万余个公益组织。

再次，沟通平台①主要为社会组织提供沟通交流和信息传递机会。由中华人民共和国民政部主管的民办非企业单位中民慈善捐助信息中心，以行业自律为目标，推动慈善组织公信力标准的制定，引导建立第三方评估体系和行业自律机制，逐步建立慈善捐助信息统计、披露和公示制度，及时向社会发布相关慈善捐助活动信息，组织开展国内国际慈善交流活动。蚂蚁金服公益致力于运用互联网技术，无缝链接公益机构与爱心人士/企业，推动中国公益的简单、透明、信任，自成立以来，已为350家公益组织提供捐赠服务，支持450余家公益网站运行，平台上累计捐款超过5亿元。它不仅引入公益项目评价机制，让用户了解公益善款去向，也与社交和金融结合，创造性推出理财收益捐赠、运动记步捐赠、公益机构善款透明账户等产品，鼓励公众用行走的方式支持公益，致力于建立简单、透明、信任的公益交流平台，促进公益生态圈发展。

此外，还有一些咨询型论坛，通过沙龙、会议交流等方式实现组织间信息交流。中国基金会发展论坛，主要通过沙龙和会议等方式，促进非公募基金会之间以及与政府部门、学术机构、新闻媒体、公益服务组织之间的交流、沟通和合作，提供高层次的对话平台，为优化非公募基金会的生态环境、提高非公募基金会的自律能力、扩大非公募基金会的社会影响、提升非公募基金会的公信力等，提供全方位的信息服务，引导并推动民间公益慈善事业健康、规范和持续发展。

---

① 包含传统和新媒体。

最后，各类杂志和咨询单位①也在很大程度上发挥了信息支持型社会组织的功能。例如，灵析是专注服务非营利机构的联系人管理工具，精准的信息支持服务，整合了表单、邮件、短信等多种功能，有效帮助机构积累联系人资源②，发掘更大价值。这类组织不仅连接了社会领域与市场领域，而且将诸多创新理念融合到社会慈善，体现了社会创新。

可见，现代社会中为社会组织提供信息支持虽以网站为主，但其他支持方式也如雨后春笋般出现，多元化信息支持成为可能趋势。

（四）信息支持与公益生态圈建设同步

近年来公益领域兴起了互联网公益形式。比如，微信捐步，借由互联网和微信平台，将公众的步行转化为金钱，在筹集社会捐赠资金之时，也倡导了全民公益理念，引导了公民健康运动生活方式。腾讯公益慈善基金会发起的"益行家"平台统计数据显示，2015～2016年已有1.1亿余用户捐出近1.7万亿步，累积捐赠2.2亿元，可见社会领域潜力巨大。另外，在互联网平台下公益信息披露成本也大大降低，同时还发展出更多以披露组织信息为主的网站，如基金会中心网FTI和中国民间公益透明GTI。再如，面对大量中小型社会组织发展过程面临的最严重的筹资困难、专业度不高、难以取得捐赠者或基金会信任、互联网意识极其薄弱、信息化程度较低等诸多问题，2014年成立的新公益网站，以第三方的视角，尝试通过互联网信息技术推动公益发展与创新，整合社会资源，改善公益慈善行业的弊病，将公益透明、公正、持久性进行到底，目前它关注助学支教平台建设，集教育众筹与公益活动管理为一体，发起了益新闻、益活动、益社区、公益明星、益视频等栏目，开启了移动互联网时代公益H5互动传播平台，让社会组织在网站平台上免费自主创作高品

---

① 前者以提供免费知识与信息为主，后者以提供精准服务为主。
② 资源包括合作伙伴、志愿者、粉丝、用户、帮扶对象等。

质 HTML5 微场景。种种迹象显示，信息支持型支持性社会组织已不局限于单纯为社会组织提供信息，更大程度上已穿插了诸多公益生态圈建设意涵，即营造让社会组织更透明、更和谐、更易发展的公益慈善环境。

三 问题与挑战

（一） 网络化信息支持组织总量少且区域分布不均

将互联网技术运用到网络信息支持[①]，可在全面、权威和速度上都达到过往没有过的程度。如创办于 1996 年的中国发展简报，通过中英双语面向社会发展领域的行动者、公益组织及其在企业、政府和研究机构的支持者，进行传播报道、研究咨询，这些服务主要通过网站提供。虽然它创办历史长，但纸质传媒并不能较快将信息传递给社会组织，但纳入互联网技术以后，简报以网站形式对外公布，所需者可第一时间在网站查询到最新讯息，发展简报也可通过网络较快查阅到同行的信息，实时改进并提高简报质量，提高信息的全面性和权威性。

现今，中国发展简报的 NGO 新闻、NGO 发声、NGO 招聘、NGO 名录、资助招标、活动培训等栏目都已得到行业认可，为社会组织搭建了公益组织网络平台，其所提供的信息及时、有效、全面、权威。我们在全国范围内找出典型的与互联网结合较好的网站、论坛、联盟，比如中国公益组织服务联盟、凤凰公益、NGO 发展交流网、北京奇点公益信息技术服务中心、易宝公益圈、基金会透明指数等，这些都代表着信息支

[①] 为社会组织提供存活与发展相关信息是信息支持型支持性社会组织的主要特点。一般情况下，信息提供涉及是否、多少及快慢等内容。在是否问题上，主要关心为社会组织所提供的信息是否有效，这涉及需求对接问题，如为 A 组织提供其他组织的基本信息查询，如果所提供信息并非该组织所需时，那么信息对 A 组织无效。在多少问题上，主要关注信息质量，涉及信息的权威性问题。在信息是否有效问题上，涉及信息传递速度问题。从全面、权威到速度，这些信息获取与传递要求都指向网络化信息支持。

持型社会组织发展的活力。

然而，再仔细考量，结果却不尽如人意：首先，这些"互联网＋信息"支持的社会组织成立时间相对聚集，相互之间交流甚少、可借鉴经验不足且支持内容重复的组织也不在少数。其次，在总体数量上，这些组织承担的信息支持服务与社会组织的需求量还有较大距离。最后，这些组织的地域分布不均等，北京、上海、深圳在得天独厚的环境下较快集合了最具活力与潜力的组织，但一些非常欠缺信息的经济欠发达地区却少有类似网络化信息支持组织。数量较少且地域分布不均的现象是信息支持型社会组织面临的最大挑战。

（二）信息支持内容丰富但盲目模仿借鉴扎堆较多

信息支持型社会组织大多以网站为主，存在形式有政府部门办网、基金会办网、公益机构办网、联合办网、电台办网、咨询公司办网、个人注册办网、协会办网、论坛办网、杂志办网等，不同办网主体所承接的服务特点有所不同。政府部门办网主要承接政府部门工作，为社会组织提供查询、注册、更名、注销、政策咨询等服务。基金会办网除公募基金会和私募基金会外，还有公司基金会办网，由公司出资成立基金会并设置网址，先通过社会招募组织开展公益项目，主要体现企业社会责任和提升公司社会形象。公益机构办网主要是个人推广为主，增加社会对组织的了解，同时也对外公开一些必要信息。联合办网既可能是社会组织联盟办网，也可能是政府与社会组织联合，还可能是企业、政府与社会组织联合，这种办网形式最可能是以为社会组织提供服务为目的，承接查询、咨询和资源链接等服务。协会、论坛和杂志办网，主要在自我推广的同时，提高为社会组织服务的效率。此外，还有个人注册办网和咨询公司办网，这两者更可能创新，因为它们必须在为社会组织服务好的基础上维系组织发展，部分公司是有营利需求的。

由于不同办网主体的信息支持型社会组织出发点不同，在栏目设置上也有差异。各种公益联盟主要以信息交流与共享平台为依托，设置新闻、会议、沙龙、培训、研讨、项目等栏目。此外，带有服务性的一些信息平台，如搜狐募捐平台、微公益[①]、联劝网、轻松筹、公益宝、易宝公益圈，通过网站形式为社会组织提供筹资信息与机会。基金会开设全透明化网络慈善众筹平台。感恩中国网为社会组织提供信息交流平台，协助寻找孤儿、助学、慈善义卖等活动。新公益网站除设有新闻、活动等常规栏目，还专设公益项目，社会组织可借由网络平台发布众筹项目或一对一项目，见图4-7。一些信息咨询单位主要设置网站设计、设计创意、活动策划、媒体营销等栏目。可见，信息支持在内容上可有多种方式，如信息查询、信息记录、信息传播、信息交流、信息交易等，内容涉及组织、政策、活动、项目、新闻、观点等，记录以项目活动为主，传播可涉及重要政策与组织推广，交流涉及沙龙、培训、研讨会等，交易包括项目、资金、服务内容、技能、网站等信息的有条件获取等。

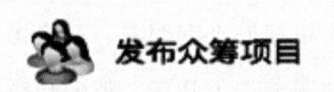

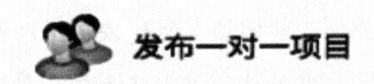

图4-7 新公益网站的益项目栏目

信息支持内容与形式的多元化发展，这是值得吸收与借鉴的。然而调查发现，不同类型组织之间相互借鉴模仿相对较多，扎堆提供信息支持现象明显。如扎堆提供组织信息查询服务，关键是不同网站提供信息有所不同，这让查询者无从选择谁才是真的且权威的，结果增加了社会组织的查询成本，影响了行业声誉。再如，部分基金会办网，数量不少但专业性有待提升，不同信息支持型组织重复刊登相同信息现象明显。

---

① 包括微创意募捐。

还如，很多信息支持型组织都想让自己的网站做得非常权威，让自己做的事情得到社会认可，所以选择结合互联网技术，由此吸引很多年轻人加入本领域创业。这本是好事，然而年轻人缺乏资源，好的想法很快会被其他组织吸收借鉴，结果想法很快被滥用泛用，反而不利于整个公益生态圈建设，如多家同时实施的公益捐步。

综之，近几年社会组织发展较快，通过互联网来增加信息传播的方式也越来越多，然而部分盲目且扎堆的借鉴与模仿，让专业组织没能将专业发挥到极致，反而让非专业组织从事专业的事情，这说明本领域正处在发展的初级阶段。

（三）组织业务盲目拓展增加了公益生态圈建设成本

信息支持型组织在为社会组织提供信息时可做到相对精致，如上海社会组织网站在窗口中就很详细地展示了上海社会组织孵化基地分布，在网站中可以详细知晓上海社会组织孵化基地数量与地域分布状况。由于网站与Google地图直接达成合作协议，所以通过本站点还可以随时查询你所在地到这些孵化基地的确切路线，方便、省时、省力且全面。

然而，能做到上海社会组织网站如此精细的查询服务，在全国范围内较少。部分社会组织并不是在基础查询服务上下功夫，他们积极拓展业务，增加跨领域合作机会。广州社会组织信息网在信息公开基础上开拓业务办理平台，涉及社会组织培育、登记、扶持、监督、评估等部分。北京恩玖基于互联网SAAS技术的快速建站工具，专为非营利机构定制业务，从在线捐赠到冠名基金，从新闻动态等内容发布到在线求助，从信息披露到活动展示与发布，涵盖内容广泛。北京创策信息咨询致力于向客户提供全方位整合营销服务，从公关创意、活动策划到现场执行，定位已转向信息传播部分，凭借对市场的洞察与把控，为社会组织打造营销服务、会议服务、高端客户服务等平台，在收取一定费用基础上提升组织自我造血能力。另外，益桥将自己定位为开创型的社会创新机构，致力于通过未来公益领袖培养计划把优秀人才和跨领域资源带入中国公益行业，提供包括项目匹配、同伴配对、导师制、培训交流、社群建设、经费支持等服务，以创新性地解决社会问题，激发社会大众对公益的理解与参与；它将学术、商业、传媒等跨领域资源与公益行业相结合，提供学术研究、专业咨询、媒体传播等服务，成为社会创新从想法到实践的孵化器，支持更多人关注公共事务、参与社会创新。

可见信息支持型社会组织中信息提供与能力建设混合出现，大量创新性社会组织融入，展现了公益领域的活力。社会组织虽然属于公益领域，但为了生存也不得不以资源多少作为发展导向。社会创新领域做好后的确可从政府或社会领域争取更多资源，同时也可以通过提供精致服务收取一定的费用，维持组织长效运行。这种趋势在某种程度上增加了同领域社会组织优胜劣汰，但同时也会增加信息提供难度。市场原则在公平竞争环境下是较好的资源调解机制，但在非公平机制或社会资源垄断严重的情况下，引入市场原则可能对相对缺乏社会资源的社会组织造成双重剥夺，让其还没发展起来就已丧失发展机会。至少在社会组织获取基本信息资源的问题上，社会领域应给予相对优越的环境；信息支持型社会组织应在保证信息提供功能基础上适度拓展业务，否则就是对公益生态圈的破坏。

（四）信息国际化有待进一步加强

信息支持型社会组织近几年发展较快，一方面将互联网技术融合到信息查询与传播等方面，另一方面也多方面开拓社会创新业务。例如，灵析拓展了智慧公益业务，用数据来管理组织全局，实现信息交易化发展。社会创业家杂志发展了社会创新类电子杂志与咨询业务。然而国内各类信息支持型组织如火如荼发展之时，还可以发现一个现象，这些组织很少开展国际合作业务，很少有国际化资源信息被纳入中国，也很少有中国社会组织发展信息流传到外国。除全球资源网和国际互助网等少量组织外,很少有组织开展国际业务。互联网为社会组织信息支持打开了一扇门,若能善用,那将成为国内慈善公益的福音,海外业务拓展与社会组织国际影响力的提升都可为组织存活与发展争取更多资源,这也有利于全球公益圈联盟的搭建。

四 发展建议

(一)准确定位:明确信息支持型社会组织的基础信息支持功能

信息是现代社会的重要资源形态,有效及时的信息供给有利于维系社会组织生存与发展。支持性社会组织发展有必要保证信息支持渠道的畅通和所提供信息的质量。调查发现,大部分组织在为社会组织服务时并非以信息支持为重要业务,更多的是将其作为辅助内容,这种现象可能影响被支持组织的有效信息获取。为此,建议在全国范围内有针对性地筛选典型的信息支持型社会组织,保证这些组织的信息查询、信息流通、信息传播或交易等功能。就提供对社会组织发展有利的公共性信息的组织,相关部门或组织应给予必要支持,保证这些组织的良性发展。

(二)重点支持:网络化信息支持服务业务

在信息时代,互联网已以意想不到的方式改变着我们的工作生活,电子商务、手机终端、微信销售等映入眼帘,B2B、B2C、O2O等模式被开发,变化的世界让公益慈善领域也必须做出回应。现在大多数社会组织都建立门户网站向外自我推广并进行组织信息披露,也有部分组织以联盟方式存在并为社会组织提供必要的信息支撑,还有些组织进行信息交易,这些都融入了网络的要素。然而,调查发现这些组织的地域分布极不合理,打破这种格局有必要进一步拓展网络化信息支持业务,用互联网将信息锁定在网络中,突破地域限制,让信息获取越来越便捷。类似百度慈善捐助平台,总部设置在北京,但服务拓展到全国。百度在以往的捐助平台上推出整合升级平台,定位于公益信息展示、查询、传播和公益项目筹款,依托于百度技术和资源优势,渗透和整合搜索、地图、百科等核心产品和流量入口,方便个人与社会组织便捷地接触、关注、体验、参与、支持及反馈评价公益机构和项目,也便于社会组织进行项目发布、信息披露、理念倡导、品牌宣传和劝募等,同时也为相关政府部门和科研机构提供决策管理和研究的数据支持。可见,应大力支持网络化信息支持业务,打破地域限制,增加信息使用率。

(三)深度挖掘:"互联网+"与社会公益慈善领域的结合

"互联网+"已被广泛运用到经济、政治与社会等领域,这预示一个时代的到来。现在很多社会组织已在运用互联网做公益方面迈出了重要的一步。中民慈善捐助信息中心以行业自律为目标,通过互联网逐步建立慈善捐助信息统计、披露和公示制度,及时向社会发布相关慈善捐助活动信息。USDO 联合全国 100 多家公益机构共同发起独立公益网络平台,通过互联网将社会组织联合起来,在一套普遍接受的 USDO 自律原则下社会组织相互交流共享信息。这些组织做出了表率,但不够,中国公益刚刚起步,公益慈善领域还要挖掘更多"互联网+"业务,尤其发展社会创新领域。

(四)积极打造:信息国际化的社会公益慈善生态圈

良性的公益生态圈是社会组织稳定发展的重要条件,积极打造公益生态圈是对社会组织最大的支持。信息网络化与国际化都不可偏废,网络化意味着信息传播渠道通畅,国际化意味着信息数量和质量提升。国际互助网将传统公益慈善模式与现代公益慈善模式相互结合,创新性地搭建了国际化的公益项目运营管理平台、国际首创的爱心物资互助交易平台、世界独创的国际互助发展交流平台。这一类型网站有必要继续推广，让信息流动渠道与范围得到发展，打造良性生态圈。

主要参考文献

爱名圈：《截至 2015 年全世界域名总数到底是多少？3.115 亿个!》，《爱名网》2016 年 1 月 25 日，参见 http：//www.22.cn/news/2016/0125/5569.html。

环球网科技：《全球互联网网站数量破 10 亿网民数量逼近 30 亿》，《环球网科技》2014 年 9 月 18 日，参见 http：//tech.huanqiu.com/internet/2014-09/5142584.html。

第五章 智力支持型支持性社会组织

一 基本现状

伴随社会财富的快速增长，公益慈善理念的逐渐普及，我国社会组织蓬勃发展，公益领域呈现一片欣欣向荣景象。进一步观察就会发现，一是组织数量的增加，是否就能代表公益领域的良性发展？二是现有资源在公益慈善领域的配置，是否合理？三是公益领域发展是否有规律可循？四是社会组织的发展方向与趋势是什么？等等问题其实一直存在，如何攻克它们是我们需要探索与思考的。人与组织都是利益导向体，在大多数情况下他们会更多考虑自己。社会组织从业者会从理性人角度思考如何做好本职工作，获得更多收入和报酬；社会组织会花更多时间思考如何做好服务、扩大组织影响力、实现发展目标。事实上，很多现实层面问题正制约着社会组织发展。与社会组织数量上的突飞猛进相比，很多组织面临着专业人才匮乏、管理上心有余而力不足、目标难以有效达成、资源不足等困境。这表明单靠实务摸索并不能达到社会组织乃至整个公益慈善领域的长远发展，只有实务与理论研究有效结合，才能从根本上指引社会组织解决发展中的各种困境与问题，从而形成良好的公益生态。纵观整个领域，承担实务与理论研究、指引组织发展、为公益生态长远发展而思考等任务的组织主要是各类科研机构或培训组织，他们承接着社会组织的智力支持功能。通过在全国范围内调查，本书抽查了72家智力支持型组织来进行详细分析，这些组织详见附录三。

二 主要特点

(一) 组织数量少且成立时间短

多数发展都是先有数量再有质量,智力支持型支持性社会组织属于决策参考类角色,主要出现在组织缺乏发展方向且质量需要提升阶段。中国社会组织总体发展时间较晚,2008年后有较为明显的数量增加,所以社会组织发展经验的积累也就是近十年,只是由于我国社会服务需求体量较大且政府支持力度有所增加,加之汶川地震等重大灾难事件的推力,社会组织发展速度比其他国家快了很多。然而,正是这种增速才让社会组织发展过程中的各种问题更加明显,相关理论研究跟不上数量发展速度,实务界表现出始料不及的恐慌。在此背景下,涌现出部分公益慈善类研究中心、培训机构,共同探索社会组织发展中的问题与出路。

正如图5-1所示,被调查的智力支持类社会组织大多是2010年以后成立的,近三年发展较为迅速,近六年的组织占被调查组织的约63%。进一步深入观察就会发现,北京华夏经济社会发展研究中心虽然成立时

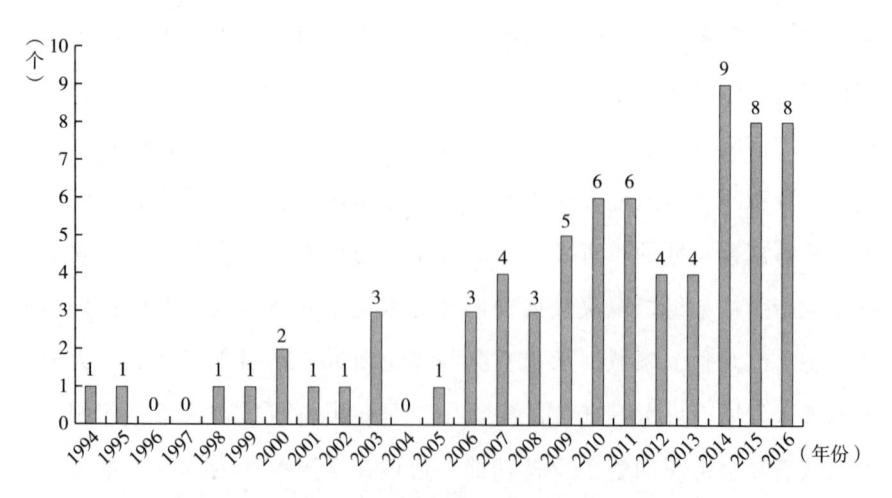

图5-1 部分智力支持型支持性社会组织成立时间分布

间较早,但并非直接研究社会组织,而是研究社会经济总体发展规律。1995年成立的上海慈善教育培训中心,是上海市慈善基金会为探索智力扶贫而与上海第二工业大学联合成立的中心,主要为下岗失业、特困人员、残疾人及农村富余劳动力免费进行实用技能培训,增强其自身造血功能和择业能力,帮助他们实现就业和再就业,本质上还是实务领域。1998年成立的普世社会科学研究所是专门从事宗教与法治研究的民间学术机构。

可见,至少在被调查的社会组织中,成立较早的智力支持型社会组织都是间接研究社会或经济的,并非直接研究公民社会或探索社会组织发展路径的。近年成立的中国人民大学中国公益创新研究院、上海交通大学中国公益发展研究院、南京青年公益学院、浙江大学宁波理工学院益立方公益学院、广州社会组织学院、深圳国际公益研究院等,更有针对性,更能体现对社会组织发展的关注与支持。

(二) 智力支持以高校研究中心为主

智力支持型支持性社会组织的设立存在多种形式,如高等院校单独设立研究中心、高校与政府或社会合作设立培训中心、企业资助高校设立研究中心、社会专业人士或多家社会组织联合成立等。

如图5-2所示,在所有成立的组织中,约60%由高等院校成立。调查发现,高校成立的公益组织多是知名院校成立独立研究中心,这些院校因科研实力雄厚、师资力量强等特点成为智力支持型社会组织的主要领跑者。中国人民大学有中国公益创新研究院、非营利组织研究所、小微金融研究中心和中国调查与数据中心等。北京大学有公民社会研究中心、光华-银泰公益管理研究中心、志愿服务与社会福利研究中心等。清华大学有清华-布鲁金斯公共政策研究中心、NGO研究所、创新与社会责任研究中心、公益慈善研究院等。另外,部分学校直接设立了慈善研究院,专门培养公益慈善与社会服务类人才。比如,北京青少年社会

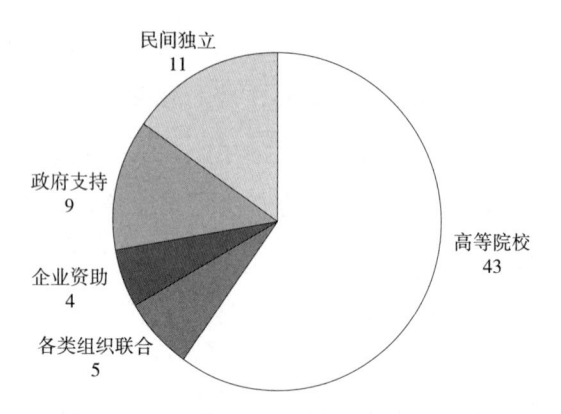

```
          民间独立
            11
     政府支持
        9
                                    高等院校
    企业资助                            43
      4
     各类组织联合
         5
```

图 5-2　部分智力支持型支持性社会组织的成立性质（单位：个）

工作研究院、洛阳慈善职业技术学校、宝鸡英才学院等。

除高等院校外，近年来民间社会也越来越意识到社会组织研究与人才培养的重要性。益修学院、Aha 社会创新学院、德鲁克社会组织学习中心、绿盟公益学院等，都是民间依靠自身力量独立成立的智力支持型组织。这些组织没有高等院校那样雄厚的师资，也没有良好的科学研究平台，但通过与互联网结合、社会创新等方式为自己开拓了一条生存之道。例如，Aha 社会创新学院是专注于用创新的方式解决社会问题的专业支持性机构，提供社会创新和社会企业领域的培训、研究、咨询和知识共享等服务，帮助社会创业者和社会变革者创造真实的社会效应。它们通过积极的跨界合作，有效地推动了社会创新生态圈的发展。

此外，政府支持类、企业资助类和社会组织联合类也呈现出各自特点。

政府支持类支持性社会组织在所有调查组织中占比约 13%，这体现出政府等相关部门对社会组织发展质量的重视度较高。从广州社会组织研究院、成都社会组织学院等组织的服务目标来看，地方政府在统筹区域资源与促进社会力量兴起方面具有很重要的作用。广州社会组织研究院是"应党中央创新社会治理、激发社会组织活力的总体部署"而成立，开展研究、咨询、出版、交流、合作、培训、评估等业务。

企业资助建立的社会组织在中国尚属起步阶段，数量少且多是在服务企业基础上发展公益。例如，正大公益慈善学院由正大集团的基金会成立，智力支持领域主要在扶农助农与扶贫济困。惠信学院是在惠信集团支持下为愿意从事互联网行业、中文学习和创业的人提供免费培训，志在培养互联网人才。

由社会组织联合成立的智力支持型组织，多是应社会组织发展之需要而生，对社会组织的支持更明确直接。典型的如中国基金会培训中心、广州社会组织学院、深圳国际公益研究院、深圳社会组织研究院，找准社会组织的信息获取与能力建设方向，为相对应领域的组织提供智力支持。

（三）组织地域分布相对集中

被调查的72家智力支持型社会组织，约75%分布在北、上、广等一线城市，如图5-3所示。

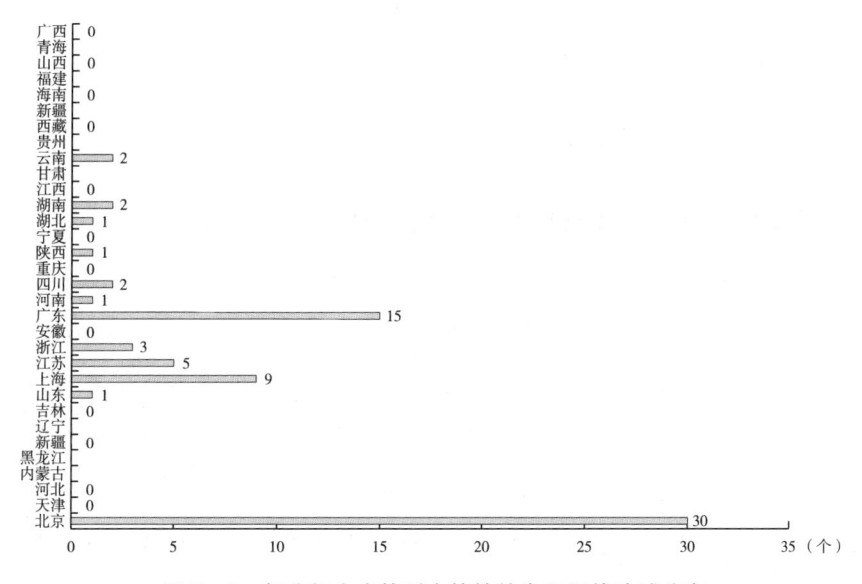

地区	数量（个）
广西	0
青海	0
山西	0
福建	0
海南	0
新疆	0
西藏	0
贵州	0
云南	2
甘肃	0
江西	0
湖南	2
湖北	1
宁夏	0
陕西	1
重庆	0
四川	2
河南	1
广东	15
安徽	0
浙江	3
江苏	5
上海	9
山东	1
吉林	0
辽宁	0
新疆	0
黑龙江	0
内蒙古	0
河北	0
天津	0
北京	30

图5-3　部分智力支持型支持性社会组织的地域分布

一是此类社会组织大部分都设置在高等院校，尤其是有科研实力又有推动公益发展意愿的知名高等院校。同时，部分院校甚至设立多个智力支持型支持性社会组织，加剧了这种分布的不均等。其中，北京高等院校占有相对独特的优势，如北京大学、清华大学、北京师范大学、中国人民大学四所大学就有 14 个智力支持组织，占北京所有智力支持型组织总数的约 46.7%。

二是广东虽只有中山大学为依托设置研究中心，但该省社会组织发展较快且发育较久，民间社会兴起的培训中心、社会组织联合兴起的研究院所、社会性质的研究机构等较多，多元组织发展模式加快了此类社会组织在当地的发展。

三是上海依托复旦大学、上海交通大学、上海大学、华东理工大学等高等院校成立研究中心，也有其他类型的智力支持型支持性社会组织，如上海慈善教育培训中心、上海金融与法律研究院等。

可见，智力支持型社会组织应具备实力相对雄厚的知识基础、颇具规格的研究团队或思维领先的社会创新，否则很难为社会组织发展提供指引。纵观全国，具备这些条件中任何一条的，大多来自北上广，呈现明显的地域分布特征。

（四）智力支持方式相对多元

通过对 72 家智力支持型支持性社会组织的分析发现：

一是涉足领域相对较广，包括公益慈善制度和体制、公益慈善组织和治理、公益慈善资源和项目、公益慈善价值和文化、公益文化传播、非营利组织管理与项目运作、基金会、社会组织治理、志愿服务与社区建设、社会福利、社会创新与企业社会责任、行业协会、青年组织与公民社会、大学生公益/公益创业人才培养、中国教育、互联网+公益领域、媒体创新等社会组织相关领域，而且还包括了一些经济与社会数据采集、存储与开发，社会组织相关课程研发；

二是支持方式比较多元，如社会组织相关领域研究，公益领域跨部门合作交流，专业化教育、教学与培训，网络信息平台搭建与信息咨询，公益倡导，杂志宣传推广，公益学习社区网站建设等。

三　问题与挑战

（一）知识质量尚需深度挖掘

智力支持型支持性社会组织为其他社会组织提供了发展所需的指引，有利于解决社会组织面临的各种困境、有助于引导社会组织向更合理方向发展、有益于社会组织外部环境建设的知识体系。调查发现，已有的智力支持型组织主要通过如下方式进行知识构建。

一是累积现存零散知识促进智库知识积累。与直接研究不同，主要采取社会创新式方法最大化累积知识。作为德鲁克家族在中国大陆唯一授权的面向社会组织的能力建设机构，彼得·德鲁克社会组织学习中心通过积累德鲁克管理类知识服务于社会组织管理与运营，基于对大型公募基金会、非公募基金会、国际非营利组织、草根组织、民政部门、社会企业、企业CSR和行会商会等培训经验积累知识库。

二是依托各研究中心进行科学研究。例如，南京大学河仁社会慈善学院作为中国首个高校成立的慈善学院，以"培养中国公益慈善专门人才，促进中国公益事业健康发展"为宗旨，以"通过公益研究、教育、咨询、实践、交流与倡导，促进公益事业发展"为使命，致力于公益人才培养和培训、公益项目创意与策划、公益研究与政策倡导等工作，在国家法律、法规和政策规范内，面向公益领域各级各类社会组织，开展非营利性社会服务活动，支持社会组织能力建设，搭建公益项目共享平台，增强社会组织公信力，推进社会管理创新与仁爱社会建设，推动中国公益制度变革，促进中国公益事业发展。清华大学NGO研究所作为创新型、开放性、中介性的科研与教学机构，致力于组织协调各方专家开展中国 NGO 研究，搭建国内外有知名度的非政府公共部门一流思想库，培养适合于 NGO 的高级公共管理人才，带动非政府公共部门的理论研究，促进公共政策制定科学化。

然而，不论是累积现存知识，抑或创造新知识，这些社会组织在智力支持方面仍存在一定的不足，在知识质量挖掘方面还需要加强。以现存知识累积来看，各类社会组织擅长于将大量知识向社会组织展示，但是这些知识中很多部分可能都没有经过验证和筛选，很可能发生频繁转发现象。以创建新知识来看，目前可承接这一职能的仅是少部分高等院校设立的研究中心，这些中心工作人员多是身兼数职，创造新知识存在诸多不确定因素。此外，在中国科研环境下可能相互借鉴多于创新。

（二）知识传播渠道有待升华

知识的价值不仅在于创造，更在于传播，即智力支持型支持性社会组织如何将有价值的知识传播给有需要的社会组织。截至目前，部分社会组织已形成相对固定的传播渠道。例如在这些固定的传播方面，相对固定的方式即是培训，这些组织面向个人、其他社会组织乃至整个社会开展大型知识培训，包括线上与线下培训，线上展示拍摄视频或直播视频，线下主要是面对面讲授，权威专家开展相关培训传递知识。益修学院专门开发挖掘各种培训课程以供社会组织选择。

此外，知识传播渠道还有正规教育、网络学校、交流讨论、主动学习等。正规教育主要通过在学校开办专科、本科、硕士、博士等学历教育，为社会组织培养公益类人才，比如中国公益研究院、南京大学河仁社会慈善学院、清华大学公益慈善研究院、宝鸡英才学院。网络学校主要创办虚拟学校，如深圳国际公益学校的公益网校，吸纳了国内外大批公益慈善领域专家，为社会组织或个人开设课程，它是开放、多元、有趣的在线教育平台。如图 5-4 所示，交流讨论方式体现在举办沙龙、主题会议、专业交流会、大型活动展示、慈善晚会等。主动学习主要体现在互联网+知识传播领域。

公益网校（Philanthropy Online Academy）是一个开放、多元、有趣的在线教育平台，是深圳国际公益学院教育培训体系的重要组成部分。公益网校汇集了全球公益慈善网络教育资源。在这个平台上，你可以：

用自己喜欢的方式与节奏，涉猎公益慈善的每一个领域

打破界限，在友善的社区氛围中找到志同道合的公益伙伴

收获独特的学习体验，把做公益变成一件有意思的事

图 5-4 公益网校的介绍界面

一般情况下，现有知识传播渠道相对多元，类似培训、教育、交流、咨询等传播方式也相对成熟。无论是收费或免费，很多社会组织已通过这些方式获得社会组织发展的相关知识。然而，社会在进步，知识在完善，传播媒介在不断更新，单纯讲授式的培训或教育可能带来低效的知识传授，频繁的交流与咨询也会让社会组织乏于主动汲取知识。一些与互联网相结合的传播方式，打破了传统的讲授模式，获得了较好效果。如让社会有实力者有机会成为传递知识的导师，开启"你讲我反驳"在线互动讨论知识的传授模式，这能让社会组织学习变被动为主动，更有利于知识获取。这是智力支持型组织未来要转型与变革的方向。

（三）知识创建方法略显不足

智力支持的关键是知识本身，创建知识与质量挖掘同等重要。目前，

智力支持型支持性社会组织已尝试通过各种方式来开发新知识，包括行动研究、线上线下互动、头脑风暴、专门聘请课程讲师研发课程、科学研究等。社会资源研究所擅长以行动研究开发知识产品，它聚焦农民生计与农村发展议题，通过与发展机构、企业和政府合作，响应农村社区层面的实际需求，在行动研究中探索有效的在地解决方案。此外，大多数社会组织都开通微信、微博、网上服务业务。益修学院等类似组织搭建网络交流平台，在与学习者互动中把握社会组织发展需求，共同探讨研发新知识。然而调查也发现，多数组织的知识创建方法相对陈旧、缺少创新，只有少数组织与时俱进，尝试与互联网多元结合并尽可能整合力量为社会组织提供智力支持。

（四）知识实践运用有待检验

研发知识的终极目标是将知识运用于实践，在社会组织能力建设的同时促进整个公益慈善领域的有序发展。调查发现，中国对社会组织的智力支持存在如下特征：一是类似组织数量在所有社会组织中所占比例相对较少，在这些组织中专门从事社会组织发展研究的更少。在这种情况下，能真正生成适用于中国社会组织管理与运营的相关知识相对困难。二是现存的智力支持型支持性社会组织，更多采取培训与交流方式，如在全球范围内邀请本领域的著名专家学者做知识传授，结果是社会组织成员时常参加各种培训与交流，各种沙龙、会议与活动，但同时社会组织管理与运营能力又没有得到真正提升。这种提升并不与参与培训交流次数成正比，所以很多组织成员都倦于参加类似活动，认为耗钱耗时耗力，最终在选择过程中倾向于在实践中摸索。三是社会组织共聚一堂探讨发展中的问题，但讨论中又不能找到合适的解决方案，反而激发了彼此的消极情绪。导致这些现象的原因：一是本领域研究者规模还相对弱小；二是现存大量知识都是舶来品，还未经过现实检验；三是研究者自身的研究实力与水平都有待提高。

四 发展建议

(一) 积极鼓励：开发民间智慧创立智力支持中心

现代社会转型与变化速度较之过去快得多，这与互联网的介入有很大关系。通过网络技术将世界绑定在庞大的网络中，通过手机终端将庞大网络中个体从计算机转移到日常生活，通过各种网络产品又将日常消费从实体交易转向电子商务，这一过程花了不到50年时间[①]。同理，社会组织的发展有赖于吸纳更多优秀人才加入该领域，研发具有关键性转型作用的智力产品。为此，建议积极鼓励社会有识之士加入智力支持型支持性社会组织中，结合当今时代特点，在互联网经济日益发展和成熟的今天，在加强互联网与智力支持之间联系的基础上，积极探索各种有利于挖掘社会组织实践知识的模式。

(二) 重点支持：社会组织联合成立的组织类型

没有比社会组织自身更熟悉组织发展的需要，尤其是发展中的需要。长期以来，高校人文社科研究受到诸多诟病，实务工作者抱怨学者研究的理论脱离实际，科研工作者又总是担忧无法获取有用的一线资料。如此的往复重叠就导致了教学、培训的资源浪费，由此也导致实务工作者参加积极性不高。为应对这些问题，提高社会组织参与积极性，建议重点支持多家社会组织联合成立的智力支持型组织，因为这些组织能够快速地将社会组织之所需反馈出来。如中国基金会培训

[①] 我们所处这个世界已发生很大变化。现在我们不再常用纸质货币购买，更多转向电子货币。我们主要通过微博、微信等进行交流与获取知识。我们难以想象离开手机的工作与生活将是什么样子。这些变化延续可追溯到比尔·盖茨将以往笨重的电脑精简为随身携带的平板电脑，还可追溯到将电脑诸多服务功能转移到手机终端，再追溯到马云将具有垄断特性的财富管理渠道向支付宝等电子商务的转化，等等。

中心是由基金会中心网与赠与亚洲组织联合发起成立的,开展培训之前已汇聚诸多组织资源。此外,培训课程开发也是精心设计的结果,见图 5-5。

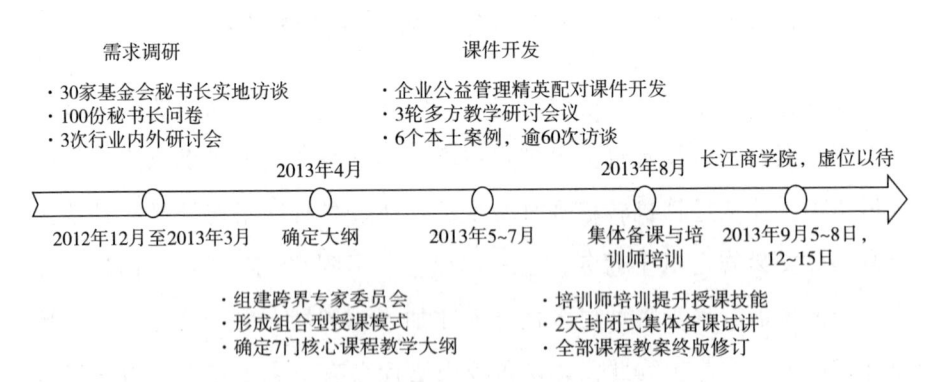

```
需求调研                          课件开发
·30家基金会秘书长实地访谈          ·企业公益管理精英配对课件开发
·100份秘书长问卷                  ·3轮多方教学研讨会议
·3次行业内外研讨会                 ·6个本土案例,逾60次访谈
                  2013年4月                    2013年8月      长江商学院,虚位以待
─○────○────○────○────○────○────○────○──▶
2012年12月至2013年3月  确定大纲   2013年5~7月   集体备课与培  2013年9月5~8日,
                                            训师培训        12~15日
         ·组建跨界专家委员会         ·培训师培训提升授课技能
         ·形成组合型授课模式         ·2天封闭式集体备课试讲
         ·确定7门核心课程教学大纲    ·全部课程教案终版修订
```

图 5-5 中国基金会培训中心的课程开发过程

(三) 优先发展:高校研究中心的创新性研究

高校研究中心为社会组织提供智力支持方面数量最多,研究能力高低对社会组织发展有较大影响。调查发现,研究中心可能存在如下特点:一是大部分研究者都是独自研究,除少部分组织外大部分研究中心都缺乏研究团队,多是老师带领部分学生开展研究;二是研究中心在开展社会组织相关研究方面并不稳定,有时会根据研究者兴趣而改变,研究内容不能有效结成知识体系;三是研究内容相对滞后,多不能有效指导实践。为此,建议智力支持型组织加强高校研究中心研究能力:一是积极搭建研究团队,为团队划定相对稳定的研究方向;二是开拓创新性研究,尤其加强社会组织与互联网的相关研究;三是通过跨学科、跨区域、跨国界、跨行业等方式创新社会组织相关理论知识。

(四) 努力促进:理论研究与实践深度结合

理论研究与具体实务脱节会极大影响智力支持的功效,为此建议:一是增加智力支持型支持性组织成员与实务界互动,学术沙龙、主题会议、项目讨论会等要尽可能落到实处，讨论对组织发展有意义的议题。二是积极开发行动研究模式，让研究者直接到实务中发现组织需求、寻找研究问题、共探解决方案，生成本土化的实践知识。三是社会组织人才培养时强化其研究意识，尤其是训练社会组织领袖人才时要训练其思考能力。四是培养理论与实践皆通的训练导师。

第六章 综合服务型支持性社会组织

一 基本现状

综合服务型支持性社会组织以枢纽型社会组织为主。基于政府社会组织管理创新和社会组织发展需要，北京提出枢纽型社会组织建设工程并于2008年北京市社工委提出构建"枢纽型"社会组织新思路，2009年北京市颁布《关于构建市级"枢纽型"社会组织工作体系的暂行办法》，同年3月北京市社会建设工作领导小组认定首批10家枢纽型社会组织，包括市总工会、团市委、市妇联、市科协、市残联、市侨联、市文联、市社科联、市红十字会、市法学会。2010年，北京市体育总会等12个组织被认定为市级枢纽型社会组织，政治上发挥桥梁纽带作用，管理上承接业务主管职能，业务上积极为社会组织搭建平台、扩大交流、形成合力、促进发展。自北京开始发起枢纽型社会组织建设后，全国各地也纷纷效仿。2014年广州也认定了首批16家枢纽型社会组织，包括广州市志愿者联合会、广州市商业总会、广州市软件行业协会、广州市科技类社会组织服务中心、广州市医学会、广州市建筑业联合会、广州市康园工疗站服务中心、广州市民间文艺家协会、广州市民营企业商会、广州环卫行业协会等（冯芸清，2014）。

从现有枢纽型社会组织来看，大部分都是原来的社会团体或行业协会商会类组织。其中，行业协会是由同类组织自愿组成且实行行业服务和自律管理的社会团体，主要由市级社会组织登记管理机关负责。商业协会是以企业为会员的社会团体,参照行业协会登记管理,由市或区县社会组织登记管理机关负责。经过枢纽型社会组织的划定,这些组织在功能上开始承接政府职能,业务上综合协助社会组织发展。此外,一些自律联盟组织或平台建设类组织也对社会组织提供全方位服务。基于此,在全国范围内随机选取包括枢纽型社会组织、自律联盟、平台建设组织等在内的118家综合服务型支持性社会组织进行详细分析,具体组织信息见附录三。

二 主要特点

(一) 近五年组织迎来较快发展期

综合服务型支持性社会组织兼具综合管理与服务两项职能。其中,社会组织综合管理早在社会组织产生时便由政府下设的事业单位负责,综合服务是经后期拓展而成为重要职能之一。在被调查的118家组织中,综合服务型支持性社会组织最早有成立于1938年的中国福利会,其主要职责是保障妇女儿童的健康。从图6-1可见,自1938年中国福利会成立后,此类组织零零散散成立,2010年后至今达到小高峰,所成立的组织

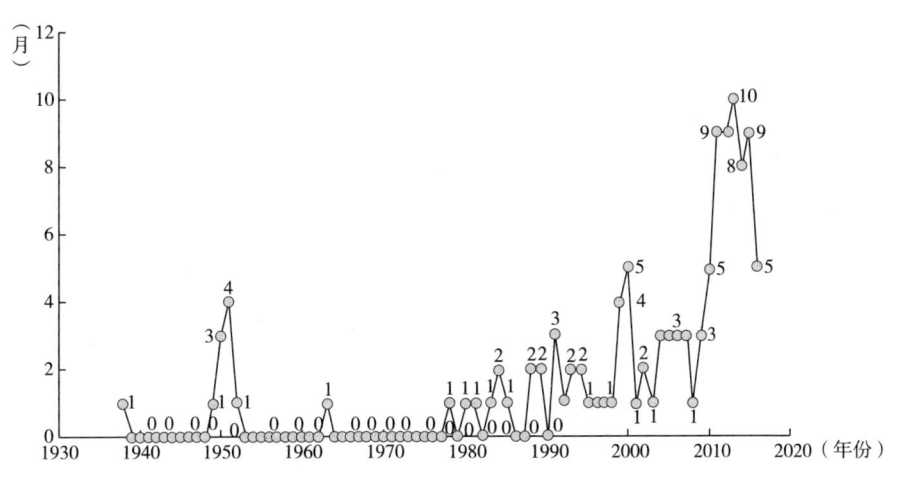

图6-1 部分综合服务型支持性社会组织的成立时间分布

约占总数的47%。导致这种现象的原因是：一是2009年枢纽型社会组织在北京发起后全国纷纷模仿。二是国家对社会组织的态度从管理转为服务，激发了部分综合服务型组织的产生。

（二）组织发展较多受地域限制

在这118家综合服务型社会组织中，大部分分布在北京与广东，见图6-2。出现这种现象的原因有以下几点。

一是枢纽类社会组织[①]起源于北京，后广东等发达地区纷纷效仿。

二是综合服务型组织大部分属于行业协会或组织联盟类，通常分布在组织数量较多、社会资源丰富且社会影响力较大的经济发达地区。

三是鉴于综合服务与管理对组织要求较高，以具有行政背景的支持性社会组织为主，除少部分经济发达地区外，其他省市也有此类组织，只是数量较少且较多承接政府服务功能。

可见，目前成立的大部分综合服务型支持性社会组织，资源需求量大、管理权威要求高，也因此受到地域限制大。

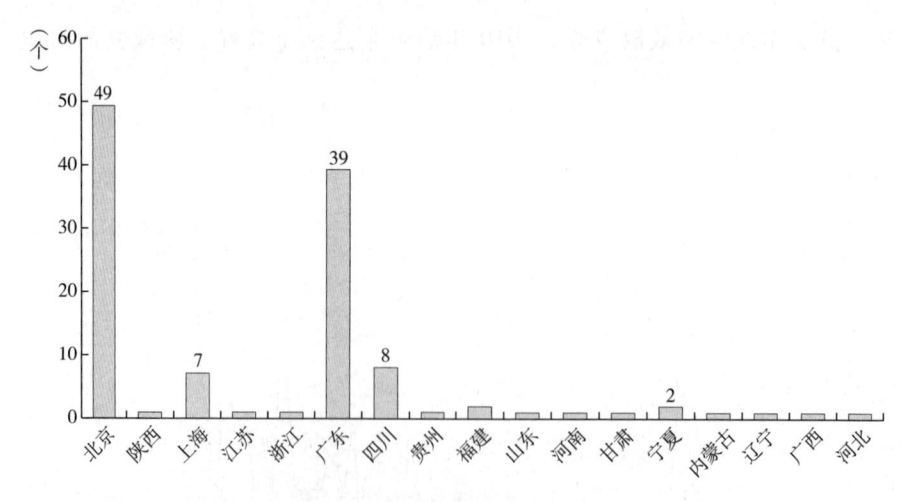

图6-2 部分综合服务型支持性社会组织的地域分布

---

① 不包含群团组织。

(三) 组织多元化发展模式凸显

调查显示，行业协会在综合服务型支持性社会组织中占比最多，其次是政府直属社会团体和民间组织联盟，同时也附有少量综合服务平台，见图6-3。

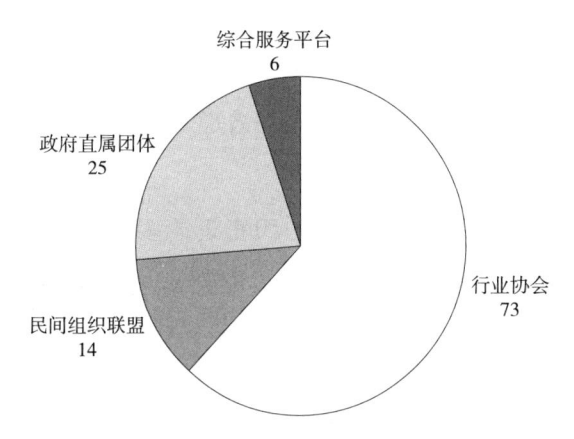

图6-3 部分综合服务型支持性社会组织的类型分布（单位：个）

这些组织中行业协会长期承担组织协调与管理功能，处理行业内所有成员关心的核心问题。例如，中国社会组织促进会是由社会团体、基金会和民办非企业等单位会员及热心社会组织发展并为其做出较大贡献的个人会员构成的全国性社会组织。从成立之日起便开始为社会组织服务，包括动员和依靠社会各界力量，加强社会组织管理与发展的理论研究，密切社会组织之间的联系和信息分享，推进社会组织的自律与互律，扩大国内外社会组织的交流与合作，目标是为社会组织争取政府有关部门和社会各界的支持，在政府和组织之间发挥桥梁与纽带作用，引导和促进社会组织规范运作、健康发展。

政府直属社会团体以往主要开展综合管理工作，只是伴随建设服务型政府的转型，这些团体逐渐转向综合服务。例如，上海市残疾人联合会是由残疾人及其亲友和残疾人工作者组成的人民团体，隶属上海市政府下设组织，具有代表、服务、管理三种职能，代表残疾人共同利益，团结帮助残疾人，承担政府委托的任务，维护残疾人合法权益，管理和发展残疾人事业。

民间组织联盟与综合服务平台，前者属于联合成立组织，后者属于个体单独成立组织。中国民间志愿服务联盟属于前者，主要通过搭建横向全国平台，打造在环保、助老、助残、教育、救灾、传播等领域纵向志愿者平台，实现志愿者供需对接的民主管理和自主运作，它是首个民间社会组织志愿服务联合体。该联盟为各类志愿服务组织提供综合协调与服务支持。

综合来看，综合服务型支持性组织正迈向多元化发展，虽然现在行政化色彩较浓，但未来会有较大改变，最终减弱此类组织的管理特性，迈向服务型功能。

（四）综合服务与管理内容多样化

调查发现，综合服务型支持性组织开展宣传、教育、联络、组织、协调、咨询、指导、监督、调研、建议、服务、培训、管理等业务，主要包括以下几方面。

一是承办政府、机构或相关领域委托的各项工作。承担政府有关部门委托的相关业务工作，参与制订、执行与宣传政策，行业注册管理、登记等业务监管，协助制定行业规划、进行质量管理，为政府提供咨询和建议，协助政府培育、评估社会组织等，目的是在社会组织发展领域承接政府转移职能。此外，也协助相关组织或机构开展扶贫、安老、抚孤、助残、助学、文化、教育、卫生等公益活动。

二是组织策划各类活动，搭建交流平台，引领思想方向。如举办慈善会、研讨会、报告会、专题论坛、展览会、会员会，举办 NGO 综合能力建设培训、各类评奖评优和表彰宣传活动，举办商品交流、推介、会展活动，组织学习考察交流，同时也协助信息发布、创办简讯、编辑专业刊物、建立网站。

三是研发、监督或执行与社会组织相关的项目。如开发和推广公益性服务产品、举办社区创新行动、提供免费医疗救助、政策倡导与咨询服务、监督救助项目实施、扶持与培育社会组织等。协助社会组织争取包括财政资金、社会资金等在内的社会资源，培训民间公益组织人才，筹集和管理物资，促进资源链接。

四是搭建平台并促进交流。通过信息化建设，打造合作交流平台，促进对外经验交流，同时也为个体或组织提供交流、学习与合作平台，提供法律、法规、政策、市场信息、投资等方面的咨询和培训交流。

五是开展调研与专业研究，制定行业规则，促进行业自律。如组织编制和贯彻执行行业的技术质量标准、规程，维护行业整体合法权益，再如从事行业统计调查，收集发布行业信息，参与制订和修改行业的产品标准。

可见，综合服务并不是单纯为社会组织提供资金、能力、信息或智力支持，而是从全方位的角度来考虑被支持社会组织需求的情况下开展各项服务工作。

三　问题与挑战

（一）综合服务与行政管理功能易混淆

综合服务型支持性社会组织在为社会组织提供支持时，容易出现功能混淆现象，其中最典型的是综合服务与行政管理功能难以区分。综合服务要求为社会组织提供资金、能力、信息、智力等全方位的支持，而行政管理是有关组织或部门动用权力对社会组织事务进行介入。调查发现，提供综合服务型支持的社会组织带有较强的行政管理色彩，如要求社会组织积极参加组织策划的系列培训活动，要求社会组织必须参与自上而下的等级评估等。

导致这种现象的原因是：大部分综合服务型组织都是枢纽型社会组织，主要为初创期、运行能力不强、发展资源不足的社会组织提供支持、协调、能力提升等服务。最初提出枢纽型社会组织，主要是希望工、青、妇等传统意义上的政府分支机构承担这些功能。然而，被定位为枢纽型组织后，这些政治性人民团体在职能上暂时还未发生根本变化，仍以承接政府职能范围内工作为主。结果正如邓国胜（2012）指出的，工会、团委、妇联等传统部门在枢纽型社会组织转变过程中面临改革不足等问题，暂时还难以承担孵化功能。这类组织在支持社会组织时，扮演较明显的是自上而下的管理角色，呈现行政化色彩。

（二）民间自律联盟类组织数量少

除已讨论过的工会、妇联、残联等政治性人民团体是枢纽型社会组织的主要构成主体外，在中国还发展出另外两种综合服务型支持性社会组织：一是具有一定的行业特征或互益性特点的行业协会或联合会；二是具有较强社会服务性的综合性社会组织联合会或社区组织服务中心。调查显示，行业协会、民间自律联盟及综合服务平台规模也相对较大，尤其是行业协会占比最多。这些组织形态与操作型组织的区别在于，前者以综合服务为主，后者以项目实施为主；与其他类型支持性社会组织相比，这些组织有较强的综合性支持特点。具体而言，不同类型的综合服务型支持性社会组织的服务特性存在差异。

首先，行业协会或联合会的服务对象有限，仅支持行业内组织。同时，在这些行业协会或联合会中公益服务类行业协会相对较少，而在社会领域中公益行业相对缺乏资源且也有必要被支持。但是行业协会数量虽然较多，但在此领域被服务组织仍然感受到被支持力度不够。

其次，综合性组织联合会或社区组织服务中心，以为社会组织提供综合服务与交流平台为主。但调查发现，承接这些综合服务功能的组织自身能力相对薄弱，有部分甚至是一些街道自办的社会组织，专门被用来承接政府购买服务项目。结果是平台还未建成，民间自发生长的被支持组织反而发展越来越困难。

最后，自律联盟类组织提供的综合服务最有效，但数量相对较少。中国公益组织服务联盟是公益服务型机构的专业服务平台，专注于推动中国公益事业的专业化与标准化，创新行业发展模式，营造可持续发展的行业生态环境，为各类公益组织提供优质产品。南都公益基金会、深圳壹基金公益基金会、中国扶贫基金会、阿里巴巴公益基金会与北京瑞森德筹款研究中心联合发起的公益筹款人联盟，是面向中国公益行业筹款人员创立的会员制平台，其从公益行业发展阶段及关键诉求入手，打造公益筹款行业培育平台，为行业开展筹款人才培养及上下游资源培育。可见，最可能实现综合服务型支持功能的民间自律联盟，数量又太少。

（三）目标设定与实施效果存在差距

枢纽型社会组织是综合服务型支持性社会组织中重要的组成部分。调查发现，这些组织的综合性服务方向明确且定位清晰，只是受限于专业服务水平与能力不足，在执行过程中无法有效实现既定目标。带有较强行政色彩且承担枢纽功能的人民团体，在提供综合服务时面临对市场与服务对象不敏感、资源获取能力较弱、工作机制与人员素质不匹配等问题。为此，应在尊重其他社会组织独立性基础上提供机构定位、组织架构、运营管理、发展规划等系列的指导与帮助，通过政府支持、专业团队运营、社会监督、结对帮扶等方式为社会组织提供孵化、培育、服务等一体化专业综合服务。例如，承接政府主导的社会组织培育中心，主要目的在于协助搭建"政府承担、定向委托、合同管理、评估兑现"的购买服务模式，推进基本公共卫生、社会工作服务、基本养老、劳动就业等政府责任范围内的基本公共服务购买，规范项目申报、项目评审、组织采购、资质审核、合同签订、项目监管、绩效评估、经费兑付等活动流程。同时，政府也可设立支持社会组织的税收优惠政策，包括专项补贴、以奖代补、公益创投、公益孵化机构能力建设等支持在内的财政补贴政策，也包括社会组织行政事业性收费减免政策、规范收费组织从业人员薪酬管理等。

四 发展建议

（一）把准方向：综合服务型组织目标重点在提供支持性服务

支持性社会组织初衷是培育与扶持社会组织，因为这些被扶持的组织存在因资源或能力缺乏而无法维系自身发展的困难，而社会又需要支持性社会组织的支持来满足日益增加的服务需要。在社会组织发展需要和组织管理创新背景下，以扶持与培育社会组织为目的而生成枢纽型社会组织。一方面，政府对枢纽型社会组织的管理可有效治理爆发式增长的各类社会组织，转变以往传统的依托行政体系、以行政化手段来管理社会的模式；另一方面，社会组织需依托一定的力量来积累资源、保证信息、实施影响或获得合法性。为此建议，在发展综合服务型支持性社会组织时坚持社会组织的本质属性，注重政府需求和社会需求满足的动态平衡，突出支持与服务功能：一是加强部分枢纽型社会组织的服务转型；二是对症下药提供支持性服务，从根本上提升社会组织能力。

（二）重点培育：自律联盟类综合服务型组织

社会组织发展中需要的资源不仅有人力、财力与物力，还包括信息、制度、智力与关系等。这些资源的获取并非单靠组织自身就能得到满足，需要其他组织协助，比如能提供有效准确信息的组织，抑或是掌握决策权的政府部门，抑或是运用互联网和传媒技术的专门组织，再抑或是行业联盟。在这些资源提供组织中，建议重点培育扶持一些能与政府或相关利益团体直接对话、沟通与互动的且以民间自律联盟为主的大型中介性联合组织：一是这类组织的社会性较强，能更快反馈被支持组织各种层次的发展需要，避免枢纽型组织中行政色彩较浓的困境；二是这类组织具备行业权威，可代表同类组织向政府或企业争取组织生存发展所需要的制度政策等各种资源。只是自律联盟或服务促进联盟类组织也存在资金困难与专业性难题，较难获得政府直接购买服务。

（三）积极打造：公开透明有效的综合服务生态

在为社会组织提供优质综合服务基础上，还需要借由现有平台打造良好的服务生态，让服务在生态链下有序运行，让组织自主选择最有利的服务，主动提升自我发展能力。部分官方色彩或行政管理色彩较浓的组织，应尽可能做到服务公正、公开、透明，群团组织要尽可能去行政化并实现自治。最重要的是，还要搭建良好的资源配置与组织间的沟通交流平台。

主要参考文献

邓国胜：《政府采购服务何时落入寻常 NGO 家？》，《南方都市报》2012 年 6 月 11 日，参见 http://www.zfcg.com/guide/2012-06-11/A365214_3.html。

冯芸清：《广州首批 16 家枢纽型社会组织名单公布》，《人民网》2014 年 5 月 8 日，参见 http://gd.people.com.cn/n/2014/0508/c123932-21168115.html。

下篇 案例篇

本书主要从功能代表性、地域代表性和社会影响力三个方面对支持性社会组织进行案例选择。由于支持性社会组织被分为资金支持型、能力支持型、信息支持型、智力支持型、综合服务型等五类，所以会从功能性做配套。由于定位于中国支持性社会组织，所以会涉及地域问题；又考虑到精准选择，西北、西南、东北地区支持性社会组织几乎不存在，所以地域选择会有所偏重。最后，还从行业影响力方面选择案例。此外，根据当前对支持性社会组织的把握及理解，比较全面的做法是：第一，基金会类别中，公募基金会（国家级/省级）、非公募基金会，同时兼顾资助型、运作型、混合型，该部分案例选了4家。第二，民非、社团或其他形式的支持性社会组织是目前数量最多的，所以仅选取具有代表性的机构。按已有资料，这一类型的组织在选取时可考虑学术研究支持类、民非服务类、境外NGO在华组织、其他类型（如网站运营者、期刊编辑部等）。第三，"嵌套类"支持性社会组织，如恩派、爱德社会组织培育中心等，这些机构尽管在各地有分支机构，但实际上各地的分支机构是独立法人注册，在统计这类组织时，要按照法人数量统计，但在支持内容上可将这类组织归并为同类。最终，入选案例的主要有15家，具体如下。

第一种：资金支持型，包括中国扶贫基金会（全国性公募基金会、资助型）、南都公益基金会（全国性非公募基金会、资助型）、爱德基金会（省级公募基金会、混合型）、浙江敦和慈善基金会（省级非公募基金会、资助型）。

第二种：能力支持型，包括恩派公益组织发展中心（民非、全国型、全国连锁，兼具资金支持和能力支持功能，以能力支持为主）、昆山爱德社会组织培育中心（民非、市域型、市级连锁类，兼具资金支持和能力支持功能，以能力支持为主）、倍能公益组织能力建设与评估中心（民非、地方性组织、能力支持类）。

第三种：信息支持型，包括基金会中心网（网络平台）、中国民间公益透明指数网（研究团队，信息支持为主，网络平台）。

第四种：智力支持型，包括北京师范大学中国公益研究院（高校研究院、智库类）、南京大学河仁社会慈善学院（高校和基金会合作、智库类）、深圳国际公益研究院（民间发起研究院、智库类）。

第五种：综合服务型，包括中国社会组织促进会（政府背景的行业组织、综合性、联盟平台）、成都公益组织服务园（民非、地方性组织、综合服务型类、联盟平台）、广州社会组织联合会（官民合办、综合性，联盟平台）。

需特别说明的是，由于大部分资料来自公开的网络信息，截止时间为2017年1月1日，可能存在更新不足等问题，部分内容可能与组织实际情况存在差距。为此深表歉意，还请见谅！

第七章 中国扶贫基金会

一 基本情况

中国扶贫基金会成立于1989年，是在民政部注册、由国务院扶贫办主管的全国性扶贫公益组织。在社会各界的支持下，截至2016年底，累计筹措扶贫资金和物资约248.67亿元，受益贫困人口和灾区民众约2908.72万人次，已经成为中国扶贫公益领域规模最大、最具影响力的公益组织。

在主要业务方面，它以现代慈善和公益创投为两翼，主要涉及健康与卫生、教育与成长、社区与生计、灾害救援四大援助类项目和公众与行业两大倡导类项目。其中，健康与卫生领域，现有爱加餐项目和养老项目；教育与成长，现有童伴计划、爱心包裹项目、儿童发展计划、筑巢行动、新长城特困高中生自强班项目、新长城特困大学生自强项目；社区与生计，现有公益同行、美丽乡村项目、溪桥工程、电商扶贫项目和小额信贷项目；灾害救援有紧急救援项目。公众倡导，现有善行者、善行100、公益未来、饥饿24小时公益体验、人人公益、加油一起成长公益行动等。行业倡导，现有中国第三部门观察报告和中国消除贫困奖。

在组织架构方面，基金会下设两个机构：一是中和农信项目管理有限公司（简称"中和农信"），专门负责管理和实施全资组建，专注于小额信贷扶贫项目的管理和拓展，为那些从正规金融服务于商业金融机构无法获得贷款支持的难以覆盖的农村以及城市的贫困人口[①]提供无须抵押的小额信贷，致力于帮助他们提升自立能力，从而摆脱贫困。二是中和农道，基金会在2015年初独资成立电商社会企业，并注册统一品牌名"善品公社"，探索和推动移动互联网及电子商务时代农村社区产业扶贫新模式并促进食品安全问题解决。同时，设有理事会（23人）、秘书处（8人）、行政事务部（6人）、人力资源部（4人）、计划财务部（12人）、监测研究部（4人）、信息技术部（11人）、品牌传播部（5人）、国际发展部（7人）、资源发展部（16人）、母婴平安部（9人）、移动互联网部（14人）、公众互动部（7人）、新长城项目部（13人）、紧急救援部（6人）、项目合作部（9人）、项目管理部（9人）、电商扶贫项目部（15人）、养老项目部（3人），组织架构清晰、分工明确、人员相对充足。

在资金运营方面，基金会近四年每年经费总收入呈现上升趋势，平均每年收入总经费约5.1亿元左右；近四年每年经费总支出相对稳定，且略低于总收入值，平均每年总支出约3.7亿元左右，见图7-1。总体来讲，基金会收入来源广泛且相对稳定，每年有足够经费用于四个援助类项目与两个倡导类项目。财务审计部分主要由瑞华会计事务所负责，

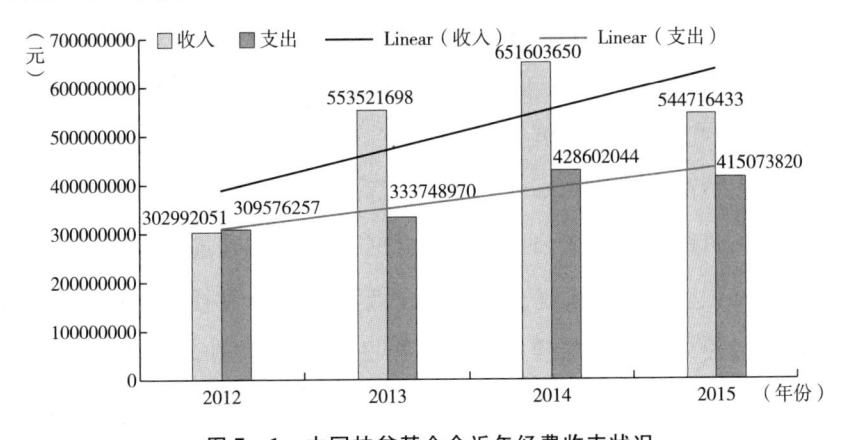

图7-1 中国扶贫基金会近年经费收支状况

---

① 特别是贫困妇女。

每年提供财务审计报告，公开透明地接受公众监督。

在信息公开方面，基金会作为国家大型扶贫组织，在信息透明部分涉及机构信息公开、项目信息公开、捐赠查询、捐赠方式、管理制度、投诉电话等栏目，严格的人力、项目、筹资和财务制度让组织可信度有所增加，组织严格接受公众监督。年度报告、审计报告、年检报告、财务报告、财务往来可被随时查阅。

在社会影响方面，2007年、2013年在民政部组织的全国基金会等级评审中，基金会均被评为最高等级5A级基金会。它也在福布斯2015中国慈善基金会榜排名第二，获得福布斯透明度排行榜认可。同时，它的社会动员取得实效，公众筹款首次超过40%。它还创新理念并推出ME公益机构支持计划，为20个公益项目提供ME公益创新资助基金总计1000万元。

二　对社会组织的支持

中国扶贫基金会是最初以运作式基金会为主，多年来致力于开发各种扶贫精品项目，在全国范围内已产生较大影响，成为中国规模最大、实力最强的专职扶贫公益机构。它率先完成了"去行政化"的过程，机构专业化水平也很高。伴随着项目开展以及接受国外公募基金会发展经验，这样老牌的基金会正在发生转型，开始支持包括NGO等在内的社会组织发展。2005年率先提出"资助之道"理念后，2006年率先提出"筹资资助"战略转型思路。2005~2012年，中国扶贫基金会年投入资金约5522万元，资助了133个公益项目，同时提供项目管理等能力培训。此外，中国扶贫基金会与欧盟合作举办4期"促进公民社会发展——中国NGO能力建设项目"，56家NGO的102人接受了培训。在2013年8月19日举办的"美丽乡村·首届乡村发展公益论坛"上，中国扶贫基金会刘文奎秘书长正式宣布，未来3年内，基金会将投入2500万元用于资助草根NGO开展支持农村社区发展的项目。2014年，基金会启动了合作社区发展陪伴计划、合作社区发展计划、合作加油计划，投入资金约1544万元，资助88家机构约105个项目。2005~2015年，扶贫基金会已累计投入资金约7135万元，资助220个公益项目。

在所有项目资助与组织支持中，以立项形式成立的即是"公益同行"项目。它是基金会基于汶川、玉树灾后支持NGO组织参与灾后重建的经验而设计的NGO合作发展项目，致力于激发、凝聚社区创造力和行动力，推动社区产生积极的、可持续的改变，属于社区与生计发展领域，探索的是从灾后社区陪伴、社区重建向常态化农村社区发展的NGO合作模式，项目得到加多宝集团、英特尔（中国）有限公司、赠与亚洲、腾讯公益基金会的大力支持。项目自2013年8月启动，截至2015年底，"公益同行·NGO合作社区陪伴计划（鲁甸）"、"公益同行·NGO合作社区重建计划（芦山）"、"公益同行·NGO合作社区发展计划（贵州）"共支持57个公益项目，项目资金共支出约1113万元。其中2015年支持37个项目，支出约490万元，四川、云南、贵州3省12县的4万余人受益。2015年，"公益同行"也尝试寻求新的突破，与民生银行共同发起"我决定民生爱的力量－ME公益创新资助计划"，覆盖社区发展、教育支持、卫生健康、文化保护、环境保护五大领域。此次"ME公益创新资助计划"引入社会影响力评价与支持概念，每个机构不仅得到50万元资金支持，还得到社会影响力营造、能力建设等培训。

近年来基金会对NGO支持项目的收支基本平衡，2014年略微在1000万元左右徘徊，2015年在6000万元左右徘徊，如图7－2所示。其中，2015年，基金会在这些项目中的投入同比上年有明显的增加。此外，收支总占比也呈现相似趋势。可见，基金会可能在尝试发展并评估支持组织发展性项目可否达到较好的预期效果。虽然对社会组织的支持不多，但对中国扶贫基金会而言，这些尚且处在尝试阶段。这种尝试意味着一种发展方向，基金会可能更多回归资金支持职责，非亲自做产品，而让社会公益领域各项工作更专业化发展。

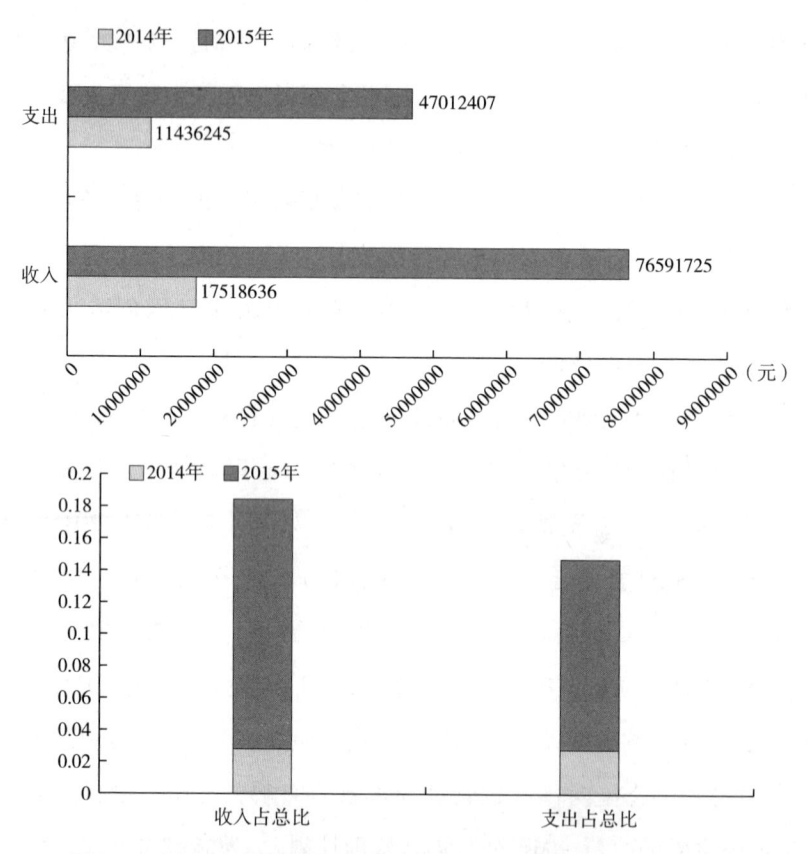

图 7-2 近年中国扶贫基金会对 NGO 支持的经费收支与占比情况

三 经验总结

（一）多方尝试资助型基金会转型之路

扶贫基金会明确"筹资资助"战略目标后，主要采取了多项资助举措。最典型的是玉树地震灾后重建项目，2010年玉树地震灾区灾后重建支持13个优秀项目，资金总规模约为735万元；2011年汶川地震灾后重建支持23个优秀项目，资金总规模约为547万元，这时基金会还没有专门支持组织建设的经费，而这些支持的经费都来自灾后重建项目。此外，基金会也尝试与政府和媒体合作，借由中央电视台、凤凰卫视等媒体资源进行社会组织宣传推广，为其争取资源；借由政府开展村级扶贫规划试点项目，支持多家社会组织发展扶贫村发展项目，资金达到约 800 万元。2013 年，这种筹资资助通过"公益同行"项目得到常规化发展。

（二）分级支持平等共谋农村社区长远发展

"扶贫"是基金会核心要义，促进贫困或其他困难社区可持续发展是基金会的发展思路，从灾后的社区陪伴、社区重建向常态化农村社区发展，基金会探索了一套社会组织合作模式。这套模式认为被资助组织未来应该是具有社区扶贫愿景、使命和能力的合作伙伴，与基金会是平等共赢、分工不同的关系。为此，基金会采取三级模式，第一步是寻找合作伙伴，即提供资源方，可能来自企业，也可能来自社会有识之士，可能采取公开投标形式寻找合作伙伴，发现共同需求。第二步是支持机构，比如寻找专家担任督导和政策倡导、引进组织进行项目评估、开展沙龙进行组织间经验交流、聘请第三方进行能力训练。这种支持可以是资金的、技术的、服务的、传播的。第三步是被支持的 NGO 伙伴，与基金会一起共谋农村生计发展与社区服务，成为一种具有自力更生能力的组织。在这种模式下，要求社会组织在各方面快速成长并发展，在本质上是定向培育本土社会组织，体现社区本地的理念发展、生计发展、服务发展和环境发展。

（三）媒体宣传是关键

在今天的中国，信息化的时代要求必须跟上这种快速的步伐。对基金会来说更是如此。媒体的宣传不仅可以扩大基金会的影响力，并且还是一种有效的监督手段。从中国扶贫基金会的经验来说，基金会在媒体宣传方面做得很好，各种宣传平台的建立以及邀请众多明星做爱心大使，都使中国扶贫基金会的项目运作更加顺畅和深得民心。

第八章 南都公益基金会

一 基本情况

南都公益基金会成立于 2007 年 5 月 11 日，是一家经民政部批准成立的全国性非公募基金会，原始基金 1 亿元人民币，来源于上海南都集团有限公司。组织较早定位为资助型基金会，属于整个公益行业生态链中的资金和资源提供者，扮演"种子基金"角色。它通过资金支持来推动优秀公益项目和公益组织，带动民间社会创新，实现支持民间公益的使命及社会公平正义。其业务范围包括发起、支持行业发展的宏观性项目，资助支持性机构、引领性机构和优秀公益人才的战略性项目，资助农民工子女教育、灾害救援等特定公益领域的项目，同时开展指导三大资助方向的战略性、政策性研究，详见图 8-1。

在制度建设方面，南都公益基金会机构相对健全，包括理事会工作制度、基金会章程、监事工作制度、人事管理制度、绩效考核办法、信息披露制度、薪酬管理制度、"新公民计划"公益项目资助制度、投资管理制度、重大事项报告制度等，涵盖组织内部治理、项目安排、对外策略、应急预案等。

在组织架构方面，包括理事会、监事、战略规划小组、研究小组、薪酬小组、评估小组、投资管理委员会、秘书处、项目部、传播部等，如图 8-2 所示。总体来看，层次相对分明、布局相对合理、责任划分比较明确。现在组织主要有 12 名成员，包括由徐永光等四人组成的管理团

第八章 南都公益基金会

```
┌─────────────────────────────────────────────────────────────────┐
│              使命：支持民间公益/愿景：人人怀有希望                │
├───────────────────┬───────────────────┬─────────────────────────┤
│     宏观性项目    │     战略性项目    │      特定公益领域       │
├───────────────────┼───────────────────┼─────────────────────────┤
│ ▶ 通过会议交流与  │ 银杏伙伴成长计划  │ 新公民计划              │
│   能力建设，推动  │ ▶ 资助青年人突破  │ ▶ 流动儿童教育领域的    │
│   基金会行业发展  │   成长瓶颈，成为  │   支持型机构，通过支持  │
│ ▶ 引导资方倾斜性  │   推动某一公益领  │   流动儿童教育工作者，  │
│   支持，推动草根  │   域发展的领袖型  │   使流动儿童享受公平、  │
│   组织资源对接    │   人才            │   优质、适宜的教育      │
│ ▶ 积极回应行业热  │ ▶ 标准：优秀的个  │                         │
│   点话题，营造良  │   人（胸怀天下、  │ 灾害救援和灾后重建      │
│   好公益文化环境  │   脚踏实地、富有  │ ▶ 1000万元常设灾害救援  │
│                   │   潜力）、合适成  │   和灾后重建基金        │
│                   │   长阶段、发挥较  │ ▶ 以弥补社会损失角度资  │
│                   │   大的杠杆作用    │   助NGO救灾项目群       │
│                   │                   │ ▶ 以推动民间自组织解决  │
│                   │ 机构伙伴景行计划  │   问题为核心，不单纯以  │
│                   │ ▶ 资助对转型期社  │   解决灾区问题为目的    │
│                   │   会的问题有深层  │ ▶ 发挥资金"杠杆"作用，  │
│                   │   次解析及系统    │   支持NGO开展服务的人力 │
│                   │   性、结构性解决  │   成本和技术成本        │
│                   │   方案的机构，发  │                         │
│                   │   挥深远影响力，  │                         │
│                   │   对行业有导向、  │                         │
│                   │   示范作用        │                         │
│                   │ ▶ 根据机构关键需  │                         │
│                   │   求，量身定制支  │                         │
│                   │   持方式          │                         │
├───────────────────┴───────────────────┴─────────────────────────┤
│                          研究项目                               │
└─────────────────────────────────────────────────────────────────┘
```

▶ 行业研究：指导宏观行业支持的方向，并通过适当渠道对行业产生导向性的影响。
▶ 领域研究：指导某具体领域的资助方向，支持第三部门创新，并通过适当渠道起到对政府、政策、企业、社会的引导、倡导、推动作用。

图8-1 南都公益基金会资助项目

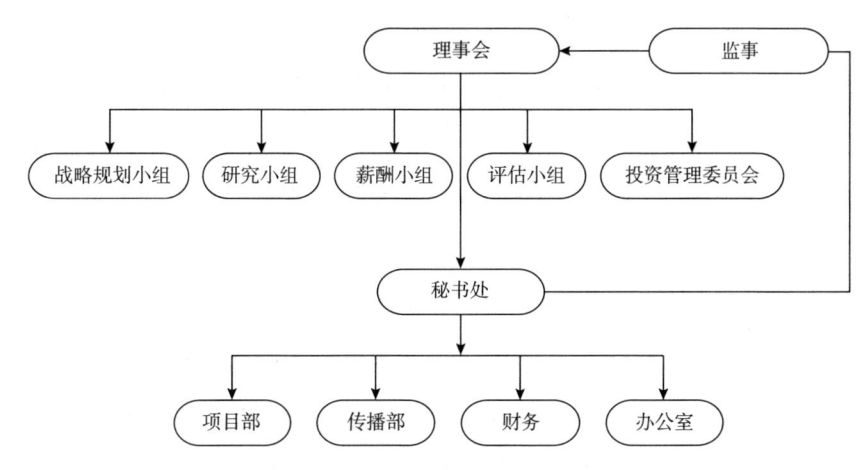

图8-2 南都公益基金会组织架构

队及由赖佐夫等人组成的执行团队。

在资金运营方面，南都公益基金会为非公募基金会，收入来源于发起人和特定捐赠人的自愿捐赠、投资收益以及其他合法收入。根据基金会主页信息显示，基金会每年的捐赠额度相对稳定，平均每年约2455万左右，如图8-3所示。从2014~2016年捐赠来源来看，南都公益基金会共获得62笔捐赠款，人民币总计约7261.4万元；其中，获赠21次个人捐款，总计约186978.1元，占比仅约0.26%。可见，南都公益基金会的收入相对稳定，且以企业捐赠为主。

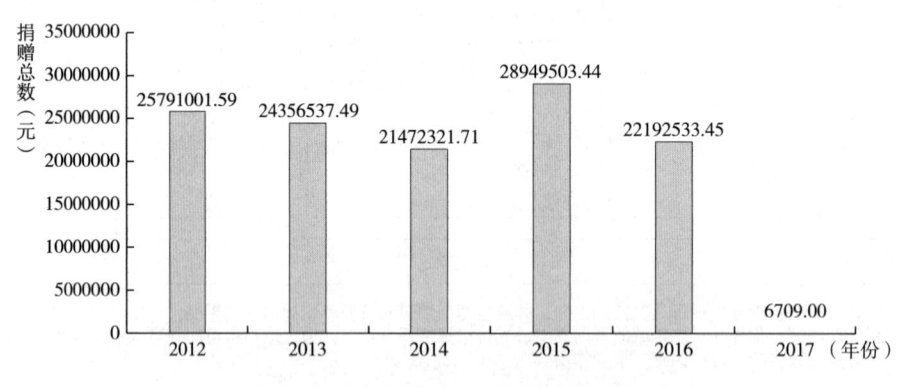

图8-3 南都公益基金会历年捐赠情况

正如表8-1所示，首先，上海南都集团有限公司近三年共资助约4810万元，占总比约66.2%，用于非限定性支出，这是南都基金会的重要经济来源。其次，浙江敦和慈善基金会近三年也与南都公益基金会合作完成银杏计划，金额达到1000万元；上海益都实业投资有限公司和上海中桥基建（集团）股份有限公司两家资助南都公益基金会，总金额分别为500万元与400万元；北京老牛兄妹公益基金会与南都公益基金会进行社企联合，合作经费为25万元，这些都属于非限定性收入。再次，博世汽车部件（苏州）有限公司和中国扶贫基金会资助总金额分别为50万与49.8万，重点支持新公民计划。最后，深圳壹基金公益基金会前后五次总资助96万，主要用于支持社会组织发展。综合可见，南都公益基金

第八章 南都公益基金会

会近三年相对稳定经费主要源自包括上海南都集团有限公司在内的上述八家捐赠主体，金额占比约为95.5%。同时在这些所资助经费中，"新公民计划"是被重点扶植项目，捐赠总次数21次，总金额约为356.4万元，占总收入比约20.4%。

表8-1 2014~2016年南都公益基金会捐赠来源

捐款时间	捐款单位	金额（元）	用 途
2016年12月	上海南都集团有限公司	20000000.0	非限定性
2016年12月	深圳壹基金公益基金会	250000.0	支点计划
2016年12月	王艳娇	29900.0	新公民计划
2016年11月	拜耳（中国）有限公司	50000.0	
2016年11月	中国扶贫基金会	400000.0	新公民计划
2016年11月	DANIEL J EDELMAN ZNC	9927.8	新公民计划
2016年11月	峨山政策研究院	13334.8	新公民计划
2016年10月	中国扶贫基金会	48000.0	新公民计划
2016年10月	北京亮青春文化体育有限公司	113149.0	新公民计划
2016年10月	曾霞	0.0	非限定性
2016年10月	腾讯公益慈善基金会	10000.0	新公民计划
2016年9月	艾默生（北京）仪表有限公司	49249.0	新公民计划
2016年9月	博世汽车部件（苏州）有限公司	500000.0	新公民计划
2016年9月	杨懿梅	30000.0	非限定性
2016年8月	北京老牛兄妹公益基金会	250000.0	社企联盟
2016年8月	GlobalGiving Foundation Inc	115130.0	新公民计划
2016年8月	张筱姝	360.0	新公民计划
2016年8月	裴斐	5350.0	新公民计划
2016年7月	中国扶贫基金会	50000.0	新公民计划
2016年7月	沙砾计划第一期学员	10743.8	新公民计划
2016年6月	亚运村第一幼儿园	12389.0	新公民计划
2016年4月	爱德曼国际公关（中国）有限公司	25000.0	新公民计划
2016年4月	深圳壹基金公益基金会	10000.0	促进支持类社会组织学习
2016年3月	深圳壹基金公益基金会	180000.0	雅安本土社会组织能力
2016年1月	程玉	10000.0	员工发展
2016年1月	吴琼	20000.0	新公民计划

续表

捐款时间	捐款单位	金额（元）	用途
2015年12月	南都集团	28100000.0	非限定性
2015年12月	深圳壹基金公益基金会	70000.0	支持学习型机构
2015年12月	深圳壹基金公益基金会	450000.0	灾后重建
2015年11月	香港明爱	175137.2	新公民计划
2015年11月	招商局基金会	10000.0	CPFF2015专题论坛
2015年10月	峨山政策研究院	12675.6	非限定性
2015年9月	艾默生北京公司	49248.0	新公民计划
2015年6月	程玉	10000.0	员工发展
2015年5月	程玉	10000.0	员工发展
2015年5月	上海浦东新区实践管理研究会	8576.0	非限定性
2015年4月	程玉	10000.0	员工发展
2015年4月	陈一梅	168.0	非限定性
2015年4月	峨山政策研究院	12498.6	非限定
2015年3月	程玉	10000.0	员工发展
2015年2月	刘丹	600.0	非限定性
2015年2月	徐梓卉	600.0	非限定性
2015年2月	程玉	10000.0	员工发展
2015年1月	程玉	10000.0	员工发展
2014年12月	上海中桥基建（集团）股份有限公司	4000000.0	非限定性
2014年12月	浙江敦和慈善基金会	6000000.0	非限定性
2014年12月	浙江敦和慈善基金会	2000000.0	设立银杏基金会
2014年12月	赠与亚洲	111750.5	非限定性
2014年12月	浙江敦和慈善基金会	1000000.0	银杏计划
2014年12月	程玉	10000.0	员工发展
2014年11月	程玉	10000.0	员工发展
2014年10月	拜耳（中国）有限公司	19125.0	公益人才研究
2014年10月	彭涛	0.0	非限定性
2014年10月	彭涛	0.0	非限定性
2014年10月	程玉	10000.0	员工发展
2014年10月	浙江敦和慈善基金会	1000000.0	银杏计划
2014年10月	心平公益基金会	337863.7	银杏计划
2014年7月	赠与亚洲	1030781.8	新公民计划

续表

捐款时间	捐款单位	金额（元）	用　　途
2014年6月	峨山政策研究院	12481.8	宏观项目
2014年5月	无印良品（上海）商业有限公司	33575.0	景行计划
2014年2月	摩根大通银行	896744.0	新公民计划
2014年2月	上海益都实业投资有限公司	5000000.0	非限定性

从多年来的审计报告看，南都公益基金会分别与中维会计师事务所有限责任公司（2007、2008）、北京中正天通会计师事务所有限公司（2009、2010、2011、2014）、北京天正华会计师事务所（2012、2013）、中通会计师事务所有限公司（2015）四家会计师事务所合作并及时对外公开财务审计报告。多项报告显示，其财务清晰、往来款明确，经费主要被用于公益项目资助、固定资产购置、工资福利和行政办公支出、调研、评估及其他专业服务购买。

在信息透明方面，南都公益基金会网站简洁且信息全面，主页面设有信息公开栏目，包括年度报告、审计报告、年度预算、工作计划、年检报告、资助信息、捐赠信息等部分，部门板块内容包括成立至2016年的相关信息，方便查阅。

二　对社会组织的支持

（一）主要支持项目

2006年初，周庆治和徐永光对基金会定位和发展目标达成共识后便联合向民政部递交了南都公益基金会的申请材料。起初，基金会一致致力于农民工子女教育领域并在全国范围内建立起多所新公民学校，此项目获得多项好评并延续至今。此外，基金会也对灾后重建等项目提供了资助。然而，如何推动行业有序发展，还存在问题。2009年，南都公益基金会开展了非公募基金会发展论坛、慈善导航行动、非公募基金会领导人培训等宏观性项目，促进行业发展的合作、交流与人力资源培训；同时也在积极探索支持社会组织的方式，寻找具有标杆性、创新性、可复制性且对社会发展起到杠杆作用的组织。最终确立，南都基金会的三大资助方向是发起、支持行业发展的宏观性项目，资助支持性机构、引领性机构和优秀公益人才的战略性项目，资助农民工子女教育、灾害救援等特定公益领域的项目，同时开展指导三大资助方向的战略性、政策性研究。

1. 支持行业发展的宏观性项目

（1）通过会议交流与能力建设，推动基金会行业发展。

（2）引导资方倾斜性支持，推动草根组织资源对接。

（3）积极回应行业热点话题，营造良好公益文化环境。

2. 资助支持性机构、引领性机构和优秀公益人才的战略性项目

（1）银杏伙伴成长计划

资助青年人突破成长瓶颈，成为推动某一公益领域发展的领袖型人才标准：优秀的个人、合适的成长阶段、发挥较大的杠杆作用。

（2）机构伙伴景行计划

借鉴战略性投资理念，为有潜力产生大规模、系统性社会影响的公益机构提供3~5年资金、非资金等深度的机构支持，协助机构突破能力瓶颈，扩大社会影响力。它以创新的资助模式对具备支持性或引领性的民间公益组织进行资助的长期计划，旨在通过支持能起到"方向引领"、"能力提升"作用的机构，促进行业的结构性提升和生态系统发育，壮大民间公益组织的非资金支持系统。同时，倡导资助行业，形成多元化的资金投入方向，完善民间公益组织的资金支持系统，以推动民间公益组织支持系统的整体改善。具体包括：资助满足草根NGO发展瓶颈性需求的支持性服务，促进行业生态链的提升完善；资助对转型期社会的问题有深层次解析及系统性、结构性解决方案的机构，发挥深远影响力，对同行有导向、示范作用；根据机构关键需求，量身定制支持方式。

3. 指导三大资助方向的战略性、政策性研究

（1）行业研究

指导宏观行业支持的方向，并通过适当渠道对行业产生导向性的影响。

（2）领域研究

指导具体领域的资助方向，支持第三部门创新，并通过适当渠道起到对政府、政策、企业、社会的引导、倡导和推动作用。

（二）重点工作与已有成果

1. 搭建社会组织交流的公共平台与沟通渠道

南都公益基金会以支持社会组织和行业发展为使命，从建会之初先后举行多次高端会议，为公益组织搭建沟通互动的平台。2008年举行"基金会企业所得税问题研讨会"并筹备中国非公募基金会发展论坛。2009年南都基金会与中国社会组织促进会以及其他6家非公募基金会联合主办了首届中国非公募基金会发展论坛，全国600多家非公募基金中100多家与会，共同探讨了"中国非公募基金会自律"。此后，2010年举办了第二届中国非公募基金会发展论坛，来自91家非公募基金会、96家公益组织和企业的领导人和代表，以及70余家媒体记者，共计350余人参会，围绕非公募基金会内部治理、信息披露、公益人才培养、项目评估等诸多热点话题展开激辩，倡导了行业联合救灾行动。2011年130余家非公募基金会参加第三届非公募基金会发展论坛，发布了《2010年中国非公募基金会发展报告》及《非公募基金会行业使命与社会发展》报告。2012年超过500人参加第四届非公募基金会发展论坛，围绕非公募基金会有效管理和使用资金的策略、方法和具体实践等议题展开了"财劲其用，追求卓越"系列讨论。2013年约600人参加第五届非公募基金会发展论坛，围绕"理性公益，多元发展——非公募基金会在社会建设中的角色和定位"议题，深入探讨了非公募基金会未来如何更有效地推

动社会理性发展并实现多元共生的公益诉求。2014年与2016年也分别举行了第六届与第七届非公募基金会论坛。非公募基金会发展论坛经过8年持续召开，已成为基金会每年的例行会议，引导了同行发展方向。

除非公募基金发展论坛外，南都基金会分别于2010年、2011年、2012~2013年开展了中华慈善百人论坛项目，由中国内地、香港、澳门和台湾慈善界有识之士发起成立，旨在搭建全球华人慈善界自由讨论平台，分享慈善经验，促进中华慈善的改革与创新。2011年24位港澳台专家学者在无锡灵山共话"公信力与透明度"，此后又持续围绕鼓励慈善事业的税收优惠政策的七个方面进行深度探讨并发布《非营利组织与公益捐赠税收优惠制度：缺失与不足》主题研究报告。2012~2013年该项目发布了《2012年慈善蓝皮书》并举行了中国慈善事业发展研讨会，以"跨界别合作：多元与创新"为主题的会议在香港举行。

此外，基金会也资助开展了多项主题会议。2009年8月，中国扶贫基金会、南都基金会和中国社会组织促进会三家发起，中国青少年发展基金会等21家社会组织共同主办"社会组织5·12行动论坛暨公益项目交流展示会"，通过会议以促成不同组织之间的资源对接。2009年还开展了中欧社会论坛。2011年资助开展了公民社会发展论坛和深圳公益项目交流展示会，其中，深圳公益项目交流展示会是继2009年京交会之后又一次以资源对接为目的的行业盛会，共有8大类133家公益组织、23家基金会、10家企业参展，115名志愿者投入、2万多人次参观，展会举办了5场论坛、24场沙龙及互动活动，供需匹配率（参展公益组织与资助方达成资助意向）达33%，极大促进了资源对接。2012年，"基金会-NGO合作与创新"圆桌会议，邀请100多位基金会和NGO的朋友围绕基金会与NGO创新合作案例开展对话，共同探讨解决阻碍双方协作的办法，并发布了《基金会-NGO合作创新报告及指南》；战略性社会投资专题论坛，由南都基金会和英国大使馆文化教育处举办，邀请了国内外"社会投资"领域的专家与实践者分享社会投资方面的前沿观点和成功案例，为基金会、慈善家、商业投资机构推动社会发展提供了一个兼顾社会、经济与环境"三重底线"的全新视角；社会金融研讨会，由南都基金会与北京师范大学、英国大使馆联合举办，会议讨论了社会金融的定义及相关概念、社会金融英国实践经验、社会金融实践的挑战以及对中国社会金融实践的建议。2013年，基金会与阳光文化基金会、中国公益研究院共同举办了围绕社会影响力投资进行话题讨论的"社会影响投资圆桌会议及论坛"、"第二届社会创业和社会创投高峰论坛（SERC）"，以及与中国扶贫基金会等合办的围绕教育、养老、社区等与公众相关的议题进行讨论的"2013芯世界社会创新周"，吸引万余人参与，激发了社会组织的创新精神。2014年，基金会连续举办了"中国社会企业与社会投资论坛"、"芯世界社会创新周"，以及"秦巴山区农村发展公益组织学习平台建设"、"公益支持机构论坛"、"第五届西部社区服务创新论坛"等非连续性的为社会组织服务项目。2015年又新增"中国资助者圆桌论坛（CDR）"、"第六届西部社区创新公益论坛"等会议，这些会议在搭建沟通交流平台、增加行内凝聚力之时，也引领了行业发展。

基金会还建立了直接的网络对接平台。2009年，南都基金会与美国国际美慈组织和福特基金会合作，推动中国建立"基金会中心"，在基金会自律、自我规范、自我服务方面迈出重要一步，形成中国非公募基金会的非正式网络。

2. 从领军人物入手推进社会组织能力建设

南都公益基金会认为社会组织发展更多有赖于组织核心领导的远见和带领能力，所以在推动组织发展的道路上有必要从领导人能力培育入手，一是应对现有社会组织负责人领导能力较弱现象；二是重点培育与发掘一批具有领导潜能的社会组织领军人物；三是开展培训项目增加组织领导人的融资能力。2004~2010年，非公募基金会年平均增速23%，截至2010年底，非公募基金会超过1000家。为继续推动非公募基金会的能力建设，从2009年起，南都公益基金会联合中国社会组织促进会开展非公募基金会领导人培训已有七届，从最初60多家发展到数百余家家，培训人员从基金会秘书长以上领导到普通中层干部，受益人数不断扩大。通过培训，这些领导人更加理解基金会的使命。长期开展的培训项目还有从2009年开始的由南都公益基金会与英国文化协会、英国大使馆文化教育处、友成企业家扶贫基金会、上海增爱基金会等联合开展"社会企业家技能培训"，通过培训NGO从业者、现有或潜在的社会企业家，促进其自我发展，并在就业、社会服务和社区和谐发展方面做出显著贡献，同时促进社会企业在中国的发展，至今每期参与培训人员数百人。

然而早期的这种培训式教育方式固然能达到一定的引领作用，但规模扩张遇到瓶颈，为此南都公益基金会于2010年开始开展了"银杏伙伴成长计划项目"，围绕"完善项目、打造品牌"的目标，在不限专业领域、学历、身体状况等情况下，选择来自全国各地20～40岁有2年以上公益实践并准备继续投身公益事业的公益人、媒体人和学者等的银杏伙伴。在倡导"胸怀天下、脚踏实地"的理念下，支持有信念、有行动、有潜力的年轻人，成长为未来公益界的引领性人才。该项目将根据青年公益人才的自身需求和面临的主要问题，在项目的不同时期，南都基金会将提供资金支持（每年10万连续3年），给予其基本生活保障、引导制定和实施3年个人事业发展计划、搭建人才成长支持体系，使他们在3年内迅速提升自己的专业水平和领导力，5～10年内成为其领域骨干或引领性人物，共同促进公益机构和专业领域的发展，推动社会良性变革，建筑良性的公益文化。

第一届是在北京、四川、云南三省试点评选出5位伙伴〔笔画排序：王奕鸥（女）、孙恒、陆非、曾世逸、梅念蜀（女）〕，他们分别在罕见病关爱、打工者服务、公益组织建设、农村发展、环保等领域工作。第二届项目评选范围扩大到全国，并经由秘书处全体人员历时4个月的考察由9位独立的评审专家经过一对一的面谈，向专家评审会推荐了18位候选人，最终确定了 16 位银杏伙伴。第三届已有 209 位推荐人推荐 252 位候选人，发展到 37 位银杏伙伴。第四届有 257 位推荐人推荐 326 位候选人，发展到 48 位银杏伙伴，涉及城市社区发展、健康扶助、劳工福利、农村社区发展、青少年教育、生态保护、NGO 支持、志愿服务等 9 个领域。第五届有 355 位推荐人推荐 447 位候选人，实地考察 112 位银杏伙伴，发展到 67 位银杏伙伴，涉及领域在上届基础上增加文化艺术和灾害与安全 2 个领域。第六届银杏伙伴计划有 414 位推荐人推荐 546 位候选人，实地考察 138 位银杏伙伴，发展到 81 位银杏伙伴。通过银杏计划，这些成员先后接受了包括伙伴聚会和海外考察在内的网络建设，成立了银杏伙伴委员会，开展了银杏分享会，进行多项资源对接与技术培训服务。伙伴们在平等、尊重、包容、开放的气氛中相互学习、相互支持，目前已开展了多个合作项目。他们也表示，在项目开展过程中，家人和朋友对他们的认可、自己对行业的责任感、与业内资深人士的接触等方面都得到增加，基金会也为其深入思考、自我提升、结识伙伴创造了机会和提供了经济支撑。

3. 促进支持性或引领性社会组织建设

南都公益基金会在社会组织发展中主要以资金支持为主，但是很多组织面临的最大问题是不知道如何有效利用资金以及何以再争取资源，所以基金会于 2007 年专门设立经费资助公益组织孵化器项目，目的是发掘一批具有引领性特征的组织来带领其他组织发展。上海恩派 NPI 是南都公益基金会主要对接的支持性社会组织。2009 年，二者合作开展公益组织孵化器项目，支持初创期公益组织发展，开启了"组织发展组织"的支持组织计划。公益组织孵化器得到地方政府的认可，已成功在北京、成都、深圳、南京等地复制。2007 年以来，NPI 公益组织孵化器在上海和成都共成功孵化出了 15 家公益组织，涉及扶贫、社区服务和健康促进等诸多领域。2010 年已是二者合作的第四期项目，基金会继续支持 NPI 开展了四川农合骨干培训、公益深交会等项目，同时也将经费从对支持性社会组织NPI的支持转向对其"支持性"项目的资金支持，以推动杠杆型能力建设及产业链上下游信息、交易平台建设。上海作为孵化器发源地，已总结开发出一套项目操作SOP，并从2011年开始进行孵化器项目的技术推广。陕西妇源汇性别发展培训中心也是南都基金会发展的新的支持型机构，向陕西妇女理论婚姻家庭研究会委托20万～30万元/年的资金，支持扮演"中介类型"角色的组织，以此发展更多优秀的草根组织。2010年，中国基金会中心网也是由南都基金会联合中国青少年发展基金会、吴作人国际美术基金会等35家公募、非公募基金会共同发起筹建，属于支持社会组织的网络建设，它极大地推动了中国公益事业实现更加透明化和高效化的发展。截至2011年1月，基金会中心网共收录基金会名录2075家，包含99.9%以上的基金会名录，其中基本信息完整程度达90%以上。基金会2008～2009年度工作报告和财务信息收录均已达到相应年度应披露数量的80%以上。

4. 资金倾斜并资源对接草根组织

针对草根组织，南都基金会主要以资金支持和资源对接为主。2009年，基金会资助了歌路营教育咨询中心、自然之友两家机构人力成本及团队能力建设费用，歌路营后来开发并实施了一系列围绕农民工子女及相关群体的项目，得到福特基金会和世界教育（美国一家NGO）的资助。基金会以资金的形式支持民办专业社工服务机构发展和制度建设，5·12地震之后，南都基金会与中国红十字基金会在四川安县资助建立了灾区第一家民办专业社工服务中心。2010～2011年，基金会出资100万元设立"南都社会企业自我突破奖"，资助在初创期或成长期、有潜力的社会企业，开展对机构发展能起到突破性作用的项目，一加一（北京）残障人文化发展中心、花旦工作室、乐朗乐读学习潜能开发中心、北京红丹丹教育文化交流中心和上海新途社区健康促进社等优秀社会组织各获得20万元资助。

由于有相当部分具有专业能力与发展潜力的组织发展到一定阶段后，

会缺乏研发、经验梳理、团队能力和组织管理等方面的支持,所以基金会通过对草根 NGO、资助方、学者等的调研,立足南都使命和战略,吸收已资助的 NPI、基金会中心网、妇源汇公民社会部、惠泽人专业志愿者发展项目等经验,经过与理事会的讨论,完成了景行计划的策略框架,并于 2011 年开始景行计划。借鉴战略性投资的理念,为具有行业带动性的组织,提供长期资金、智力等深度支持,协助组织可持续发展。草根组织获得资助需经历选 - 投 - 帮 - 退流程,在组织具备可持续发展能力后退出支持计划。

2012~2014 年是景行计划的实验期,期间每年新增资助机构 3~4 家,每家机构资助 3~5 年。2012 年景行计划实验性地开始对中国慧灵、心智障碍服务创新联会、北京西部阳光农村发展基金会、中山大学公民与社会发展研究中心共 4 家机构进行为期 3 年的资助。2013 年,景行初步调查 19 家机构,对其中 9 家开展尽职调查,最终支持了 2 家景行伙伴和 5 家小额资助伙伴。2014 年景行计划初步调查 23 家机构,最终支持了 4 家景行伙伴和 4 家小额资助伙伴,景行伙伴分别是上海新途、歌路营、亲近母语公益、广州绿耕,小额资助伙伴分别是合一绿学院、上学路上、云南连心、滋根财务建设。此外,景行伙伴已开发平台发展、交流发展、行业推动等栏目。

除很有特色的景行计划以外,基金会在支持草根社会组织发展时,也发展了广西百家 NGO 能力建设项目(2014、2015)、东三省民间组织能力建设项目(2014、2015)、秦巴山区农村发展公益组织学习平台(2014、2015)、公益筹款人联盟(2015)、宁夏 NGO 资源发展能力建设项目(2015)、益宝计划(2015)、BC 社会投资平台无息贷款项目(2015)、"服务援"计划试点(2015),这些项目通过资金支持、培训、主题工作坊、项目推介、外出参访与交流论坛等系列活动,推动草根组织与外部资源的沟通与对接,最终加强草根社会组织能力发展。

5. 设立各种奖项与研究项目引领行业发展

第一，设立各种奖励引领行业发展方向。2010年南都基金会与中央编译局等机构合作资助第一届中国社会创新奖，旨在发现和鼓励各类社会组织在解决社会问题、满足社会需求、创造社会价值、促进社会进步中的创新行为，总结并宣传推广社会创新的先进经验，促进和推动社会公平与社会善治。首届"中国社会创新奖"共收到来自22省、市、自治区的161个申报项目，集中在弱势群体保护、社会事业、公益支持、社区服务、扶贫济困和环境保护六大领域，其中弱势群体保护类项目多达52个，产生了10名优胜奖和10名提名奖，这一事件被《半月谈》杂志评为"2010年中国社会建设十大新闻"之一，点评认为"吹响社会创新集结号"。通过此类奖励，可以有针对性引领组织建设方向。

第二，开展各项研究深化支持技巧。2010年开展包括政社关系、公益行业人才问题专项调研在内等第三部门行业研究。政社关系研究由中国人民大学非营利组织研究所立项，分析研究政府与社会组织关系的现状及理想状态并提出发展对策，填补当前相关领域研究的空白；公益行业人才问题专项调研由南都基金会、腾讯基金会、刘鸿儒基金会联合零点研究咨询集团开展，最终发布2010《中国公益人才发展现状及需求调研报告》。2011年开展格桑花第三方评估、公益与商业合作研讨会，以及行业与领域研究。格桑花第三方评估对格桑花组织内部人员的志愿者身份和组织归属问题进行讨论，思考民间公益组织专业化发展和转型过程；公益与商业合作研讨会是在郭美美、河南宋基会等事件引发的关于公益与商业合作问题讨论的基础上开展，形成了《公益与商业合作研究报告》，提出了《公益与商业合作九大行为准则》，24家基金会率先加入公益与商业合作自律行动并联合承诺遵守《公益与商业合作行为准则》；行业研究包括上海交通大学第三部门研究中心实施的《第三部门研究》杂志、上海恩派社会创新发展中心实施的公益创业案例集、社会资源研究所实施投资社会回报工具（SROI）试点评估；领域研究包括清华大学人文社会科学学院社会学系沈原教授组织推动的高校劳工社会学研究、清华大学博士后郭宇宽组织团队实施的城市化对中国义务教育资源体系的知识干预。2013年资助草根组织的功能与价值推广项目、中国名将公益组织基础数据库项目、《中国第三部门研究》2013年杂志出版项目；2014年的中国公益组织成长监测研究、资助型基金会价值（案例）研究项目、中国公益人才状况及需求调查、支持性创意传播机构的非营利品牌调研等；2015年的量化历史研究项目等。这些研究项目领域广，较好融合了包括高校在内的社会资源，极大推动了社会组织的理论建设与行业发展方向探索。

三 经验总结

（一）稳定的资金来源是关键

南都公益基金会有相对稳定的资金来源，所以保证了大量的支持性计划。然而更为重要的是，基金会具有比较详尽的开支思路。在支持社会组织发展问题上，作为非公募基金会，已做到领先位置。有计划的经费使用与创意性的思维模式，让南都每走一步都可见成效，到现在已然发展成为支持社会组织发展的品牌。

表8-2 南都公益基金会部分支持性项目经费收入情况

单位：元

年 份	项目名称	收 入
2007	公益组织孵化器项目	730186.14
2010	首届中欧基金会领导人峰会项目	95000.00
2010	第二届中国非公募基金会发展论坛	85280.00
2010	中华慈善百人论坛	115000.00
2010	2010年非公募基金会领导人培训项目	500000.00
2010	心智障碍领域NGO研究和发展项目论坛	199440.00

续表

年　份	项目名称	收　入
2010	2010年社会企业家培训及评奖项目	1050000.00
2010	深圳公益项目展示交流会	500000.00
2010	基金会中心网	1000000.00
2010	公益组织孵化器第四期项目	500000.00
2010	支持妇源汇"公民社会项目"部门	373006.00
2010	基金会行业发展战略项目	115000.00
2010	中国公益人才发展调研模型建模项目	60000.00
2011	第三届中国非公募基金会发展论坛	71430.00
2011	基金会领导人及骨干人员能力提升项目	500000.00
2011	社会企业家技能培训	1050000.00
2011	人大MPA非营利管理方向学科发展专项	200000.00
2011	公益创业案例集开发	386008.00
2011	投资社会回报工具（SROI）试点评估	112200.00
2012	西北地区公益组织能力建设	399476.9
2012	支持北京乐平公益基金会机构运营	200000.00
2012	支持北京恩玖非营利组织发展中心运营	400000.00
2012	中国基金会领导人访美项目	29818.00
2012	公益相亲会	5000.00
2012	新疆维吾尔自治区社会组织人员培训	1000000.00
2012	中国公益2.0地图平台聘请运营经理	96953.00
2012	第四届非公募基金会发展论坛	74964.00
2013	社会企业家技能培训	636000.00
2013	社会创业家资助项目	270000.00
2013	联想公益创投"寻找公益行动派"	1000000.00
2013	中国基金会领导人访美	42521.00
2013	第五届非公募基金会发展论坛	11626.00
2013	云南民间组织"积极建言"论坛	73070.00
2013	中国民间公益组织基础数据库项目	253995.00
2013	《第三部门研究》杂志	100000.00
2014	广西百家NGO能力建设项目	86800.00
2014	秦巴山区农村发展公益组织学习平台建设	117680.00
2014	东三省民间组织能力建设	120000.00

续表

年 份	项目名称	收 入
2014	非营利品牌调研	100000.00
2014	基金会有效资助之道	50000.00
2014	中国公益组织成长监测研究	70000.00
2014	西部社会组织创新论坛	98700.00
2014	第六届非公募基金会论坛	36000.00
2014	中国公益人才状况及需求调查	19125.00
2014	资助型基金会价值（案例）研究项目	267149.42
2015	NFOCN公益政策监测项目	127000.00
2015	中国公益筹款人联盟	50000.00
2015	宁夏NGO资源发展能力建设	99400.00
2015	秦巴山区农村发展公益组织学习平台建设二期	132240.00
2015	东三省民间组织能力建设二期	120000.00
2015	社会服务数据分析研究	68000.00

（二）明确的机构目标是方向

南都公益基金会从建立初期就对组织有明确的定位，致力于推动民间社会组织发展，不仅开展有包括新公民计划和救灾抗灾的特色支持项目，同时也对非公募基金会行业发展、支持性社会组织、组织领导人、有潜力的社会组织专门展开支持计划，此外也围绕社会组织发展持续性进行社会组织平台建设。2012年荣获慈善透明度首位，并被评为"最受草根组织欣赏的基金会"。从图8-4中也能看出基金会对自己有清晰的计划。银杏伙伴计划与景行计划分别针对个人与组织开展支持服务，阶梯式呈现组织的发展期与行业影响期。

（三）可靠的团队建设是保障

社会领域人才流失已呈现常态，尤其是基层社会组织很难长时间留住人才。其中，最重要的是工资收入未能满足员工的基本需要。由于南

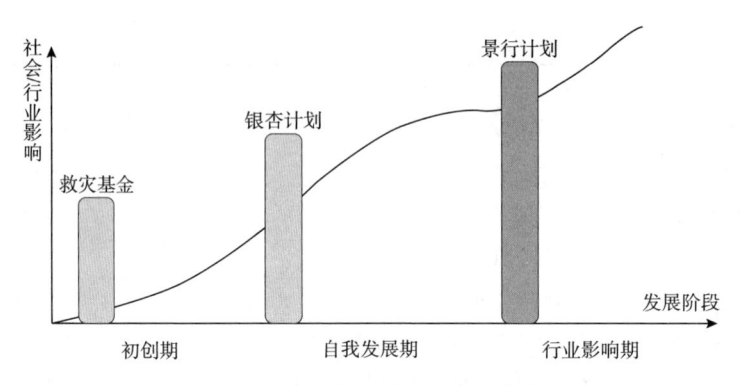

图 8-4 南都公益基金会的发展思路

都基金会资金来源相对充分且在项目中对员工的薪酬又有相对稳定的规划，所以比较容易留住人才。从领导人来看，徐永光等人从基金会建立起便在组织中担任着方向决策的重要角色，所以尽管基金会成立已接近十年，在组织建设与项目发展方面积累了丰富的经验，获得较高的社会知名度。最关键的是基金会每年所做的规划与具体的行动，都是围绕组织宗旨而行，在支持社会组织发展的方向上并未发生动摇。不仅如此，还可以发现，基金会团队领导成员自身蕴含丰富的社会资源，其不断为组织灌输资源。这也是为何南都基金会在支持组织发展中尤其重视领导人素养与资源链接能力。

（四）整合资源挖掘智力支持潜能

南都公益基金会在支持社会组织发展和推动行业方向时并非孤军奋战、事事亲力亲为。他们更擅长发挥资金优势，链接包括高校科研院所、其他基金会、民间社会组织、企业等在内的组织资源。本质上，南都基金会对社会组织最有力的支持即是在资金链稳定的情况下充分动员社会力量为所支持组织服务，而基金会要做的是拿到资金、做好规划并用好资金，透明是他们的立命之本。所以在团队成员相对稳定的情况下，每年南都基金会都能做很多事，包括搭建中国基金网、持续多年开展论坛、发展支持型社会组织、让组织支持组织、做特色的新公民项目、联合高校资源开展项目研究等。

(五) 宣传扩大影响力是基石

公益领域虽然与娱乐界存在很大差别,但是它们也存在共性:社会形象建设与宣传。在现今社会,信息量过于庞大、知识更新又过快,只埋头苦干不交流,很容易就被淘汰,所以这就给组织提出了要求,必须加强自身的宣传与推广。好的社会形象加上良好的宣传计划,更容易获得更多的优质资源。南都公益基金会之所以资金稳定,也与其良好的公益形象有关系。比如建设投资网站,南都基金会的网站清晰明了,财物状况透明,项目与内容明确,这为试图了解它的人和组织提供了极大的便利;再如,基金会在支持社会组织发展时,也考虑从科学研究、出版书籍、建设国家性的网站等方面增加同行认可度,出版书籍增加社会认可度,网站建设增加社会知名度。还如,积极参加国内外奖项评比,比如银杏伙伴计划获 2010 环球慈善项目奖。2009 年 4 月,南都基金会资助中国社工协会组织专家对灾区社工服务调研。调研成果经民政部上报国务院,得到回良玉副总理的批示,要求做好社工服务机构试点工作。同年 10 月,民政部发出《关于促进民办社会工作机构发展的通知》。

第九章 爱德基金会

一 基本情况

爱德基金会成立于1985年4月，由全国政协原副主席丁光训等中国基督教界人士发起创办，旨在通过引进海外资源，推动中国的扶贫与发展，促进我国的教育、社会福利、医疗卫生、社区发展与环境保护、灾害管理等各项社会公益事业。迄今，项目区域累计覆盖全国31个省、市、自治区，逾千万人受益。爱德基金会倡导明行、明慧、明道三明公益，定位是资源的整合者、服务的创新者、能力的建设者、理念的倡导者。

在组织架构方面，基金会以董事会为重大事项决策机构，秘书长办公会议为日常工作决策机制，下设爱德社会企业、上海仁德基金会爱德研究中心、广州爱德公益发展中心、香港爱德基金会、爱德非洲办和爱德日内瓦办，也负责项目管理、社会服务、研究发展、资源发展和运营管理等业务，如图9-1所示。

在资金运营方面，爱德基金会有典型的特点，如图9-2所示：一是建会初期，爱德的筹款额仅为52.5万元，随后呈现递增趋势；从20世纪80年代末，基金会每年经费已达到数千万元；从2006年起，爱德基金会的筹款额超过1亿元；2016年超过2亿元；组织充满活力。二是随着活动经费的增加，每年财务支出也逐渐增加，涉及社区发展与灾害管理、公共卫生与艾滋病防治、社会福利孤儿助养、薪火教育、教会和社会服务项目、教育与国际交流、社会组织培育等领域。三是基金会活动经费

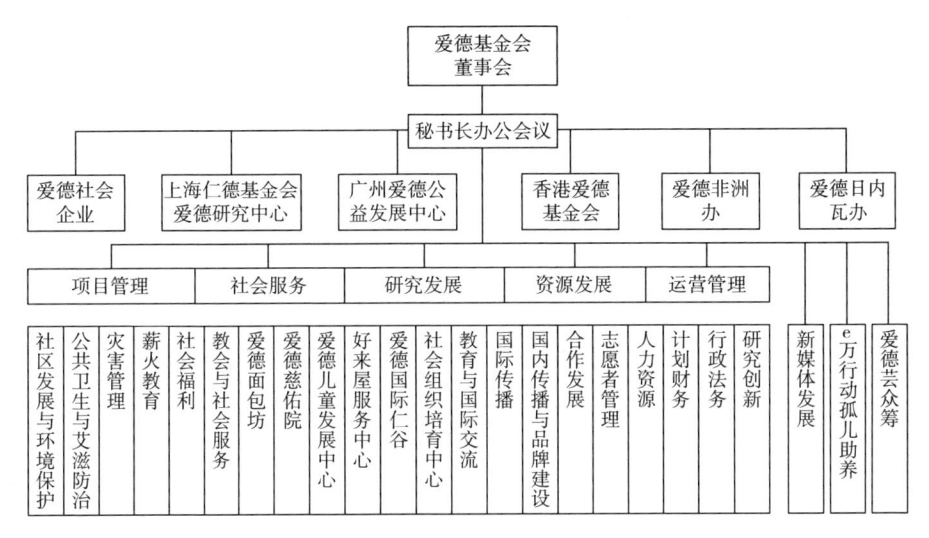

图 9-1 爱德基金会组织架构

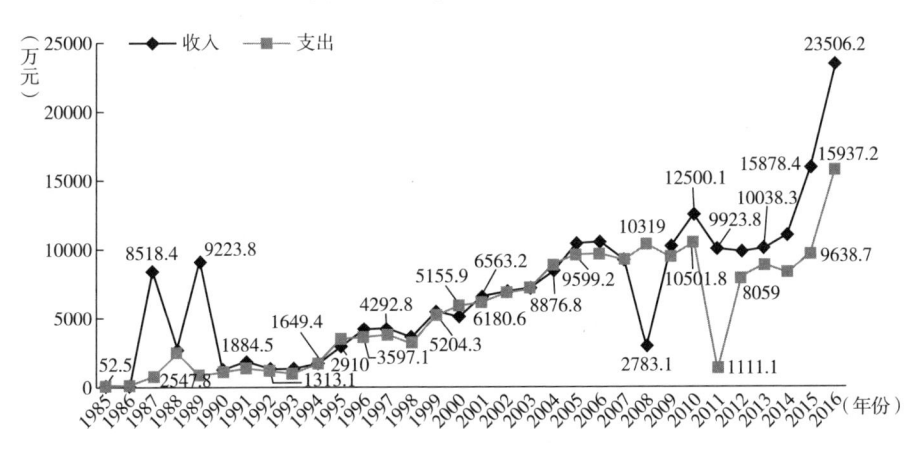

图 9-2 爱德基金会历年财务收支情况

得到充分利用，收支基本平衡。

二 对社会组织的支持

（一）下设培育中心培育组织

爱德基金会致力于打破孵化器模式，全力推动社会组织发展。2009年以前，全国社会组织数量较少且发展参差不齐，爱德主要通过引进和

137

传播国际先进理念和经验、以项目形式资助社会组织,通过参与式发展等方式,促进社会组织成长与推动行业发展。随着多年探索性实践,爱德团队逐渐意识到行业发展的链条还不够健全,没有形成支持、互补的行业态势,缺少为社会组织提供能力、资源等多方位支持的平台性组织。于是,2009年当南京社会组织已突破13000家之时,南京市民政局以积极的态度寻求解决社会组织培育发展的有效策略,爱德基金会与南京市民政局多次接触并联合参访,初步达成了合作推动社会组织培育的共识。经过系统调研和规划,同年10月在南京市民政局支持下,爱德基金会在南京发起创办爱德社会组织培育中心,政社合作支持社会组织培育工作全面发展。

2011年,江苏省委、省政府《关于实施社会管理创新工程切实加强群众工作的意见》(苏发〔2011〕11号)提出实施"社会组织培育管理行动计划",要求"制定社会组织扶持发展政策,采取建立社会组织孵化基地等措施,扶持社会组织有序发展"。江苏省将社会组织孵化基地建设列入社会组织培育管理重点创新项目,创建"政府支持、民间兴办、专业管理"模式,采取资金、项目、人才、场所等多元化扶持方式,大力推进社会组织孵化基地建设。江苏省以及各市区政府对于社会组织培育工作的支持,为爱德社会组织培育中心的拓展提供了良好的机遇。

截至2016年底,爱德基金会已成立3家培育中心和1个服务中心。其中包括:成立较早的南京爱德社会组织培育中心(2009),主要通过向入驻的社区社会组织提供共享的工作空间,经过专业咨询、培训辅导和资源链接,帮助社会组织在机构治理、团队建设、服务能力以及资源拓展等方面全面提升,培养社会组织可持续发展的能力。通过集中培育、能力建设、资源支持与链接、行业平台建设与研究、社区服务规划与推介体现对社会组织的支持。南通崇川爱德社会组织建设中心(2011)是爱德与南通市崇川区民政局合作成立的公益枢纽型社会组织,主要提供组织评估、组织管理与服务技能培训、组织管理与服务督导、社区服务项目开发及执行、社会组织交流平台等服务，同时承接社区公益助力计划等政府公益服务购买承办工作，积极培育与孵化社区和青少年类社会组织。昆山市爱德社会组织培育中心（2011）是爱德应昆市山民政局邀请，在昆山成立的平台组织，主要开展社会组织培育与能力建设、社会组织评估与督导、社会资源筹集与整合、公益资源委托管理、社区服务项目开发与实体运营、社工人才培养与服务、行业倡导与研究等业务。栖霞区民政局成立栖霞社会组织培育发展服务中心（2013），集注册服务、资源共享、能力建设、实践创业为一体，重点发挥政策倡导、资源管理、跨界合作和研究评估等功能，爱德作为运营方，承接栖霞社会组织培育发展服务中心的运营与服务。2009年，中央实践学习领导小组办公室《深入学习实践科学发展观（888期简报）》肯定了培育中心政社合作的发展理念与运作模式，这一举措也促进了政社合作理念在全国推广。

爱德成立的各培育中心皆是基于地方需求开展组织培育，因而在运作中也形成了一定的地方特色。比如，南京与南通主要是通过政府开放社会资源、降低组织门槛、政策资源倡导开发社会资源，昆山是社区治理示范服务与社区自治理念培育并进，不同中心在培育对象与内容上皆存在差异，并取得一定成效。2015年，培育中心共承接运营培育基地5个，包括3个区域的大中心和2个街道级的培育基地，全年累计开展服务项目约41个，培育各类社会组织约45家，涉及为老、青少年、社区治理等多个领域，累计为培育的社会组织提供各类专题培训约35次，督导200余次；共托管政府公益创投资金约1352万元，监测管理公益项目约280个。2016年，培训中心全年运营3个培育基地，培育支持社会组织约170家；其中社区基金会5家，社会企业5家，并与社会组织开展联合众筹，通过资源募集推动本地社会组织发展。从线上和线下两个渠道同时发力，全年中心为社会组织筹款384万元，支持73个公益项目，支持各类社会组织逾 200 家。

在公益资源托管方面，培育中心在南京、南通、昆山承接政府委托工作，合作伙伴扩大，增加了街镇一级公益资源。全年新增管理公益资源约 998 万元，开发管理公益项目约 234 个。中心也积极搭建社会组织人才支持平台，发起为期 3 年的人才支持计划，涉及人才招聘、人力资源、管理培训、社工人才基地建设及社工实务督导培训、国际交流等方面。中心还继续推动政府购买服务，努力拓展社区志愿，深化社区居民参与社区治理能力。

（二）各部门承载培育功能

爱德基金会各项目部门依托自身项目优势，通过项目活动培育社会组织，起到示范与引领的作用，推动行业发展。

第一，爱德依托农民自己的组织[①]在农村社区实施发展型项目，过程中爱德团队通过示范和共同参与，并与这些组织共同探索农村社区的重建路径。

第二，慈佑院、儿童发展中心、面包坊、国际仁谷颐养院、居家养老服务中心等实体机构，在直接服务本地残障人士、自闭症儿童、老人等群体基础上，不断总结模式、建立标准、促进同类服务机构的能力提升。

第三，依托自身资源，邀请国内外专家开展专业培训，提升行业服务能力。在居家养老和机构养老服务方面积累的宝贵经验将惠及更多社会服务机构。

第四，积极推动行业自律。早在 2008 年，爱德基金会联合中国扶贫基金会、南都公益基金会、NPO 信息咨询中心等非营利机构，推出了《公益性非营利组织准则》这一中国非营利组织公信力民间标准。并在

---

① 经济活动有关的协会、合作社、非正式的草根组织。

2016年推出《社会组织行为准则》等适用于培育社会组织的标准性文件。

总之，爱德在发展与服务领域通过自身实践与经验研究相结合的方式积累经验，并通过培育工作，在资金、理念等方面支持社会组织的发展。

（三）为社会组织募集资金

爱德基金会运用公募资质为社会组织提供资金支持。2005年，爱德基金会国内筹款首次超过1亿元，其中网络筹款逾5800万元。当年，爱德在包括腾讯公益、京东公益、支付宝等各大公益平台发起497个众筹项目，累计筹集善款约2000万元。2015年，爱无国界项目为11个发展中国家需要医疗救助的贫困患者众筹医疗费用。同时，还发起"益起THINK"——爱德创意平台，对外开放邀请社会志愿者、志愿者群体和公益组织参与设计公益项目，为其提供展示个人能力和实现自我价值的平台，建立常态化、个性化与专业化的可持续公益众筹渠道。2016年，爱德基金会全年筹款2.35亿元，其中网络筹款约1.3亿元，在各大公益平台发起众筹项目近800个。由爱德基金会发起的上海仁德基金会2016年筹款达3480万元。爱德为适应互联网环境与潮流，进一步深化、创新互联网公益的发展模式，成立了荟众筹团队。2016年"9·9"公益日期间，爱德团队为150家合作机构提供众筹支持与项目资金托管服务，网络众筹项目共筹款约2270万元。同年，爱德团队发起了"盟伴计划"即公益伙伴联合劝募与渠道分享计划。该计划面向成熟稳定团队、具有创新精神和发展成长潜力、但不具备公募资质的NGO组织开展联合劝募。爱德基金会通过申报、初筛、专家评审、第三方协调、培训与筹款、反馈与数据处理等过程，选择了7家盟伴成员，爱德通过与淘宝公益宝贝平台为盟伴伙伴开展联合劝募，当年募款金额超过800万元。在筹集资金支持方面，爱德不断创新并取得效果。

（四）理念倡导与行业推动

爱德与多家国际专业机构合作，引进先进的服务理念和专业人才，在倡导先进发展理念基础上，积极促进行业发展和建设。爱德通过举办论坛，着力宣传倡导。2015年，爱德全年举办各类公益主题的大型论坛和研讨会10多次，直接参与人数逾3000人次。2016年，爱德全年举办各类公益主题的大型论坛与研讨会约10次，直接参与人数逾5000人次。2011年，爱德承接国家发改委《民办非企业单位能力建设和政策指导试点项目》，通过南京作为试点全面调研了社会组织能力建设的需求与解决办法，最终直接推动了南京市创新民非组织登记注册政策及公益创投等系列文件的出台。

三　经验总结

（一）相对明确的培育理念

爱德基金会始终秉持相对明确的培育理念支持社会组织发展，主要经验如下。

一是协同陪伴发展。爱德基金会主张在社会组织培育过程中要经历从无到有、从弱到强的陪伴过程，保证不轻易放弃任何一个发展中的组织。三地培育中心至今已逾560家社会组织享受协同陪伴发展过程。

二是长期合作伙伴。爱德基金会用发展的眼光看待被培育与支持的社会组织，强调与其建立长期合作伙伴关系。有丰富项目经验的员工直接进入社区，与被培育组织共同探讨发展方向与经验，让社会组织在实践中得到真正的成长。

三是推动行业自律。爱德基金会相信未来会向行业联盟发展，行业倡导与行业规范需要有组织来完成，爱德通过与政府协商、行业磋商、业内培训等方式改善促进行业发展的外部环境。

(二) 示范与引导同步并进

爱德基金会特别重视被培育社会组织与地方资源的结合使用，主要经验如下。

一是由基金会出资、争取地方政府支持成立相对独立的社会组织培育中心，这些中心根据地方实际情况规划社会组织支持计划。

二是要求部分被培育组织落地社区，主张组织培育与社区服务协调发展。

三是为社会组织进行社区服务规划。

(三) 注重营造公益生态

爱德基金会从确定支持社会组织的目标起便致力于打破传统的孵化器模式，尤其注重公益生态营造，主要经验如下。

一是实行点面结合，关注社会组织的成长环境与人才发展。

二是强调实践与理论相结合和社会组织培育实践与经验总结同步，为更多社会组织提供参考。

三是主张有区别的梯队培养，发展初期、中期与后期社会组织在支持力度与内容方面差别对待。

四是重视行业自律，积极推动各领域的行业联合体建设。

五是加强社会组织发展研究，致力于通过会议、论坛、书籍、报告等形式为政府决策提供参考和依据，促进社会组织发展环境的优化。

(四) 资金的多元获取渠道

爱德基金会已形成相对成熟的资金获取方式，在支持社会组织方面有以下经验。

一是政府购买服务资金。通过公益创投或政府采购争取政府用于公共服务的资金。爱德基金会一方面积极争取政府采购资金，另一方面，帮助政府管理和运作公益创投基金，支持社会组织提供社会需要的服务，满足社区群众的需求。

二是企业合作专项基金。加强与企业合作，共同服务社会。

三是创新社会资金支持。契合互联网发展背景，爱德开启了各大公益平台的网络众筹模式，引导社会组织获取社会资源。

四是发起公募基金会争取资金支持。依托爱德基金会三十余年运作经验，发起上海仁德基金会，积极打造行业支持、公益创新、资源聚集三大平台。

第十章　浙江敦和慈善基金会

一　基本情况

浙江敦和慈善基金会（简称"敦和基金会"），由敦和投资董事长叶庆均先生发起，成立于 2012 年 5 月 11 日，属于非公募基金会，同时也是一家资助型基金会，原始基金数额为人民币 2000 万元，来自于个人捐赠，业务主管单位为浙江省民政厅。基金会成立后，它与多个公益伙伴合作，开展了云南彝良地震救灾、西藏那曲先心病儿童救助、尘肺病农民救助等项目。先后运作实施"种子基金"、"活水计划"、"优才计划"、"竹林计划"、"敦和雅集"、"全球华人国学大典"等品牌项目，先后联合发起成立中国资助者圆桌论坛、中国公益筹款人联盟、深圳国际公益学院，并与国内一流院校、优秀学者合作开展文化、公益等领域的学术研究，先后举办道·医生命科学峰会、首届公共智慧与社会发展阳光论坛等。

在业务范围方面，它以国学传承为中心，以"弘扬中华文化，促进人类和谐"为使命，以公益贯彻国学为资助策略，在国学传承、公益文化、公益支持等领域开展资助，设置行业宏观、人才培养、机构支持、项目支持及其他五大资助类别，涉足公益支持、医疗健康、教育等领域。其中，国学传承领域项目细分为：第一，教育传播，传承国学与大众普及的最基础性社会工作；第二，论坛对话，构建百家争鸣和人才项目发掘的系统平台；第三，学者敦行，支持国学研究推广与精进践行的"行动者";第四,机构培育,支持民间国学机构发展和枢纽性机构建立;第五,生活应用,将先哲智慧和传统艺术实证活用化民于俗。公益文化领域项目:第一,中国公益慈善的文化、思想和行动等研究;第二,传统文化在现代公益中的应用与实践等。公益支持领域项目:第一,行业宏观,回应公益行业热点话题,资助行业研究和交流,引导公益资源合理分配,构建健康的公益生态;第二,人才培养,资助公益从业者的专业化和职业化建设,吸引跨界人才,回应当下对公益人才的亟须;第三,机构发展,资助优秀且有潜力的公益组织发展,以更有效地解决当下突出的民生问题;第四,社会投资,投资有市场竞争力的社会企业,助力其用市场手段解决社会问题。

在机构设置方面,敦和基金会组织架构完整,设有理事会、秘书处,理事会是决策部门,秘书处是执行部门,下设项目部、研发部、传播部和综合部,分工清晰、各尽其责。敦和基金会有名誉理事长1名,理事长1名,副理事长1名,理事15名,监事3名。此外,在资金运营方面,敦和基金会近两年主要由立信会计事务所进行财务审计。在信息披露方面,捐赠渠道在网络平台上未做说明,线上项目申请正在建设中。在社会影响方面,2015年,敦和基金会获评"2015中国基金会评价榜-金桔奖"国内基金会第三名、"责任中国"公益盛典公益组织奖,并入选第十三届中国慈善榜非公募基金会TOP15。

二 对社会组织的支持

作为资助型基金会,敦和基金会关注不断涌现的具有重大社会意义的问题,支持例如教育、扶贫、救灾、环保、医疗等慈善事业,更希冀以国学引领公益,以公益贯彻国学,不断加强中华文化源头及本质的传承与探索,深度挖掘前沿科学与传统文化研究,鼓励科学与多元文明的对话,从而助力跨学科、跨语际背景下的思想交锋、认知研究等。同时,敦和基金会也对当下风起云涌的"互联网+公益"新生态的主动适应，自上而下高效推进基金会专业化、规范化管理。

（一）支持与基金会宗旨相似的社会组织

1. 资金支持协助新社会组织成立

敦和基金会提供注册资金，帮助完成北京真容公益慈善基金会的注册。真容寺弘扬佛教慈悲济世精神，长期以来从事公益慈善实践，积极开展社会公益慈善事业。多年来，持续开展了多种形式公益慈善项目。比如，通过组织多方资源为僧伽和贫困人群义诊、通过义卖助捐孤儿、帮助艾滋病孤儿等多种救助型项目，使受助人群数达千人次。可见，为支持长期以来从事公益慈善活动、服务社会的组织，为弘扬正气、造福人类的组织搭建更好的服务平台，为更好地弘扬慈悲文化、倡导自立利他的理念，基金会以文化传播为载体，以扶贫救助为方式，最大范围地帮助人们获得身心健康、提升生命价值、获得真正幸福快乐的人生，最大限度地推动人们的参与及互助，打造具有广泛影响力的佛教团体公益机构。

2. 设立种子基金扶持包括中小型基金会在内的处在高速发展期的公益组织

基金会于2014年12月发起"敦和种子基金计划"，采取不动本基金，只将"敦和种子基金"的理财投资收益用于高速发展的弘扬和践行中华优秀传统文化的公益组织与研究机构或以中华文化为内核的公益组织发展，包括但不限于基金会的行政办公支出和工作人员工资福利。这些公益组织多数面临发展经费短缺等问题，《基金会管理条例》中"基金会工作人员工资福利和行政办公支出不得超过当年总支出的10%"的限制和以捐赠人为代表的社会各界对于公益慈善"成本"的认知，导致相当比例的基金会虽然能够通过优秀的项目筹款，但生存状况很不稳定，工作人员工资福利待遇低于社会正常水平，行政办公经费紧张，缺乏灵活机动的项目创新和机构发展费用。该项目希望推动入选基金会重视资产管理，促进其规范管理制度，提升资产管理能力和收益水平，实现机构的可持续发展。

2014年主要向入选"敦和种子基金计划"的基金会捐款成立敦和种子基金，北京市银杏公益基金会、北京市西部阳光农村发展基金会、北京尚善公益基金会、上海联劝公益基金会、广东省希贤教育基金会、深圳市龙越慈善基金会等入选。2015年该项计划与它基金、千禾基金会等合作，北京爱它动物保护公益基金会、广东省千禾社区公益基金会、深圳市红树林湿地保护基金会、福建省正荣公益基金会、福建省同心慈善基金会、陕西纯山教育基金会等入选。2016年"种子基金"范围扩大到处于成长期的公益组织，在全国范围内评选20家公益组织，每年资助20万元，连续资助三年，支持其长足发展。从申请条件来看，项目对组织的支持设有门槛，目的是筛选有潜力、有经验、有激情的组织，具有投资眼光。

3. 以特色项目为依托扶持发展中的社会组织

敦和基金会支持专注于社区儿童早期发展的非公募基金会。比如，敦和基金会为北京永真基金会提供资金支持，通过永真基金会管理能力提升与价值观保证、社区家庭教育及传统文化学习体验、全国社区合作公益伙伴与加盟伙伴的升级、与永真公益生态系统呼应的研发体系等方式，达到挖掘、研究传统文化精髓并通过社区项目融入家庭教育的目的。敦和基金会还资金支持小云助贫中心机构发展，通过支持勐腊小云助贫中心的发展，探索公益资源创新扶贫方式的新模式，引导国家、社会和市场资源的永续扶贫行动，促进优质公益资源的合理分配。勐腊小云助贫中心成立一年以来，选择贫困山寨为工作区域，开展旨在引领政府资源、平衡市场力量的贫困综合治理项目。根据该项目所制定的贫困综合治理规划得到中央、云南省、西双版纳州、勐腊县政府的高度评价和高度关注。此外，敦和基金会举办2015年第七届真爱梦想慈善义拍晚宴，捐赠约96万元给上海真爱梦想公益基金会。2016年，敦和基金会支持北京尚善公益基金会通过各项目推动抑郁症防治知识的传播，同时转向资助型基金会的角色，帮助更多社会组织和社会力量加入此公益领域，服务社会大众，促进基金会发展。

4. 合作开展项目促成组织发展

敦和基金会与成都市锦江区爱有戏社区文化发展中心合作，发起义仓全国学习网络建设。基于义仓所倡导的互助理念，针对生活在发达城市地区的弱势群体，通过全国学习网络建设，引发社会力量对城市弱势群体的关注，同时提供义仓相关的技术及资源支持，协力各地政府部门、社区居委会、社会组织解决当地所面临的城市社区发展问题。敦和基金会还与杭州市上城区博信公益发展服务中心和上海联劝公益基金会合作，共同发起"敦和公益活水计划"，针对初创期公益组织机构发展费用不足的现状，根据其上一年度的筹款来源，匹配非限定性用途的资金，促进其积极整合社会资源，关注并实现机构收入来源多元化，助力初创期公益组织健康发展。敦和基金会也与正荣基金会、南都基金会合作，联合发起"和平台"项目建设，支持平台型组织发展。作为开放性公益支持平台，秉承"创新、灵活、有效"的资助理念，基金会通过平台型组织面向初创期NGO提供小额资金、咨询和培训等陪伴服务，推动多元公益力量生长。此外，基金会发起"敦和社会投资"项目，以无息贷款方式，联合Aha社会创新学院，支持中国社会企业用市场手段解决社会问题，致力于为社会创业者提供必要的资金支持和陪伴式辅导，支持其摸索可能带来社会影响力的业务模式。敦和基金会还与中国扶贫基金会、优酷集团联合发起"优酷影像中国公益基金资助计划"，通过资助青年导演拍摄优秀的公益影像，回应中小草根公益组织的项目传播问题，用影像力量去影响更多的人关注并参与公益，让公益更生动，以提升整个公益行业在人类社会发展中的地位和影响。

5. 从人才建设角度支持社会组织发展

"敦和公益优才计划"瞄准成长期公益组织的普遍发展短板，面向传播、筹款等专业方向提供支持。"敦和公益优才计划"现与银杏基金会、劲草同行、深圳壹基金公益基金会、西部阳光基金会、成都慈善会开展合作。2014年12月，联合北京市银杏公益基金会，面向银杏伙伴所在公益组织开展资助，目前已资助25家银杏优才机构。2015年3月，联合劲草同行，面向环保领域公益组织开展资助，目前已资助20家劲草优才机构。2015年6月，联合成都市慈善总会发起面向四川地区公益组织的资助活动，目前已资助5家天府优才机构；在此基础上，成都慈善会再全额资助4家天府优才拓展机构。2015年8月，联合深圳壹基金公益基金会，面向救灾、儿童关怀领域公益组织开展资助，目前已资助14家壹基金优才机构。2015年8月，联合北京市西部阳光农村发展基金会，面向教育领域公益组织开展资助，目前已资助9家西阳优才机构。2015～2016年，"敦和公益优才计划"共资助公益组织约73家，并多次开展学习交流活动，如"银杏公益优才计划"团队同行计划和"私董会协作者"培训、"劲草公益优才计划"社群管理培训、"壹基金公益优才计划"中期培训交流会。此外，多家优才机构购买第三方的咨询或辅导服务。通过企业家、咨询界专家、公益筹资专家的讲课交流和同行的分享沟通，从表象的传播筹款分析到内部的团队业务，梳理机构的发展瓶颈，帮助机构筹措社会资源促进自身发展，以此提供更优质的公益服务，更有效地解决社会问题。为更好地反馈项目的执行水平和执行效果，聘请独立第三方上海映绿公益事业发展中心对整个项目进行动态的监测、评估和研究。

另外，敦和基金会于2015年11月协助深圳市亚太国际公益教育基金会成立深圳国际公益学院。这是全球第一家拥有独立法人资格、专注于公益慈善高端人才培养的教育机构，以"慈善引领社会文明"为愿景，以"构建现代善知识体系，培育使命型善财领袖，凝聚行动型公益力量，推动善时代共享发展"为使命,致力于倡导财富向善、推动全球进入善经济时代。秉承"国际化、创新型、实践性"教育理念,聚集全球顶级的公益慈善领域教育资源,旨在通过"全球善财领袖计划(GPL)"、"国际慈善管理(EMP)"、"社会企业家项目(EMSE)"、"儿童福利管理(EMC)"等项目,培养具备世界眼光、融合中外智慧、承担使命责任、锐意开拓创新的中国公益慈善领袖和非营利部门高级管理人才。

(二) 论坛对话搭建交流平台

敦和基金会从成立至今支持开展了多项会议、论坛等,为社会组织搭建交流的平台。2015年1月,敦和基金会支持开展首届中国跨语际生命传播思想峰会,以"空间·符号·智慧"为主题,国内外50余位知名学者就人工智能、大数据、哲学等对人类社会当下与未来的影响进行了探讨。2015年10月,敦和基金会支持了首届公共智慧与社会发展阳光论坛和第五届生命物理学论坛。此外,敦和基金会还支持了"慈善与商业——第九次中华慈善百人论坛",通过两岸及海外跨地区的案例比较和分享,聚焦商业支持慈善如何规则、如何防止慈善成为牟利的工具等重要议题的认识与思考。支持了"中国非公募基金会发展论坛",促进公募基金会之间交流沟通。支持了"中国资助者圆桌论坛",促进中国资助型基金会的咨询网络建设,专注于提升资助者社会成效的成员制、收费制、邀请制服务平台。支持了"2016中国公益筹款人联盟"建设,面向中国公益行业等筹款专业人员创立会员制平台,聚焦公益筹款人交流学习平台,致力于培养专业筹款人,通过行业研究和指导,提升筹款专业水平,推动筹款职业化发展。支持了"中国社会企业与社会投资论坛(联盟)",作为一个开放类的协会式网络,通过年会、倡导、研究、教育和对接平台等五大业务板块,实现促进跨界交流合作、推动行业整体发展和构建良好的外部环境等三大目标,致力于成为中国社会企业与社会投资行业的权威平台网络和中国社会企业与社会投资行业生态系统的积极构建者，旨在整合资源共同推动社会企业和社会投资的发展。支持了"中国传统公益研究社群"建设，立足中国公益观察的本土化视角，深入探究中国传统公益的正源所在，为公益行业的发展提供第一手调研资料，促进传统公益和现代公益的融合发展，逐渐形成中国公益行业自己的话语和价值体系，促进中国根本的、自然的、心念相续的公益生长，营造尊重传统公益、复兴传统公益的社会气氛。

（三）研究助行组织持续发展

敦和基金会资助清华大学公益慈善研究院发起"菁华助成·美丽乡村"儿童助养与社区发展行动研究项目，于2015年11月联合湖北省巴东县委在巴东县启动首个项目点。该项目以公益慈善的行动研究者、学生志愿者为主体，在湖北巴东与清华大学两个社区之间搭建平台，通过儿童助养模式让清华人支持巴东儿童。同时，在当地采用参与式发展理念，用募集资金开展一系列以儿童为本的参与式扶贫项目，改善巴东地区儿童成长的环境，建设独具特色的美丽乡村。基金会还与华南师范大学达成合作协议，委托开展"慈善组织市场化转型实践案例研究"项目。敦和基金会还于2016年5月4日启动"敦和·竹林计划"，支持青年学术人才开展慈善理论与实践研究，完善慈善研究领域的行业生态。"竹林计划"将面向全国40岁以下的在校硕士生、博士生、青年学者、慈善组织从业者等，就公益慈善文化、慈善理论体系、慈善政策、慈善模式等研究领域开展研究资助，内容包括研究成果奖励、研究项目资助、研究成果出版资助、国际会议支持四部分。其中，"研究成果奖励计划"已于2016年9月圆满收官，主要对过去三年左右已有的慈善研究成果进行评审和奖励，共收到100多份申报材料，经过专家评审委员会的严格评审，最终25篇作品脱颖而出，9月24日在深圳举办的"中国慈善文化论坛"上，敦和基金会和中慈联作为主办方为获奖者颁发了证书。

三 经验总结

(一) 强有力的资金实力团队与投资阵容

刘洲鸿曾公开谈道:"敦和之所以能有大笔公益资金的投入,来自于13位发起人当时的承诺"。即基金会成立以后,每年的投入资金目标为4000万元。其中,理事长个人第一年就捐赠了注册资金1350万元,2013年捐赠了2000万元,2014年捐赠了5000万元;其他理事也都慷慨解囊。基金会还成立了专业的投资管理委员会来确保公益资金的保值增值,仅2014年基金会的投资收入就达1亿元,一半左右用于公益及公益行业支持,其中包括种子基金计划、公益优才计划等;1/4左右用于中华优秀文化传承;1/4左右作为机动资金,针对创新性和不可预测性满足社会未来与现实需要,比如某些极具前瞻性、发展性的项目,某些突发事件或重大灾难;1/10按照基金会的管理规范作为工作经费、运营管理支出。此外,基金会如果因投资亏损或者收益达不到预算资金额,不足的部分也会由发起人捐赠补齐,这也是其当初发起成立基金会时的承诺。可见,纯粹务实的发起人团队、专业的投资实力背景以及高效的投资业绩,确保了敦和基金会资助公益项目的顺利进行。同时,这种资助力度在国内罕见,在非公募基金会中更是少有。

(二) 通过资助扩大影响并倡导国学文化

敦和基金会自成立就践行资助型基金会的宗旨,大手笔地资助公益组织及其项目。它从2015年开始培育自己的公益品牌项目,重点聚焦:敦和种子基金计划、敦和公益优才计划以及敦和国学创新计划。其中,敦和种子基金计划,主要是依据敦和基金会出资人的投资背景和特色优势,推动公益行业的投资理财,使被资助的公益组织的资产能适当保值增值,享有一定的合理回报,从而弥补、解决公益组织的行政办公经费和人员工资福利不足的问题。敦和公益优才计划,主要是满足公益事业发展对公益人才的需求,通过举办综合的或者是专业的能力建设培训教育,为公益事业培育复合型人才或者专才。敦和国学创新计划,则是契合国学复兴的人文发展趋势,继承国学人文价值和传统智慧,打通传统文化与现代科技之间的通道。从表10-1、10-2、10-3数据可见,敦和基金会资助项目力度较大,2012~2014年已支出资金约1.12亿元,共资助公益慈善项目130多个。2012年资助项目16个,资助总金额约754.768万元。2013年是资助项目31个,资助总额约936.87万元。2014年资助总额约9377.1万元,在公益支持方面支出约7029.2万元,占总额约74.17%,资助力度最大;其次是国学创新领域,共支出约1100.9万元,占比约11.62%;再次是医疗健康领域,共支出约860万元,占比约为9.07%;其他依次为教育、救灾和养老领域。

表10-1 敦和基金会2012年部分项目资助情况

单位:万元

合作伙伴	资助金额	用途
慈济慈善事业基金会	50	义乌、江西助学
深圳壹基金公益基金会	100	云南彝良地震救灾
中国非公募基金会发展论坛	20	第四届论坛2012年会
哈尔滨工业大学教育发展基金会	20	校园文化建设
深圳壹基金公益基金会	34.768	2012透明典范奖评选
浙江大学医学院附属第二医院	200	2号病房大楼改造
崔永元公益基金	50	口述历史项目
中国滋根乡村教育与发展促进会	10	农民工子弟学校改造
基金会中心网	20	北师大珠海分校公益慈善管理本科专业发展
西部儿童救助专项基金	10	西藏那曲先天性心脏病儿童救助
南都公益基金会	50	银杏伙伴成长计划
慈济慈善事业基金会	50	贫困地区冬令物资发放
成都城市河流研究会	10	长江上游清流项目

第十章 浙江敦和慈善基金会

续表

合作伙伴	资助金额	用途
四川尚明公益发展研究中心	5	机构运营支持
浙江省新华爱心教育基金会	120	女童班、珍珠班项目
拉迦寺大悲妙法院	5	孤儿过冬物资购买
合　　计		754.768

表10-2　敦和基金会2013年部分项目资助情况

单位：万元

合作伙伴	资助金额	用途
西部儿童救助专项基金	35	西藏那曲先天性心脏病儿童救助
北京大学公民社会研究中心	5	2012十大社会事件评选
中国滋根乡村教育与发展促进会	10	机构运营支持
北京市西部阳光农村发展基金会	3	"雏雁起飞"大学生公益行动激励
向阳花儿童意外伤害救助基金	10	浙江贫困家庭儿童意外伤害救助
大爱清尘基金	60	尘肺农民救助
宁波小雨点听力语言训练中心	20	宁波贫困家庭儿童听力康复
上海真爱梦想公益基金会	100	支持"梦想中心"素质教育发展
北京市西部阳光农村发展基金会	50	桥畔计划
宁波爱心同盟	5	宁波贫困家庭大病应急救助
第九世界公益俱乐部	5.23	黔东南少数民族文化保护、杭州公益小天使项目
中国非公募基金会发展论坛	7.5	第五届论坛2013年会
北京瓷娃娃罕见病关爱中心	15	2013全国病人大会
基金会中心网	50	三周年大会
深圳壹基金公益基金会	100	中国民间公益透明项目
杭州网义工分会	1.64	杭州未成年女孩自我防护教育
深圳市龙越慈善基金会	10	浙江抗战老兵大病救助
北京市企业家环保基金会	10	2013年会费
上海交通大学第三部门研究中心	20	社会组织评估蓝皮书出版
北京春苗儿童救助基金会	10	机构发展支持
内蒙古敖汉妇女发展协会	30	农孵计划（小额信贷）种子基金
恩久关爱基金	10	公益从业者关爱和救助
中国非公募基金会发展论坛	10	第五届论坛2013年会
深圳市信息无障碍研究会	10	支持创立盲人信息无障碍团队

续表

合作伙伴	资助金额	用途
南都公益基金会	100	银杏伙伴成长计划
逢飞（北京一耽学堂总干事）	10	个人发展支持
天台县南屏学校	9.5	校园改造和文化建设
上海仁德基金会	20	基金会培育项目
广东省华媒传媒发展基金会	50	灾难及突发报道支持专项基金
向阳花儿童意外伤害救助基金	40	机构发展支持
北京尚善公益基金会	20	抑郁症常识宣传和普及
中国青少年发展基金会	50	新工场协力中心联合劝募基金
无锡灵山慈善基金会	25	中华慈善百人论坛
大爱清尘基金	20	机构运营支持
北京大学公民社会研究中心	5	2013十大社会事件评选
合　　计		936.87

表10-3　敦和基金会2014年部分项目资助情况

单位：万元

合作伙伴	资助金额	用途
南都公益基金会	100	2015银杏伙伴成长计划
南都公益基金会	100	2015银杏计划之"公益专才"项目
南都公益基金会	200	联合发起"银杏公益基金会"
基金会中心网	200	基金会行业研究与倡导
深圳壹基金公益基金会	100	中国民间公益透明项目（GTI）
深圳壹基金公益基金会	200	2015备灾基金
中国扶贫基金会	100	"公益同行"计划及国际化项目
英国大使馆文化教育处	119.6	社会投资平台——敦和社会创新资助奖
中央电视台社会与法频道	120	社区英雄
福建正荣公益基金会	100	正荣微公益——平台型机构小额资助
中国社会企业与社会投资论坛	10	联合发起成员年费
中国非公募基金会发展论坛	3.3	组委会成员年费
招商局慈善基金会	50	第六届中国非公募基金会发展论坛系列活动
江苏华益社会组织评估中心	10	两岸三地公益发展论坛
北京瑞森德筹款研究中心	40	中国筹款人联盟
福建省同心慈善基金会	50	2014中国公益慈善管理福建EMP班

第十章 浙江敦和慈善基金会

续表

合作伙伴	资助金额	用途
福建省同心慈善基金会	50	2014心灵公益人才培养计划
福建省同心慈善基金会	100	心灵公益人才培养计划
中国发展简报	50	公益线上资料库
上海交通大学第三部门研究中心	20	《中国社会组织评估发展报告（2014）》
上海交通大学第三部门研究中心	10	《中国第三部门研究》7、8卷编写出版
公域合力管理咨询（北京）有限公司	20	《公益组织筹资策略》出版
零点研究咨询集团	1.9	2014中国公益人才发展研究
益人义助联合劝募基金	26	中国公益人保险计划
21世纪教育研究院	100	LIFE教育创新项目
北京市西部阳光农村发展基金会	77.3	2014桥畔计划
北京市丰台区源头爱好者环境研究所	86.9	青年环保人才"挂职锻炼"项目
北京益微青年公益发展中心	10	START·V教育社团骨干培养平台
北京市永源公益基金会	100	2014"家·春秋"大学生口述历史影像记录计划
北京市永源公益基金会	100	2015"家·春秋"大学生口述历史影像记录计划
中国比较经济研究中心	500	机构运营支持
安平公共传播公益基金	50	机构发展支持
深圳市龙越慈善基金会	50	机构发展支持
四川尚明公益发展研究中心	10	机构发展支持
新公民计划	10	公益专才支持
上海联劝公益基金会	45.2	2015社创之星
北京和众泽益志愿服务中心	25	企业志愿者——公益行业从业者发展计划
深圳市信息无障碍研究会	15	信息无障碍项目
北京益云社会创新中心	20	人人益播公益广告设计大赛
上海慈善教育培训中心	15	东北地区NGO能力建设
杭州上城区博信公益发展服务中心	84	2014浙江小额资助
浙江省爱心事业基金会	150	2015浙江公益支持
上海联劝公益基金会	300	2015浙江公益支持
北京市西部阳光农村发展基金会	300	2014"敦和种子基金计划"
深圳龙越慈善基金会	300	2014"敦和种子基金计划"
北京春苗儿童救助基金会	300	2014"敦和种子基金计划"
广东省希贤教育基金会	300	2014"敦和种子基金计划"

续表

合作伙伴	资助金额	用途
北京尚善公益基金会	300	2014"敦和种子基金计划"
北京永源公益基金会	300	2014"敦和种子基金计划"
北京仁爱基金会	300	2014"敦和种子基金计划"
南都公益基金会	600	2014"敦和种子基金计划"
中国发展研究基金会	800	"山村幼儿园"拓展等项目
中国儿童少年基金会	100	格孟寺(五明佛学院)藏文译经计划
浙江省桐乡市香海禅寺	20	慈悲系列书籍出版
空瓶子文化传播上海有限公司	20	自然恩典项目
北京云门草堂文化发展有限公司	20	法艺应用研究与传播
北京华夏艺林文化艺术有限公司	10	四维通慧书院四维助教行动
清芬燕园(北京)文化发展中心	10	苇杭书院儒家原初学术思想研究
北京永真公益基金会	50	24节气课程开发推广
北京修远经济与社会研究基金会	50	《文化纵横》杂志运营支持
北京太安正安文化传播有限公司	600	生命物理和生命科学探寻之旅
北京太安正安文化传播有限公司	20.9	北京正安堂口述中医历史
正心堂国际文化发展(北京)有限公司	200	"孝信爱禅"广告片制作
北京尚善公益基金会	100	2015倾听一小时
杭州滴水公益服务中心	50	2014海豚热线
上海郁今香心理健康服务中心	5	抑郁防治和社会宣传倡导
大爱清尘基金	200	医疗救助
大爱清尘基金	200	2015尘肺农民救助、机构发展支持
北京瓷娃娃罕见病关爱中心	70	罕见病组织孵化中心
深圳市慈缘慈善基金会	30	医疗领域中等规模行业标杆孵化中心
深圳市慈缘慈善基金会	15	先天性疾病儿童救助
北京春苗儿童救助基金会	30	先天性疾病儿童救助
北京春苗儿童救助基金会	20	机构发展支持
玉树州农牧民健康促进会	30	玉树赤贫地区医疗健康促进计划
宁波爱心同盟	5	宁波贫困家庭大病应急救助
中国女医师协会	5	缺失
上海真爱梦想公益基金会	40	梦想教练项目
上海真爱梦想公益基金会	100	火种培育计划
上海真爱梦想公益基金会	92	2014深圳慈善拍卖

续表

合作伙伴	资助金额	用途
杭州市第二中学	100	中西文化交流
上虞市人民教育基金会	15	奖学奖教项目
深圳壹基金公益基金会	100	云南鲁甸地震救灾
北京十方缘老人心灵呵护中心	10	临终老人心灵呵护师培养
绍兴市上虞区永和镇项家桥村经济合作社	30	绍兴市上虞区永和镇项家桥村春节慰老人
合　　计		9377.1

（三）将投资理念深入资金使用过程中

敦和基金会被称为"中国最会投资理财的基金会"，以敦和资产管理有限公司董事长叶庆均为首的13位自然人，大多都具有金融投资家背景，他们非常看重投资的杠杆作用。同样在公益领域，他们也希望公益投资的资源能够得以有效利用，从而使社会效益最大化，更重要的是他们秉承"敦伦尽分，和由心生"的慈善理念，定位于"民间公益和社会创新的资源提供者"，坚持做"基金中的基金"，面向公益支持、健康医疗、教育、救灾、养老、传统文化等领域开展公益慈善项目。他们通过借鉴商业投资的经验和创新公益投资的方法，为公益行业提供资金支持，并承担公益组织进行社会创新而带来的风险，以创新和高效来完善公益生态链。敦和基金会不仅是"雪中送炭"，更是"锦上添花"，目标是"选择行业里的标杆组织以及具有创新意义、能撬动社会资源的项目"，与专业化的、社会影响力大的标杆机构合作。正是基于这种公益投资的先进认识，年轻的敦和基金会大大降低了组织的学习、探索和试错成本，从而得以快速地成长和发展。因此，成立不到3年就已经在行业内获得了良好的声誉与口碑。

（四）多元创新组织管理与支持制度

敦和基金会不仅协助成立新组织、开展特色项目、积极搭建平台、引领行业研究，在组织管理与支持制度上也加强创新。比如，独特的资助项目遴选制度和方法，在众多优秀的合作伙伴以及公益项目选择中，敦和看重其社会价值、可持续性以及项目团队综合能力等要素。因此，敦和基金会采取了"推荐制"的做法，合作伙伴或者公益项目必须满足5个条件，包括有至少三方[①]的推荐；公益组织的存续时间应在3年以上；公益组织的财务必须公开透明；公益组织在同行业领域有良好的口碑；公益组织应提交已做过项目的所有资料。除"推荐制"的多方印证之外，敦和基金会还亲力亲为，将商业投资领域类似于"尽职调查"的方法引入公益项目遴选制度之中，从审核组织、项目和执行团队三个维度进行，具体包括有面谈、现场参与式观察、已有受益人的回访、已有项目报告的评估等。由于出资方的投资传统，敦和在项目的执行中还采取了"过程管理"的方法。对获得资助的机构，除了行业口碑，敦和定期或者不定期地拜访这些机构，观察乃至参与到公益项目的执行之中。在该过程中，参与但不干预。对公益项目中存在的问题，有时也会借鉴商业、市场中的一些经验，给出一些合理的意见建议。面谈、去现场、已有项目受益人的回访，一系列在商业领域中执行项目的手段正在公益圈里活学活用。在公益项目执行完之后，被资助的公益组织还要向敦和基金会递交项目报告，参与事后评估，建立、完善第三方评估制度，使整个项目资助实现全过程管理。可见，超强的整合资源能力以及超过商业组织的包容和学习能力，结合跨界创新、多元合作、持续学习，形成独特的公益投资模式。

---

① 同行、受益群体、专家学者等。

第十一章　恩派公益组织发展中心

一　基本情况

恩派公益组织发展中心2006年创立，以"助力社会创新，培育公益人才"为己任，致力于发掘培育那些处于创业期的草根社会组织和"社会企业"。

在主要业务方面，恩派在多个城市有业务，主要分支组织有八个，并在全国范围内设有数十个项目点。

第一，上海浦东非营利组织发展中心和恩派社会创新发展中心。上海浦东非营利组织发展中心于2008年12月注册，主要业务是承办政府委托的社会服务项目、培育社区服务领域的社工、社区服务活动的策划组织。上海恩派社会创新发展中心于2011年1月注册，主要业务是扶植创新公益项目、开展社会公益培训、举办策划公益活动、开展公益咨询与研讨、承办政府委托的涉及行政许可的与凭许可证开展业务的公共服务事项。

第二，北京恩派非营利组织发展中心和西城恩派非营利组织发展中心。2009年，恩派开始在北京开展公益组织孵化培育、社会组织专业人员能力建设、政府购买服务项目评估及社会组织支持性平台规划运营业务。2011年6月，北京西城恩派非营利组织发展中心注册，主要业务为承办政府委托项目和发展公益事业。2011年10月，北京恩派非营利组织发展中心注册，确定业务为公益专业培训、咨询服务、活动策划、项目交流。

第三，深圳恩派非营利组织发展中心。2010年1月注册，主要业务是承办政府委托的公共服务项目、公益组织的培训与咨询、公益活动的策划与实施、公益信息的交流与出版。

第四，东莞恩派非营利组织发展中心。2013年3月，恩派非营利组织发展中心注册，主要业务为政府委托的公共服务项目、公益组织的培训与咨询、公益活动的策划与实施、公益信息的交流与出版。

第五，成都恩派非营利组织发展中心。2010年11月注册，主要业务是承办政府委托的公共项目、公益组织的培训与咨询、公益活动的策划与实施、公益信息的交流与出版。

第六，南京恩派非营利组织发展中心。2012年6月注册，"公益组织孵化器"引入南京，致力于推动南京社会组织增量拓展、存量改革及公益行业生态改善。主要业务包括承办政府委托的公共服务项目、公益组织的培训与咨询、公益活动的策划与实施、公益信息的交流与出版。

第七，苏州恩派公益组织发展中心。2012年12月注册，主要业务为承办政府委托的公共服务项目、公益组织的培训与咨询、公益活动的策划与实施、公益信息的交流与出版。

第八，珠海恩派非营利组织发展中心。2013年4月注册，集社会组织培育发展、社会组织党建示范、社会工作服务于一体的社会组织综合服务平台，设有创意孵化、能力建设、服务展示、创意交流、基础服务、资源合作、组织入驻、研究评估、社工服务等功能分区，主要业务是承办政府委托的公共服务项目、公益组织的培训与咨询、公益活动的策划与实施、公益信息的交流与出版。

在战略发展方面，恩派的战略合作方涵盖国内外大型企业、媒体与慈善机构，数量近50家左右，涉及社区建设、行业评估、机构孵化等各方面。截至2016年底，已孵化"出壳"各类公益组织近600家，涵盖扶贫、教育、环保、青少年发展、助残、社区服务、社会工作等领域。同时，恩派正致力研发孵化器2.0版本，以期支持和培育更多的社会创业家。

二 对社会组织的支持

(一) 发展社会创业事业

通过社会创业事业群（SEP）继承"助力社会创新，培育公益人才"使命，整合多年孵化培育公益组织的经验和资源，聚焦潜在的和在路上的社会创业者，致力于满足其"进圈子，长能力，找资源"的核心需求，并携手政府、企业、基金会、专业志愿者和其他支持性组织，持续优化中国社会创业生态。推出了社创空间、社创大赛、社创训练营、社创全媒体、社创俱乐部、社创之旅等系列产品，为中国的社会企业家（SE）打造最实用的线上、线下互通互联支持系统。

第一，开发社创空间。整合恩派在全国托管的数十间孵化场地，借鉴创意空间的模式，从硬体规划着手，为入驻者打造办公、社交、活动等为一体的新型工作场所，并将创业辅导、资源平台、学习网络构建等一揽子软性服务充实其中，这是 SE 及其支持性资源的集散地和该地区的公益地标，致力成为中国最具活力的社会创新空间。2016 年 5 月，恩派全新打造的 724 空间（CheersHub）正式启动运营——这是专注于支持公益机构与社会企业的创业空间。位于上海浦东小陆家嘴地区的源深路，上下两层共 1800 平方米，包含联合办公、会议、培训、演讲、图书发布、路演、咖啡简餐等完整功能，并将为入驻者提供导师辅导、影响力投资、纵深孵化、财务人事代办、能力建设、路演发布等全面支持。

第二，开设社创大赛。这是 SE 在各地选拔重点培育对象的关键手段。2012 年，恩派与欧洲最负盛名的社会创新培育机构 UnLtd 结成在中国独家合作联盟后，SEP 借鉴其资助不同发展阶段 SE 的做法，汇聚政府、企业、基金会等多方资源合力，把资金投入分为社会创业的

"Try it"、"Do it"和"Scale it"三个阶段，通过比赛的方法使优秀SE脱颖而出，并予以重点支持。目前，恩派在全国范围内每年举办20场以上不同层级的社会创业大赛，甄选优秀的社会创业家，与后续资源方对接，实现融资发展，规模扩张的可能。

第三，组建社创训练营。基于多年对挖掘潜在SE、提升SE能力需求的体悟，针对不同群体和SE不同发展阶段特点，设计了六大子产品，即"社创讲堂"、"选拔营"、"红杉营"、"鲲鹏营"、"社创慕课"以及"社创精品课"。其中，"社创讲堂"致力于倡导社会创业理念，营造社会创业氛围。"选拔营"、"红杉营"和"鲲鹏营"三个系列集训营，分别为尝试期、初创期和发展期的社会创业机构提供能力建设服务。最终形成"知行合一、道在术中"的教学理念，"系统性、本土化、参与式"的教学特色，"让听得见炮声的人当讲师"的讲师培养策略，跨界整合、跨国联盟的合作伙伴网络，以及国内最全面的社会创业案例库，形成了社创训练营核心价值。"社创慕课"是SEP推出的针对社会创业者的网上课程，"社创精品课"是为社创精英们度身定制的专题课程。社创训练营亦积极与海内外智库及支持型机构合作，引入优质导师及课件资源，不断更新迭代课程品质。

第四，挖掘社创全媒体。2014年推出社创全媒体，脱胎于恩派旗下的《社会创业家》杂志——该杂志已发刊超过十年，被誉为中国社会创新领域的首席读物。社创全媒体整合杂志、网站以及微信公众号，旨在为中国的社会创业家们打造最为全面丰富的一线资讯平台和线上互联空间，同时为积极关注并打算进入社会创业领域的有识之士提供实用资讯。

第五，创办社创俱乐部。打造中国社会创业领域的领军人物网络，为其提供专业交流、资源对接、宣传推广、资讯订制等多元支持。

第六，举行社创之旅。2015年，恩派发起"多巴安社会创新之旅"，面向SE、潜在SE、社会建设工作者等不同人群推出社会创新体验活动，通过设计各类新颖行程，组织开赴国内外社会创新机构参观访问，与知名社会创业前辈面对面学习交流，以期最大程度地激发受众对公益和社会创新的兴趣与热情，发掘潜在 SE，促进同行的相互学习和交流。目前已成功举办台湾线环保、社区、创新等主题团，未来还将持续开发亚洲及世界其他地区的精品线路。

（二）拓展社区建设事业

社区是社会组织参与社会建设、社会创新助推社会进步的主阵地。居民参与是社区发展必经路径和关键衡量指标，也是当代城市居民在社区生活中日益增长的刚性需求。恩派创办社区建设事业群（CRG），以"营造熟人社区"为核心使命，提供街镇区域社区建设一揽子解决方案，借助社区营造方法，推动居民参与，期望每个人都生活在尊重、参与、分享的熟人社区中。自 2008 年在上海托管三林世博家园市民中心以来，社区建设事业群旗下已拥有全国性社区建设品牌"里仁社区"和分别立足于华东地区和西南地区的"屋里厢"、"安逸舍"等区域性社区建设品牌，并与企业、高校单位合作发起"知行社区发展研究院"，联合乡村社区建设领域知名组织"农禾之家"共同发起"成都农禾之家"，启动西南地区乡村社区建设业务。截至 2016 年底，已累计托管运营各类社区居民服务空间面积超过 6 万平方米，业务遍布北京、天津、大连、鄂尔多斯、上海、南京、苏州、昆山、厦门、嘉兴、宁波、合肥、武汉、长沙、杭州、成都、广州、深圳、佛山、珠海、中山、惠州等全国 20 多个城市，覆盖 300 余个社区，支持 1300 余家社会组织参与社区建设，居民受益人数累计超过 757 万人次。其中，针对居民参与社区建设过程中出现的"资源少、组织难、缺能力"等问题，"里仁社区"通过与政府、企业及其他资源提供方合作，立足街镇区域建立居民参与社区建设支持平台，在社区公共空间建设、社区组织培育发展、社区基金筹集与使用、居民参与便捷工具开发、社区建设工作者专业支持等居民参与需求重点领域进行产品设计。

（三）开展公益咨询事业

创办恩派公益咨询事业群（NCG），这是在原有恩派公益咨询服务业务升级基础上形成的全国性服务网络。旗下包含多个法人实体及专业服务品牌，目前以北京市恩派非营利组织发展中心为业务管理中心，联合上海、天津、深圳、成都、珠海、苏州、东莞等恩派子机构，向全国多个一、二线城市及地区提供公益咨询服务。基于对国内外公共领域资源配置和使用方式的深入分析，"恩派咨询"由喜欢挑战和创新的实干派们汇集而成，将以更加睿智的解决方案提升社会公益资源投放和使用效能作为使命，推出公共服务咨询规划、公益项目评估与项目认证、公益基金运营及公益影响力事件策划四大核心业务，推动政府、企业及非营利组织三大部门可持续的信任、合作并实现共赢。具体包括以下几方面。

第一，公共服务咨询规划。在为各级政府部门提供社会组织综合支持平台的运营规划咨询服务的基础上，搭建社会组织项目管理的各级联动平台，通过提供需求调研、战略规划、实验性研究以及公共活动策划等服务，协助各政府部门进行引导社会组织参与区域性社会治理的路径探索。自2009年以来，恩派咨询先后承接北京、上海、深圳等多地项目，为工会、团委、妇联等枢纽型组织提供社会组织管理创新类咨询服务。

第二，公益项目评估与项目认证。

首先，构建以社会组织及公益项目评估指标体系为核心，监测评估与配套支持服务并重的支持性监测评估体系，推动公益项目策划及实施向专业化发展，推动集群式公益创投的发展。2009年以来，先后承接了全国数千个政府部门社会治理及公益服务项目的监测评估工作，评估资金总量超过亿元，业务涉及政府购买、公益创投等多种资金投放形式的公益项目绩效评估。

其次，以社会组织参与社会治理为核心研究方向，收集并研究各类以解决社会问题为导向的创新实验性解决方案，并将研究成果应用于社会建设、支持体系构建、公益人才培养、环境优化等方面。研究内容包括各地政府购买社会组织服务指标库开发、社会组织参与社区建设路径设计、企业社会责任项目影响力评估、行业协会及大型枢纽型社会组织转型期模式探索。

最后，在策划、实施创投项目以及课题研究基础上，为资助者提供集群领导力工作坊，为社会组织提供"N动力·社会组织能力建设培训"、"社Hui实验室"及社会资源对接平台，助力跨界合作，推动资源共享。其中，N动力系列已形成了社会领域从业者项目管理、社会组织运营管理、社会工作者及社区带头人增能三大课程板块，以"参与式培训+集体辅导工作坊+一对一咨询"的组合方式、针对性的解决方案，为其提供实务能力建设支持。自2012年以来，N动力培训体系已成功组织上百场专题培训，开发出20套专项课程，服务千余家机构，惠及近万名社会领域从业者。社Hui实验室有"公益+互联网"读书雷达和求合作两个项目。前者是由恩派（NPI）公益组织发展中心和Aha社会创新学院合作发起和开发，针对致力于公益领域的创新者以及社会创新的热爱者所推荐的读书图谱，利用雷达的特点和优势来展现个人读书的广度和深度，为每一个关注公益而非技术背景的伙伴提供从入门到高级的进阶读书计划。后者搭建了寻求合作的模式。

第三，社会创新影响力事件策划。打造有影响力的线下跨界大型活动平台，建立多种媒体组合形成的传播渠道，为社会公众提供认知、体验、参与公益项目的"综合接口"，构建公益资源供需双方需求对接与资源互补的合作平台，提高社会资源投放和使用效率。通过整合"中国公益慈善展示交流会"、"社·创·新思维风暴周"、"伙伴日"、"社洽会"等品牌活动，形成覆盖全国的大型资源对接和学习交流平台——公益N交会，至今已经举办了多期北京社会公益汇和重庆志交会，建立了由社会组织、各级政府部门和企业及相关媒体共同支持的跨界大型活动平台，汇集行业内优秀组织、项目和人才，形成了资源互通、成果共享的传播渠道，构建了恩派特色的"N+1公益伙伴网络"，为需求方提供了项目展示交流的平台、公益品牌项目策划及新媒体传播实施等综合服务。社会创新活动中的参与式体验也为居民提供另一种美好生活的可能。

第四，公益基金运营。根据企业或个人等资源投放者需求，针对某一社会问题，设立专项公益基金。通过运营公益项目，整合资源，扩大公益基金影响力，吸引资源持续投入。公益基金的可持续运作，提升社会问题解决方案的使用效能。

（四）延展公益创投事业

2007年开始率先在中国公益界推广"公益创投"概念，并与合作伙伴探索、尝试公益创投计划，包括联想公益创投项目（2007，2008）、安佰深公益创投计划（2010~2014）、摩根大通基金会支持的鲲鹏社会企业加速计划（2015）。经过十年发展，恩派已成为中国最大的支持型公益机构，孵化了超过600家公益机构和社会企业，在全国30多个城市为数千家优秀的公益机构和社会企业提供各类支持服务；2015年底恩派基金会的成立为恩派公益创投基金的正式构建奠定了坚实的基础。恩派遍布全国的网络可为找到合格的投资对象提供助力。

三 经验总结

（一）开创公益孵化器模式

首创公益孵化器模式，并成功在全国多个大中城市推广复制，被称为近年来社会建设领域的重要制度创新。至2016年，已孵化"出壳"各类公益组织超过600家，涵盖扶贫、教育、环保、青少年发展、助残、社区服务、社会工作等领域。其中，"新途"、"手牵手"、"青翼"、"歌路营"、"乐龄"、"百特教育"、"瓷娃娃"、"雷励"、"爱有戏"、"益众"、"绿主妇"等已成为中国公益领域的知名品牌。

（二）创新社会资源争取模式

社会组织如果把政府资助作为唯一来源，不利于自身长远发展。恩派收入中，政府占比不到40%。他们除与企业和基金会合作外，还有来自公众的善款。这种融资方式在某种程度上保证了主体意识。在这一理念下，恩派率先在国内实施了公益创投、政府购买服务招投标平台、联合劝募、公益行业交流展示会、企业CSR咨询、社区综合发展等一系列具有重要示范意义的创新探索，争取社会资源。同时，它也在社会组织能力建设与绩效评估、社区公共空间托管、社会影响力投资、社会创业媒体平台等诸多领域深耕细作，积累了丰厚的理论和实践经验。

（三）办分支机构和出版杂志扩大社会影响力

恩派发起"屋里厢"、"联劝"、"安逸舍"、"里仁"、明善道、益博云天、恩派公益基金会等近20家民办非企业单位、基金会和"社会企业"，业务辐射长三角、珠三角、京津、川渝及中部地区，项目点遍及上海、北京、深圳、成都、南京、苏州、东莞、武汉、珠海、天津、杭州、宁波、无锡、济南、青岛、重庆、合肥、厦门、鄂尔多斯等约40个城市和全国数百个街道及社区。至2016年，恩派已为数千家民间机构提供成长支持服务，培训公益人才过万人，承担运营约8万平方米的各类社会创新园区和社区公共空间。经过多年努力，恩派现已成为影响力辐射全国的支持性公益组织。恩派也创办线上与线下《社会创业家》杂志，向公众展示社会创业有关的人物、热点、专题、基地、国际视野、精彩活动等内容，这些付出与宣传为其赢得了大量的企业资源，见图11-1。

2015年1/2月刊 总第68期　　2014年第11/12期 总第67期　　2014年第09/10期 总第66期　　2014年第07/08期 总第65期

2014年第05/06期 总第64期　　2014年第03/04期 总第63期　　2014年第01/02期 总第62期　　2013年第11/12期 总第61期

图11-1　《社会创业家》

第十二章　昆山爱德社会组织培育中心

一　基本情况

昆山市爱德社会组织培育中心是在昆山市民政局的支持下，由爱德基金会于2011年11月21日发起创办的一家公益支持型社会组织。中心立足昆山市社会发展需要，坚持以培育昆山市经济社会发展急需的社会组织、公益人才为目标，开展社会组织培育与能力建设、社会组织评估与督导、社会资源筹集与整合、公益资源委托管理、社区服务项目开发与实体运营、社工人才培养与服务、行业倡导与研究等业务，为社会组织发展营造良好的生态环境，探索昆山市社会组织发展的新途径，综合提升昆山市社会组织的发展水平。

在主要业务中，社会组织培育与支持主要为入驻组织提供共享的办公场地、战略规划辅导、专业培训、咨询与个性化辅导、小项目资金支持、专业督导、资源链接、宣传拓展等多方位支持；能力建设主要针对社会组织发展和服务需求，开展机构治理、财务管理、项目管理、专业服务方法与理念、资源拓展、公益精神等系列培训；管理与服务督导主要是协助社会组织解决发展过程中遇到的困难与问题，并适时提供社会服务督导；社区服务项目开发与运营主要是协助社会组织针对社区需求开发服务项目，链接相关资源，同时实际运营社区服务，探索与研究本土社区服务模式；交流平台主要是通过开展常规性公益沙龙、公益论坛等交流活动，促进行业互动与跨界合作；组织评估是为社会组织提供组织管理与服务评估，促进社会组织规范性发展。

目前服务过的组织包括昆山爱心服务社、昆山乐惠居养老服务中心、昆山市老来伴居家养老服务社、昆山市烛光社区公益服务中心、昆山市金色摇篮儿童发展中心、昆山邦和司法社工服务中心等。

二 对社会组织的支持

（一）社会组织培育

昆山市爱德社会组织培育中心在多年经验积累基础上开拓了市、区/镇、街道及社区中心四级培育体系，开展分层、分类、专项与专业的社会组织支持业务。

在分类培育、专业提升、规范引导策略下，中心在市级层面采取的方法包括以下几项。

一是通过网络筹款、企社校及政府购买服务获得服务资金，侧重带领社会组织一起策划设计网络众筹项目、企社互动义卖活动及辅导社会组织申请政府购买服务资金。

二是利用市层级培育基地的公益平台，根据昆山服务需求为当地社会组织帮助社会组织做宣传拓展，提升其影响力。

三是利用爱德基金会的资源平台，开展资源链接工作。

中心累计为本地筹集资金 200 多万元用于市级培育工作，坚持分类培育原则，实行小班化、开放式、参与式、系统化的能力建设工作，侧重规范化引领、专业性提升和个性化辅导，并且把培育组织、培育项目、培育公益环境与培育公益人才四个方面紧密结合。公益创投管理流程坚持公开、公平、信息透明的原则，引导社会组织良性竞争，用公益理念和公益精神引导社会组织，积极、诚信、规范地在项目实践中不断锻炼与成长，助推昆山公益氛围和公益生态良性发展。自 2012 年始，中心分别承办过市级、区镇级公益创投活动13个，累计运营约2110万元公益资金，服务社会组织200多家，推动新登记注册了30多家社会组织，督导公益项目400多个，能力建设主题培训每年20多次。

在分层培育、示范引领、转型推动策略下，区镇级培育平台采取办法：

一是多个区镇微创投承办项目为服务载体，以公益主体力量发展为主，联动培育社区志愿者、社区工作人员、社区公益团队，推动本土社会组织与公益力量发展；

二是运用高新区公益坊的平台及高新区企业资源优势，尝试社会团体、社会企业与社区基金会的培育工作；

三是针对登记社会组织与备案社会组织的不同发展水平，开展分层培育工作，根据其能力差异制订不同层次的能力建设方案，推动公益团队向备案转型，备案向登记转型。

运用在市级培育平台上对多家社会组织服务特点、优势的了解以及所建立的信任关系，引进优秀的社会组织到区镇落地，为备案组织发挥示范作用，刺激与鼓励较成熟的社会组织带动本土草根团队的形成和发展。

在专项培训、深度发展、品牌引导策略下，街道层面的培育工作以"益伴同行与益心助老"项目为依托，以品牌服务项目发展与服务专业能力提升为主，开展专项深度培育工作。通过2016年与2017年两年的尝试，中心服务了8家为老服务组织，引进了爱德"爸妈食堂"品牌项目，同时初步在昆山建立了政社企校一体的为老服务联盟。

社区一级培育工作在嵌入培育、循环陪伴、逐步演变模式下，通过新江南社区综合服务项目、"邻居你好——共益社区营造"及高新区社区服务社会化项目为载体，以培育社区自治互助组织与互助服务平台，开展嵌入式社区社会组织培育工作。

（二）公益资源管理

昆山市爱德社会组织培育中心在培育社会组织基础上重点拓展公益

资源管理服务。2014年，中心积极与周市镇人民政府洽谈公益服务项目，成功为社会组织争取100万元财政资金开展社区公益助力计划项目，服务了30多家社区社会组织。2015年，中心承办了昆山市第三届公益创投项目、周市镇首届及第二届社区公益助力计划项目，共管理政府资金约610万元，监管项目约70个，服务约66个社会组织，开展过25次能力建设活动，126次个性化辅导与督导工作。2016年，中心在原有项目基础上继续运营周市镇第二届与第三届社区助力计划项目、周市镇首届为民服务项目、锦溪镇首届微创投项目、昆山陆家妇联微创项目及HIV预防与干预项目5个公益资源管理项目，累计管理公益资源450多万元。2017年，中心拓展此块业务，同时承办周市镇、锦溪镇、淀山湖镇、花桥经济开发区、高新区经济开发区、昆山团市委公益创新大赛，周市镇党组织为民服务等项目，累计管理政府公益资金600多万元。在公益资源管理的过程中，中心注重开展社会组织能力建设与公益平台建设工作，引导社会组织规范与可持续发展。

（三）社区综合治理

昆山市爱德社会组织培育中心尤其重视社区治理工作，通过专业的社区综合服务为社区培育治理力量与治理平台。中心注重引导自益型社区社会组织向"自益+公益"转型，推动社区公益力量的发展，促进不同服务领域与服务类型的社区社会组织参与合作，共同发展。也将培育社区社会组织与社区工作者的培育结合起来，激发和引导社区工作者开展参与式社区工作，主要采取嵌入式服务模式。社工嵌入社区和社会组织中，长期扎根社区，与社会组织一起工作，在为社区居民提供为老、助残、儿童与青少年等各类专业社工服务的公益实践中，培育社区社会组织。培育工作初期，社工首先通过专业服务活动，吸引社区居民参与社区公益活动，在活动中发现、挖掘、培养社区公益热心居民/人才；然后与其一起策划与实施服务活动，让他们在项目实践中感受、锻炼、成长，从而孕育社区公益种子，鼓励、引导和促进社区公益团队形成；最后，开展相应的资金支持、能力建设、专业督导、资源链接等能力建设和机构督导工作，后续开展宣传拓展、资源支持、经验共享，培养公益团队的自治能力，逐步推动松散型公益团队向稳定型社会组织演变，实施参与、引导、支持循环培育。

自2015年，中心以"新江南社区综合服务"及"益家园邻居你好、守护天使、创益社区、高新区社区服务社会化"等项目为主开展的各类专业社工服务，开展老年社会工作、儿童社会工作、助残社会工作、社区社会工作及社区社会组织培育工作，累计约800场活动，累计服务约2.9万人次。2016年始，中心在较成熟的新江南社区筹集社区资源，建立了新江南社区"五彩益基金"的社区基金，累计筹集资金十多万元，探索社区自治的可持续发展模式。

三 经验总结

（一）紧扣政策方向开展工作

昆山市爱德社会组织培育中心几年来，始终结合昆山社会发展需求、政府政策导向和自身专业特点，通过"市、区镇、街道和社区"四层级培育平台，坚持不断探索、研究、创新和实践，逐步形成适合昆山本土的NGO培育特色。

一是力推并协助政府开展公益创投项目。

二是及时把握政府政策导向，响应昆山市社会组织分类发展的规划要求，首次选择老龄化问题较严重的街道，开展专项培育试点，探索为老服务组织专项培育模式，引导同服务领域、不同服务类型、不同服务方法的社会组织共同服务同一类服务对象，实现合作互补，满足服务对象的多层次需求。

三是联动爱德基金会的机构养老、居家养老服务实体，鼓励和帮助社会组织拓展服务深度，提升服务专业性，引导社会组织建立品牌产品，以服务品质与专业性赢得社会认同，求得可持续发展。同时，为政府购买服务提供依据，探索培育同类社会组织的发展联盟。

（二）社会组织培育定位清晰

昆山市爱德社会组织培育中心怀着"促进昆山社会组织发展，使之成为和谐社会建设重要力量"的美好愿景，将自己定位为政府与社会组织之间的枢纽地带。主要根据昆山本地公益环境与公益发展需求，结合自身优势与能力，与社会组织一起工作、共同成长，踏实地开展社会组织培育工作。

中心目前主要以公益组织为服务对象、公益人才为服务目标、以公益项目为服务载体，开展社会组织培育与能力建设、社会组织评估与督导、社会资源筹集与整合、公益资源委托管理、社区服务项目开发与实体运营、社工人才培养与服务、行业倡导与研究等业务，并建设和运营公益平台，为社会组织营造良好的生态环境，推动社会组织综合发展。中心也积极疏通政府与社会组织之间关系，促进双赢。同时，中心积极开发组织自我发展的潜能，通过发起包括益起评、益起议、益起聊、益起行、益起减、益起访、益起筹、益起聘、益起管等在内的益伴同行专项计划，引导组织自我造血与合作共赢。

总之，始终本着与培育组织一起工作、共同成长的理念，不轻易放弃或暂停培育任何一家组织，培育定位清晰。中心纳入社工个案工作思维方式，接纳并认同其存在的问题，一起克服困难和困惑，鼓励、推动培育组织发展。由于资源不稳定及公益环境的快速变化，一些培育组织的发展也经常处于大幅变动之中，中心始终陪伴同行。

（三）能力支持为核心要务

昆山市爱德社会组织培育中心将能力支持作为重要组织培育内容。

在市、区镇、街道及社区各个培育平台上，中心从点到面都考虑到培育社会组织过程中能力的发展。比如，对于能力特别弱的草根组织，培育过程中中心以小项目资金支持，以项目带动组织成长，通过个性化服务、手把手地辅导组织从项目设计、实施、管理等全过程服务，推动草根组织能力提升。对于能力较好但资源缺乏的社会组织，中心以爱德基金会平台优势，联合社会组织策划项目，为社会组织开展网络筹款活动，帮助组织解决专业提升所需要的项目资金问题，培育组织的筹款能力。此外，中心也特别注重社会组织动态的发展需求，重视社会组织的阶段性发展评估，以此提供相应的能力建设服务。所以在此过程中，中心始终将培育与研究结合，研究社会组织发展的最新动态、公益新环境、地方政策支持方向和各服务领域的新需求、新方式、新技术等。同时，分类培育、分层培育、深度培育等理念与工作重心随着社会需求与政策环境不断调整和完善，促进昆山社会组织与公益发展趋势同步，避免其停滞不前或走弯路。中心还通过沙龙、主题培训、大型活动、宣传倡导等工作为社会组织能力发展营造良好的公益环境。

第十三章 倍能公益组织能力建设与评估中心

一 基本情况

北京市倍能公益组织能力建设与评估中心的前身是美国能力建设专业性非营利组织 PACT 的中国代表处①，2005 年初才正式注册为中国本土机构。作为专业性组织能力建设服务机构，它致力于为非营利组织提供各类能力建设服务。

在主要业务方面，倍能在汲取 30 多个国家能力建设技术经验的基础上，通过大量研究、创新、试验和本土化工作，搭建了相对成熟的对外服务体系、技术创新和质量控制体系、员工成长体系等综合性的社会组织能力建设系统。截至 2016 年底，倍能已在 18 个省区市有项目点，分布在北京、广州、深圳、江苏、甘肃、青海、贵州、云南、广西、新疆、安徽、福建等地，涉及社区发展、残障人士服务、环保、艾滋病、流动人口、法律援助、农村合作社等领域；也建立了 40 个同行机构共同学习、资源共享的低成本高效益学习网络，已有 70 多个网络在全国各地推广。

在组织架构方面，倍能由理事会统一监管、CEO 具体执行，下设倍能国际学院、评估咨询中心、能力建设联盟、发展部、传播部、综合办等。截至 2016 年底，倍能拥有国内外具有丰富组织能力建设经验的技术团队有近百人，他们在不同的项目和顾问咨询等活动中，承担了倍能核

---

① 持续时间为 2001~2004 年。

心的能力建设、研究创新、人才梯队培养任务。

二 对社会组织的支持

（一）能力建设系列知识培训与技能训练

倍能在能力建设方面开发了 NGO 基础、组织愿景和使命、注册登记、筹资、组织结构和治理、合作关系、外部联络、项目设计和管理、战略规划、监测评估和报告、志愿者管理、内部沟通、人力资源、财务管理、倡导等 15 个核心课程。在低成本高效益原则下，倍能按照组织发展初期、发展期和稳定期等不同阶段，有针对性地为组织制定能力强化方案，包括辅导、培训、评估和"短板"强化与拓展，最终协助组织改善管理模式，提升综合发展能力，最终获得持续发展动力。

（二）完善和推广组织能力评估（OCA）

组织能力评估（OCA）是组织能力发展的自我评估方法。它通过全员参与建立衡量机构发展的指标体系，共同分析组织现状，最终帮助组织建立管理体系，并为组织确立未来优先发展的方向。倍能引入这种组织能力评估方法，协助社会组织建立衡量机构健康状况的"指标"，让每个组织真实了解自身发展的"症状"所在，帮助成员在评估中掌握解决问题的办法与行动依据。在此过程中，倍能还完成系列系统工作，包括更新完善 OCA 组织发展能力分析工具手册、向组织介绍 OCA 经验、帮助机构实施 OCA、分析组织发展能力、完善机构管理，最终通过 OCA 培养行业/地域发展的枢纽机构，为行业建立行业组织发展体系。

三 经验总结

经过长期实践总结，倍能形成了独特的非营利组织能力建设三级服务体系，包括非营利组织核心能力强化、组织综合能力评估和战略规划、同类组织学习网络。三种模式的服务既可独立进行，也可随着组织不同阶段的发展而提供连续的同步跟进服务。其中，非营利组织核心能力强化关键在于精细化、专业化和标准化核心领域课程，同时积极探索有效的一对一教授路径。综合能力评估与战略规划关键在于OCA方法的灵活使用。同类组织学习网络关键在于聚集同领域存在相同需求与类似困难与挑战的组织力量，积极分享同领域知识、信息和技术，增进资源合理有效配置，培育行业内合作理念，建立行业标准与规范，促进行业内良性竞争、合作及行业服务产业链形成。通过长期努力，倍能已经摸索出低投入高产出的能力建设服务方法，这种方法在人才培养方面做出了突出贡献，不仅让公益领域人才掌握了能力建设基本理念，明白了组织能力提升的具体策略与方法，也通过学习网络为组织发展困境寻找了出口，最重要的是引领了行业发展。

第十四章 基金会中心网

一 基本情况

基金会中心网由国内35家知名基金会联合发起，于2010年7月8日成立。

自成立之初，中心致力于为政府、基金会、研究、媒体、非营利机构、公众等提供信息服务，其所有产品都建立在数据采集和数据处理基础上，数据来源主要是各基金会官方网站和各级民管机构，内容摘自基金会年报、审计报告、项目报告和机构动态等。

中心的使命是建立基金会行业信息披露平台，提供行业发展所需的能力建设服务，促进行业自律机制形成和公信力提升，培育良性、透明的公益文化。在方向上，它将客户服务和品牌传播作为努力点，着力开发信息、研究、交流三大产品，将服务细化并形成产品线。

总体上，基金会中心网虽是多家基金会联合发起，但最终依托北京恩玖非营利组织发展中心执行，同时以推动行业自律和信息透明为目的。在社会影响力方面，基金会中心网与国内外的诸多知名基金会建立了良好的合作关系，包括美国盖茨基金会、福特基金会、亚洲基金会、洛克菲勒基金会、德国宝马BMW基金会、粮惠世界、美国基金会中心、欧洲基金会中心等。同时也与国内外的一些知名大学建立了良好关系，包括哈佛大学、斯坦福大学、印第安纳大学、清华大学、北京大学、北京师范大学、浙江大学等。近年来，基金会中心网的国际影响力也不断提升，目前已经成为全球资助者协会理事[①]。基金会中心网还参与了《国际慈善数据宪章》的起草和制定，为中国慈善组织发声。

秉承使命，基金会中心网已基本成为国内最具影响力的信息披露平台，在倡导慈善数据的应用方面发挥了一定作用，推出了基金会透明标准中基透明指数FTI，有效地推动了基金会行业整体的透明度发展；建立良好的公共关系体系，推动社会文明进步；建立国内国际慈善交流合作机制，提升国际化视野；充分发挥倡导性平台作用，推进基金会组织专业化发展。

二　对社会组织的支持

（一）基金会信息公布

网站最大的功效是对外公布信息并实时提供信息咨询服务，基金会中心网向社会展示了全面、权威、及时的行业资讯，公众可在网站查询到基金会信息及其排名情况，捐赠方也可在网站上查询到需资助项目及现状。比如，在基金会数据中心，可根据热门标签、所属领域和所在地域实时查询基金会、公益项目以及最新新闻动态等信息。每次基金会查询都可获取机构总览、透明度、基本信息、财务信息、项目信息、机构新闻等内容。以中国国际战略研究基金会为例，从图14-1可见，网站有现场募捐链接、基金会对比、透明度信息、基本信息、财务信息数据及排名、项目信息及新闻动态等，简洁明了。

[①] 这个协会是国际著名的慈善团体组织，在全球享有较高的美誉度和知名度。

图 14-1　中国国际战略研究基金会信息展示

此外，基金会中心网还专设有单独的数据榜单，方便查阅每家基金会在全国所有基金会中的位置，加以勤勉。从图 14-2 可见，这些数据榜单包括基金会数量排行、2015 年末净资产排行、基金会透明度排行、基金会公益支出排行、基金会捐赠收入排行、基金会投资收益排行、基金会政府补助收入排行等指标。

（二）透明指数透明

基金会中心网为社会提供了便捷全面的透明指数查询终端，见 14-3。在透明指数查询中，查询者可直接及时地关注到现时基金会数量、中基透明指数 FTI、净资产总额等。此外，中心网还提供了全国基金会透明

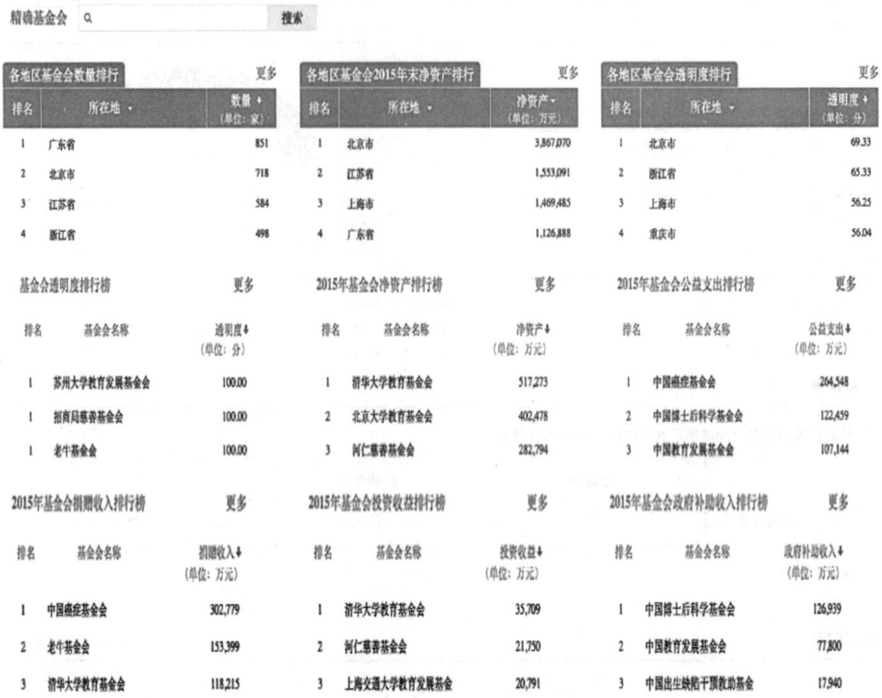
精确基金会
搜索
各地区基金会数量排行 更多
排名 所在地 数量（单位：家）
1 广东省 851
2 北京市 718
3 江苏省 584
4 浙江省 498
各地区基金会2015年末净资产排行 更多
排名 所在地 净资产（单位：万元）
1 北京市 3,867,070
2 江苏省 1,553,091
3 上海市 1,469,485
4 广东省 1,126,888
各地区基金会透明度排行 更多
排名 所在地 透明度（单位：分）
1 北京市 69.33
2 浙江省 65.33
3 上海市 56.25
4 重庆市 56.04
基金会透明度排行榜 更多
排名 基金会名称 透明度（单位：分）
1 苏州大学教育发展基金会 100.00
1 招商局慈善基金会 100.00
1 老牛基金会 100.00
2015年基金会净资产排行榜 更多
排名 基金会名称 净资产（单位：万元）
1 清华大学教育基金会 517,273
2 北京大学教育基金会 402,478
3 河仁慈善基金会 282,794
2015年基金会公益支出排行榜 更多
排名 基金会名称 公益支出（单位：万元）
1 中国癌症基金会 264,548
2 中国博士后科学基金会 122,459
3 中国教育发展基金会 107,144
2015年基金会捐赠收入排行榜 更多
排名 基金会名称 捐赠收入（单位：万元）
1 中国癌症基金会 302,779
2 老牛基金会 153,399
3 清华大学教育基金会 118,215
2015年基金会投资收益排行榜 更多
排名 基金会名称 投资收益（单位：万元）
1 清华大学教育基金会 35,709
2 河仁慈善基金会 21,750
3 上海交通大学教育发展基金 20,791
2015年基金会政府补助收入排行榜 更多
排名 基金会名称 政府补助收入（单位：万元）
1 中国博士后科学基金会 126,939
2 中国教育发展基金会 77,800
3 中国出生缺陷干预救助基金 17,940

图 14－2 基金会中心网数据榜单

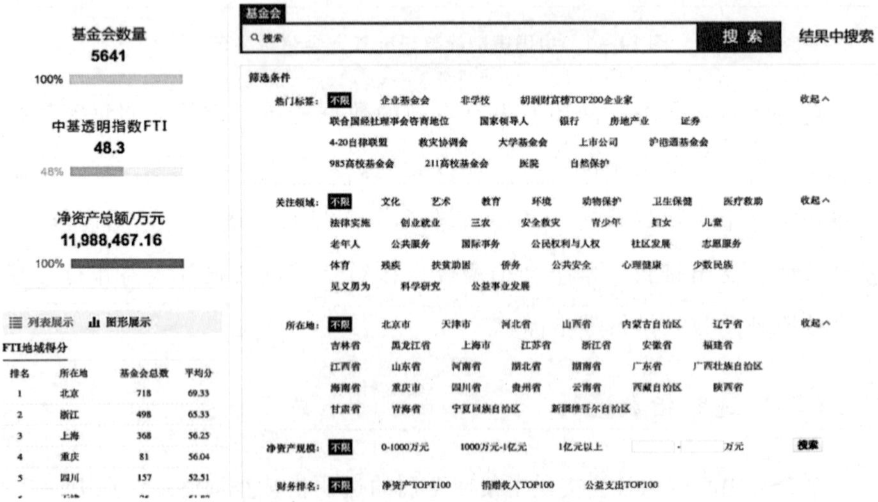
基金会数量
5641
100%
中基透明指数FTI
48.3
48%
净资产总额/万元
11,988,467.16
100%
列表展示 图形展示
FTI地域得分
排名 所在地 基金会总数 平均分
1 北京 718 69.33
2 浙江 498 65.33
3 上海 368 56.25
4 重庆 81 56.04
5 四川 157 52.51
基金会
搜索
搜 索
结果中搜索
筛选条件
热门标签： 不限 企业基金会 非学校 胡润财富榜TOP200企业家 收起
联合国经社理事会咨商地位 国家领导人 银行 房地产业 证券
4·20自律联盟 救灾协调会 大学基金会 上市公司 护泡通基金会
985高校基金会 211高校基金会 医院 自然保护
关注领域： 不限 文化 艺术 教育 环境 动物保护 卫生保健 医疗救助 收起
法律实施 创业就业 三农 安全救灾 青少年 妇女 儿童
老年人 公共服务 国际事务 公民权利与人权 社区发展 志愿服务
体育 残疾 扶贫助困 侨务 公共安全 心理健康 少数民族
见义勇为 科学研究 公益事业发展
所在地： 不限 北京市 天津市 河北省 山西省 内蒙古自治区 辽宁省 收起
吉林省 黑龙江省 上海市 江苏省 浙江省 安徽省 福建省
江西省 山东省 河南省 湖北省 湖南省 广东省 广西壮族自治区
海南省 重庆市 四川省 贵州省 云南省 西藏自治区 陕西省
甘肃省 青海省 宁夏回族自治区 新疆维吾尔自治区
净资产规模： 不限 0-1000万元 1000万元-1亿元 1亿元以上 万元 搜索
财务排名： 不限 净资产TOPT100 捐赠收入TOP100 公益支出TOP100

图 14－3 基金会中心网之透明指数查询

指数查询便捷通道,查询者可从关注领域、所在地域、净资产规模、捐赠收入排名、公益支出排名等方面筛选基金会,极大提高了查询效率。在查询基金会透明指数时,中心网详细列出了成立时间、原始基金、登记部门、官网链接、联系电话与邮箱、最新财务信息、透明指数在全国及所在省的排名、各种在官网或非官网公开的指标以及这些指标与其他基金会的对比等,这些指标涉及:包括章程、原始基金、宗旨、全职员工数、原始基金出资方、理事姓名等基本信息,包括审计报告、总资产、净资产、总收入、捐赠收入、投资收益、政府补助收入、服务收入、总支出、公益事业支出、工资福利支出、行政办公支出、业务活动成本、管理费用、筹资费用等财务信息,包括名称、收入、支出、地点、领域、资金用途等项目信息,包括捐赠方查询模块、主要捐赠人信息、机构官网、信息披露栏目、人事管理制度、财务管理制度、项目管理制度、年度工作报告等捐赠及内容建设信息。可见,基金会中心网在全力打造基金会信息透明方面做了较多工作,不仅引领了行业自律,同时也为需要资金的社会组织提供了非常便捷的信息参考与基金会对比途径。

(三) 知识咨询服务

基金会中心网至 2017 年 3 月已对外公布了 220 份行业分析报告,具体包括以下内容。

可视化微型报告 146 篇,涉及基金会透明度分析、特色项目计划与实施分析报告、重要活动分析报告以及基金会发展分析等。

数据分析报告 18 篇,包括 2011 年、2013 年全国基金会发展趋势分析、公募基金会发展趋势分析 (2011)、非公募基金会发展趋势分析 (2011)、全国基金会投资发展趋势分析 (2011)、全国基金会境外捐赠发展趋势分析 (2011)、民间背景基金会发展趋势分析 (2011)、教育基金会发展趋势分析 (2011)、大学基金会发展趋势分析 (2011)、上市公司基金会发展趋势分析 (2011)、自然保护领域基金会发展趋势分析 (2015)、上海基金会发展分析（2011）、浙江省基金会发展趋势分析（2014）等，这些资料为社会组织提供了较好的基金会数据参考，为有需要者提供判断依据。

皮书与案例丛书共14本，包括中国基金会透明度发展报告（2013~2015）、中国基金会发展独立研究报告（2011~2015）、中国基金会500名录（2013）、德国大型基金会（2015）、美国社区基金会（2015）、美国企业基金会（2013）、美国家族基金会（2015）等，这些代表中国基金会领域较为领先的研究成果。

资助之道系列共31篇，包括资助之道总纲（2015）、从零基础开始（2015）、世界高峰论坛与会议（2015）、与政府合作（2015）、与中介组织合作（2015）、资助组合（2015）、构建资金实力和项目质量（2015）、共同学习（2015）、深入发掘背后的故事（2015）、参与型行为研究（2015）、制定评测工作（2015）、社区建设的内外（2015）、资助个人（2015）、国际捐赠（2015）、项目相关性投资（2015）、与商业领域合作（2015）、有效公关传播（2015）、为长期做准备（2015）、有效推出（2015）、和新生组织合作（2015）、当项目陷入困境（2015）、倡导性项目的资助（2015）等，这些为基金会的资助行动提供了较为系统的行动指南。

年报和年会会刊11篇，包括基金会年度工作报告、基金会行业倡导性报告等内容，每年报告主题有所不同。

可见，基金会中心网在北京恩玖非营利发展中心的运行下，基本将本领域最优的数据资料与最新研究成果向社会展示，提供了最好的知识咨询服务。

三　经验总结

（一）行业联合形成强大的自律力量

基金会中心网所能达到的数据信息量和服务量是某一家或几家组织很

难达到的层次，而这种纯行业团体联合发起并持续运行的网站却创造了经典。现在中心网已成为每家社会组织都关注的网站。从最初35家基金会联合到54家组织参与，从最初500多家基金会信息收集到现在5000多家基金会信息全公开，从几个组织领导人倡导到北京恩玖非营利组织发展中心全权运营，都显示了行业团结与联合所能形成的强大自律力量。基金会中心网之所以成功，一是因为行业核心领导人的理念倡导与行动呼召；二是因为基金会领域具有相对充足的自主资金，同时这些资金还是连续性而非类似政府补助式的非连续型；三是网站服务功能赢得同行的大力支持与参与。

（二）从使用者角度设计网站内容

服务行业需要客户至上，作为信息咨询网站，基金会中心网做到从被服务者需求出发，网站版面设计清晰简洁，资金需求方、资金运营方、资金提供方、社会监督方等都可以通过主页较快链接到所需信息。每家被查阅的基金会或项目通过双击都可直接打开相关链接，每家基金会可同时与3家基金会进行比较，中心网提供的数据多数是图文并茂方便观察变化，所有行业分析报告都可在主页上免费看到全部内容，这是行业最大福利。可见，基金会中心网最成功的经验是，精心设计版面，并充分考虑使用者的需求。

（三）持续资金投入且用心做好服务

基金会中心网的各种数据资料与行业分析报告为行业提供较大的信息与智力支持，但是如此用心的服务若没有强大的财力支持是很难维系的。而中心网从2010年成立起至今，不仅在信息提供上没有缩水，反而做得越来越精致、信息量越来越大。此外，各种数据资料和行业报告也可见，中心网每年不仅会持续性公布常规年报或财务报告，而且每年还会针对行业内热议点开展专项智力支持，比如，2015年中心网重点推出了基金会如何融资的系列报告，2011年隆重介绍了各种类型基金会的发展趋势。

第十五章　中国民间公益透明指数网

一　基本情况

中国民间公益透明指数网由 USDO（the Union of Self-Disciplinary Organizations）联合了全国 170 多家社会组织共同发起。作为公益网络平台，它成立于 2009 年 10 月 30 日，2014 年 12 月注册为深圳市阿斯度社会组织自律服务中心，图 15-1 展示了宗旨、性质、价值观与运作模式。

该网站旨在推出中国民间公益透明指数[①]（China Grassroots Transparency Index，GTI）。该指数与基金会中心网的基金会透明指数 FTI 类似，旨在推动民间公益组织有效透明，规范行业良性发展。区别是前者针对基金会，而 GTI 针对大量民间公益组织。GTI 从民间公益组织的基本信息、组织治理、项目管理和财务信息四个维度，中国民间公益透明指数网采集全国各省市地区、各领域的社会组织自主披露的相应信息数据，建立数据库平台，形成呈现我国社会组织动态的、公开的、透明的评价榜单，代表了民间公益组织总体透明程度。[②]

此外，在 USDO 财务信息披露板块，组织可自行下载财务信息披露模板，也可通过观看左边的财务信息披露方法视频来学习如何进行财务

[①] 由壹基金联合 USDO 自律吧、北京恩友财务联合开发与推出，机构可通过该指数对自身信息披露情况简单自评，同时为公众理解和参与提供了可行手段。

[②] GTI 得分范围在 0~100 分之间，得分越高，组织透明度越高。

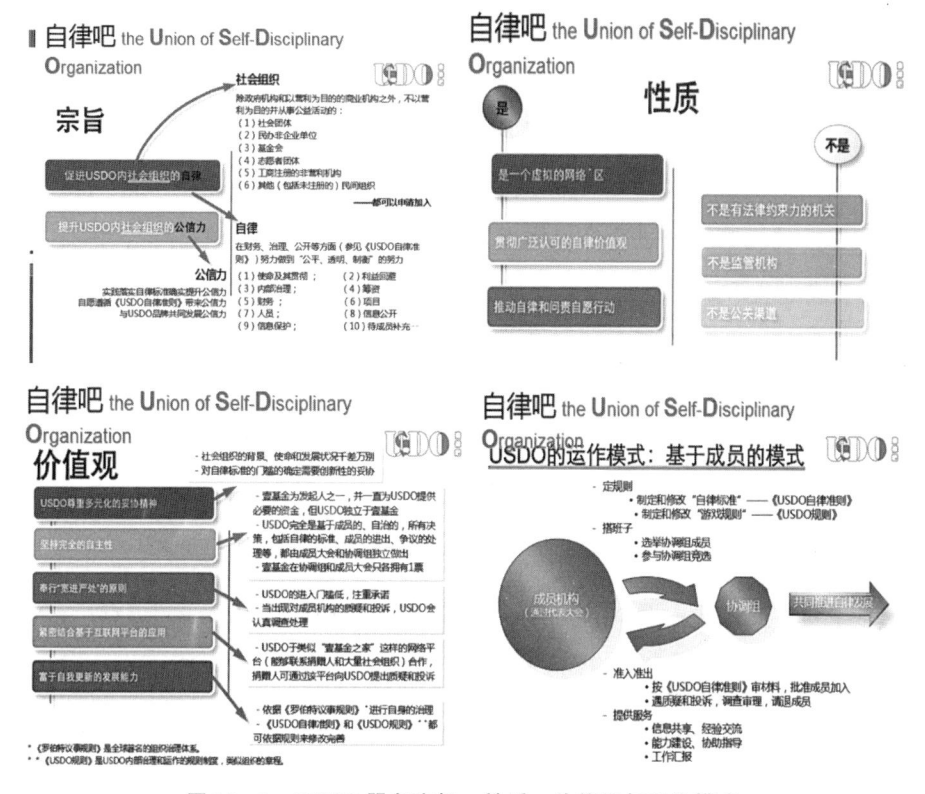

图 15-1 USDO 服务宗旨、性质、价值观与运作模式

披露,还可以实时查阅已进行财务披露的组织数量以及已发布的财务信息。此外,财务披露还涉及 2010~2015 年的季度、半年度或年度报告。

二 对社会组织的支持

(一) 委托第三方科学计算 GTI 指标

GTI 由清华大学创新与社会责任研究中心邓国胜教授、清华大学廉政与治理研究中心程文浩教授牵头负责。截至 2016 年底,GTI 由 4 个一级指标、20 个二级指标和 58 个三级指标构成,满分为 100 分,4 个一级指标分别是基本信息、治理与管理信息、业务活动/项目信息、财务信息。这些指标的计算不仅科学且有较强权威性,还具有如下特点:一是发起机构的民间性和行业代表性。所有成员机构通过签署遵守《USDO自律准则》，共同促进行业自律、提升行业公信力。二是评价对象针对目前容易被社会忽略的数量众多的民间草根性公益组织。三是指标体系详细且指数客观公正性，构建指标体系、采集信息与计算透明指数分数，均由发起方委托独立第三方进行，在制度上避免发起方的关联交易行为，保证指数客观公正性和可信度。四是设计原则同时具有科学性、系统性、适度性与引导性。GTI参考国内外各种透明指数、《USDO自律准则》，根据中国民间公益组织发展的阶段、特征等实际情况遴选评价指标，系统分析了民间公益组织的基本信息、治理与管理信息、业务活动或项目信息、财务信息等最核心的维度，充分考虑了民间公益组织信息披露的成本、信息披露的边界以及当前信息披露的可行性，同时倡导了民间公益组织更多通过自主信息平台，更全面、更科学披露信息，能够及时回应社会关注的热点。

（二）实时查询GTI基础信息及排名

中国民间公益透明网开通了GTI实时查询功能。在首页可实时知晓中国民间公益组织数量和GTI平均得分。在搜索栏里，也可以输入组织名称，实时查询组织GTI得分及其在所有民间公益组织中的排名。在GTI主页上通过财务披露链接还可查询到民间公益组织的详细信息，包括机构基本资料、财务基础信息、开展项目情况、组织相关证件等。以春苗公益助学中心为例，截至2016年底，GTI公布了2011~2014年度报告，每份报告涉及关键财务指标及报表明细、重大事项、法定报表、审计报告及辅助材料。其中，关键财务指标及报表明细中非常详细地记录了机构基本资料、收支构成、机构运营明细、筹资明细、项目支出明细、近三年会计数据等内容，同时这些材料还配有清晰精美的图表。

（三）定期提供GTI分析报告

GIT每年也对民间公益组织透明指数进行分析并形成研究报告。可通过主页查询到 2013~2015 年的中国民间公益透明榜单及报告，涉及 GTI1000 现状分析与经验总结，包括总体得分、地域分布、领域分布、性质差异、主动披露信息情况、具体信息等内容。还可以查阅到部分专项报告并观看到 GTI 视频解读，比如 2016 年上半年残障领域专项报告、民间公益透明指数 GTI 宣传片、中国民间公益透明榜单解读（2014）等。同时，GTI 还专门图表解读研究结果。

三 经验总结

（一）关注公益领域最核心的信息透明指标

中国民间公益组织起步较晚，虽然近年来发展较快，但总体规模小、能力弱、作用和影响有限。这一方面与当前社会和政策环境有关，另一方面也与民间公益组织参差不齐、社会公信力欠缺有关。相对偏低的民间公益组织公信力，直接影响社会捐赠和参与、政策环境改善，而社会与政策环境的不完善，又会进一步制约民间公益组织的发展。民间公益透明指数 GTI 的意义与价值在于：一是为民间公益组织的透明提供参考。当前，社会对民间公益组织的透明还缺乏一个清晰的标准，结果是有的民间公益组织不是不想透明，而是不知如何透明；同时，社会对民间公益组织期待很高，甚至部分公众误以为什么都需要透明，而没有顾及透明的成本与边界。通过独立第三方的研发，在参考国内外公益组织透明标准的基础上，制定民间公益透明指数可为民间公益组织的透明提供参考标准和权威指引。二是帮助民间公益组织了解本组织透明的程度及其在整个行业的排名情况，从而推动每个民间公益组织更完整、更及时、更有效地披露相关信息。三是助力中国民间公益组织的健康发展。通过独立第三方的信息披露评价体系，帮助公众和捐赠者了解整个行业和单个公益组织的透明程度，从而引导社会捐赠资金的流向，促进民间公益组织社会与法律环境的改善和民间公益组织的健康发展。

（二）开启行业联合、组织运行、第三方技术提供合作模式

GTI与FTI都是以行业联合的方式引导行业自律，同时回应公众对公益组织的社会期待。不同的是，GTI来自于草根社会组织的联合，缺乏相应的资金支持，尤其在财力方面远落后于FTI，所以FTI不仅可以持续性获取组织相关信息，同时也可全力打造网站，聘请专业人员更新网站信息。但GTI在这方面相对欠缺，刚开始有壹基金的支持，所以才发起并成立了GTI。行业领域人才都明白信息透明对公益生态至关重要，但持续的资金却是行业自律过程中需要面对的重要难题，结果是网站很多内容都没有及时更新，GTI的网站信息量也明显少于FTI。为规避资金缺乏与技术难题，USDO选择与第三方合作，通过吸纳加入的方式联合清华大学等高等院校资源共同完成数据计算，结果形成了公益社会组织联合、USDO运行、高等院校技术提供的行业透明合作模式。

（三）尽全力引领草根公益组织规范化发展

行业自律关键在于行业内组织成员在量上的参与和在质上的自我把关。GTI持久发展需要同行的鼎力支持，而GTI较好发展又可充分影响公益生态，让每个草根社会组织有充分发展的机会与条件。社会公益领域透明度越高，草根组织获取社会资源的可能性越大，社会支持力度也越可能增加。为此，GTI积极引领行业规范化发展，积极向基金会学习的同时，也针对社会组织特色开发组织透明模版，并拍摄公益透明宣传与指导短片，引导组织自律与规范化进行信息披露。

第十六章 北京师范大学中国公益研究院

一 基本情况

北京师范大学中国公益研究院是中国第一所公益研究院，由北京师范大学与壹基金于2010年6月合作成立，由老牛基金会、万达集团、燕宝基金会、深圳壹基金、河仁基金会等国内有影响的基金会和企业共同支持运营，已于2012年1月13日正式更名为中国公益研究院。作为倡导新型慈善知识体系的专业型智库，在"慈善推动社会进步"愿景下，以公益研究为基础，公益教育培训、公益交流与倡导为平台，公益咨询与服务为重点业务引擎，加强国际国内交流与合作，培养专业公益人才，倡导现代慈善理念，推动中国现代慈善体系的建立与发展。

在组织架构方面，中国公益研究院由理事会牵头，下设研究院和咨询委员会，分别管理慈善法律研究中心、儿童福利研究中心、养老研究中心、行政综合办公室。截至2017年底，理事会有12人，分别是刘川生、李连杰、王振耀、刘明胜、李劲、张吾龙、易思来、徐月宾等，涉及壹基金、老牛基金会、华民基金会、腾讯公益慈善基金会、泛海建设集团股份有限公司、北京师范大学等组织与单位。

在社会影响方面，中国公益研究院通过科学研究、人才培养以及提供面向全社会的公益咨询服务，增进社会对公益事业理念的理解，强调社会应有的价值观与社会责任，推广成功的公益实践模式，推动中国公益事业健康快速发展。

二　对社会组织的支持

（一）公益研究与应用

中国公益研究院在北京师范大学的学术平台下，注重国际视野与本土实践相结合，理论研究与应用研究并重，积极开展对公益事业发展具有重大影响的宏观性、全局性和基础性课题研究，回应和解决我国公益事业发展所面临的一系列重大问题。同时，实时跟踪、监测公益领域重大事件，深入研究我国公益组织、公益项目和公益事业发展状况。引介和翻译国外公益领域经典著作，开拓公益研究视野。此外，还设立公益类硕博论文、中青年学者公益研究资助项目。截至2016年底，已有资本精神研究中心、慈善法律中心、非营利组织研究和中国捐赠排行榜等。其中，资本精神研究中心由华民慈善基金会和研究院共同成立，旨在以卢德之先生《资本精神》为核心基础，通过深入开展资本精神的科学研究、学术出版、研讨会议、专业咨询、合作交流和社会倡导，阐释和倡导资本精神，促进资本社会价值发挥，推动中国家族慈善发展，有效推动中国现代慈善事业转型与发展。中心已有若干研究成果，包括《财富向善的逻辑——资本精神与现代慈善》、《给予的艺术——慈善捐赠指南》、《世界第一慈善家族——洛克菲勒家族慈善百年》、《美国慈善资源开发之道》、《走进专业志愿服务》、《从劝善到行善——宗教与现代慈善》、《社会企业ABC》、《资本精神》等。慈善法律中心也积极开展政策与法律研究，对外公开数十项相关研究成果，包括慈善法解释、慈善信托功效、"以法促善"计划、社会企业法律界定、红十字会法修改意见等。非营利组织研究方面包括公益组织与志愿行为研究、非营利组织领导人课程体系开发项目和非营利组织免税政策国际比较研究。研究院还定期对外发布中国捐赠百杰榜。

（二）公益教育与培训

中国公益研究院开发全球公益教育资源，在培养专业公益人才的同时，注重面向公众传播公益知识和技能，构建面向大众的公益网络教育平台。截至 2016 年底，设有中国公益研修课程、国际慈善管理 EMP、国际合作课题、学历学位教育、公益导师和公益网校等栏目。

公益研究课程涉及传媒从业者慈善捐赠专题班、基金会 NGO 公益慈善研修班、公益领导人高级研修班，该课程已开设若干期，为研究院教育品牌打造奠定了良好的基础。研究院与华民研究中心合作开展了中国基金会领导人美国东海岸访学活动，来自中国妇女发展基金会、世界未来基金会、北京瑞普华老年救助基金会、海南成美慈善基金会、北京师范大学教育基金会、东南大学教育基金会、上海市大学生科技创业基金会、上海通用五菱慈善分会等基金会，以及北京农家女文化发展中心、北京师范大学公益发展方向 MPA－E 和尚八文化有限公司等 21 人组成访学团，参加了 4 门非营利组织领域专家的课堂培训、实地考察 7 家成功的美国东海岸非营利组织、参加了为期 2 天的全美社会工作管理会议（NSWM）。

研究院也与美国非营利管理教育排名第一的慈善教育研究机构——印第安纳大学慈善学院，联袂打造中国第一个国际慈善管理 EMP 班，为中国慈善机构领袖、企业领导人带来系统的慈善管理知识体系与实践经验。EMP 班招收从业 1 年以上的公益慈善机构领导人、企业公共事务总监、有明确的慈善活动与计划的机构负责人，设置全国慈善发展前沿、慈善组织战略规划、慈善组织筹款学、慈善组织治理、慈善组织人力资源管理、现代慈善与社会服务、慈善项目战略管理、社会创新与社会企业、慈善组织财务分析、慈善组织传播管理等课程。

在学历学位教育方面，中国公益研究院招收网络本科教育、MPA－E 和博士三个层次学生，为社会培养公益人才。

可见，中国公益研究院人才培养对象涵盖范围较广，包括成长期公益组织管理人员、政府官员、公益组织的高级管理人员以及有公益慈善潜力人员等。

（三）公益交流与倡导

中国公益研究院定期举办公益讲堂、公益沙龙、公益讲座、公益活动及交流互访，共同搭建国际公益慈善交流平台，促进行业信息的交流与先进理念的推广。多年来，研究院已与外界进行社会价值投资的解析与应用、从项目预算到机构预算、如何顺利通过政府项目审计和专项审计、用数据驱动的筹款与传播、开展运动类公众筹款、公益透明应有底线意识等交流；同时，研究院还开展了首届中国公益新闻奖、康师傅再"奖"人才、中法慈善与文化高端对话、全球捐赠格局中的中美公益慈善问题讨论会、中美慈善家族高端对话等活动。

（四）公益咨询与服务

中国公益研究院为政府、企业、慈善家族、基金会提供公益慈善战略规划、社会福利发展规划及管理模式、业务发展、项目委托管理等方面的咨询服务；为政府、企业、公益组织和普通民众提供全方位、多层次的公益服务，包括政府公益事业规划及政策建议、企业社会责任企划与项目设计、公益组织管理咨询和能力建设、普通民众公益需求调研与提供解决方案等。政府公益慈善发展咨询涉及安徽省养老服务业发展、攀枝花市慈善体系建设咨询项目、"黄河善谷"和燕宝慈善项目等，公益组织发展咨询包括中国红十字基金会小天使项目、为河仁慈善基金会战略咨询，此外还有长江商学院慈善项目托管及企业公益发展咨询。

三 经验总结

北京师范大学中国公益研究院集研究、倡导、教育、咨询为一体，深入推动全社会的公益实践，提升政府、企业、公益组织及普通民众的公益积极性、规范性及高效性。研究院采取学术研究、学科建设和社会服务"三位一体"的系统运行模式，以学术研究为基础，完善并推广学科体系建设，系统开发国际和本土教材，整合研究和教学力量队伍，强化非营利方向的公共管理硕士，积极参与重大公益活动，为公益组织和公益项目提供咨询，推动公益行业的文化、标准、规范建设，积极引导舆论，每年独立发布公益行业的年度观察报告。研究院为社会组织发展提供智力支持，开设资本精神研究中心、政策与法律研究中心、非营利组织研究等，形成了公益研究资源库。这些代表了研究院在智力支持方面为推动我国公益事业发展所做出的努力。

第十七章　南京大学河仁社会慈善学院

一　基本情况

南京大学河仁社会慈善学院由中国著名慈善家、福耀玻璃集团董事长曹德旺先生暨河仁慈善基金会于2010年捐资2000万元兴建的一家支持型公益机构。

南京大学河仁社会慈善学院依托南京大学社会学院的办学基础，致力于公益人才的培养和培训、公益项目的创意与策划、公益研究与政策倡导等工作。它是中国首个高校成立的慈善学院，以"培养中国公益慈善专门人才，促进中国公益事业健康发展"为宗旨，以"通过公益研究、教育、咨询、实践、交流与倡导，促进公益事业发展"为使命，在国家法律、法规和政策规范内，面向公益领域各级各类社会组织，开展非营利性社会服务活动，支持社会组织能力建设，搭建公益项目共享平台，增强社会组织公信力，推进社会管理创新与仁爱社会建设，推动中国公益制度变革，促进中国公益事业发展。

南京大学河仁社会慈善学院的主要业务是引导有识之士关注并研究中国公益慈善领域存在的问题，分析成因，探寻解决办法，推动中国公益制度变革，并努力打造成为相关领域的国家智库；同时，学院既是南京大学的教学研究机构，也是河仁慈善基金会自主兴办的与公益事业相关的理论研究与人才培养机构。学院致力于为河仁慈善基金会的项目设计、管理与评估等各项工作当好参谋，努力成为河仁慈善基金会智囊。

南京大学河仁社会慈善学院的机构设置有教育与培训部、研究与咨询部、项目与发展部、综合部，分别负责相应工作，包括理事会、顾问委员会、学术委员会、院长等人员构成（见图 17-1）。理事会成员主要来自于南京大学、河仁慈善基金会、福耀玻璃工业集团股份有限公司，曹德旺先生担任学院的理事长，南京大学校长陈骏教授任理事会的副理事长，全国教学名师、长江学者周晓虹教授任院长，另有三名精干人员任副院长的一级管理团队。

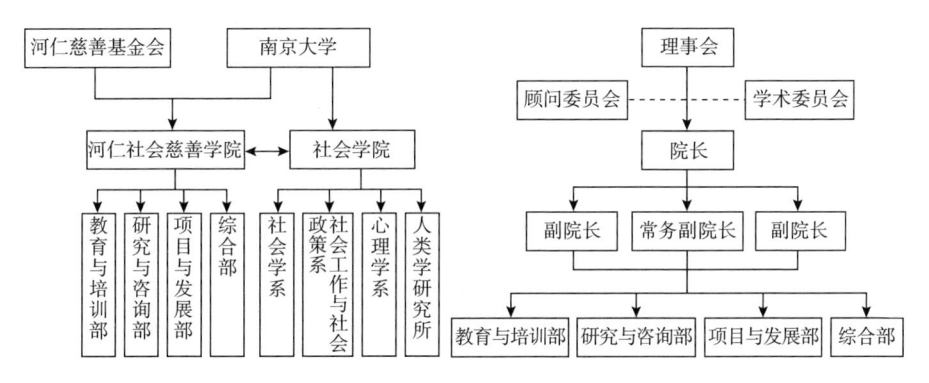

图 17-1　南京大学河仁社会慈善学院组织架构与人员构成

截至 2016 年底，学院已设立"研究与咨询部"，由学院院长直接领导，1 名副院长负责日常管理，2 名项目官员和多名研究助理协助实施的管理团队。学院依托于南京大学社会学院师资力量展开研究工作，已有教师 43 人，其中教授 15 人[①]，副教授 13 人，讲师 15 人；所有教师都具有博士学位，其中有 16 位分别毕业于美国、英国、德国、日本等海外著名大学及中国香港的高校，并有 4 位外籍教授，学院有长江学者 1 人，教育部全国教育名师 1 名。此外，学院还聘用了多名专职研究人员和博士后。

---

① 其中，博士生导师 10 人。

二 对社会组织的支持

(一) 公益慈善类研究

一是理论与实际问题研究。通过课题与项目资助的方式，整合国内外公益慈善领域的研究力量，联合开展公益慈善理论与实际问题的研究，包括对中国公益慈善相关的政策法规进行系统的梳理、研究与分析，并提出完善的建议，帮助中国政府研究并解答社会迷惑的问题，寻求化解社会问题的良方，推动中国公益事业制度变革，促进中国公益事业健康发展，为国家制度建设出谋划策。

二是调研与案例采集。组织授课教师深入公益慈善组织进行调查研究，了解公益慈善机构运营状况、经验与问题，同时广泛收集国内外的公益慈善案例，并对其进行分析研究，特别是对河仁慈善基金会实施的部分公益慈善项目进行详尽的考察与分析。

(二) 公益慈善人才培养

一是在职人员培训，对现有中国公益慈善事业从业人员的培训，提高中国公益慈善从业人员的整体水平。二是学历教育，培养从本科、硕士到博士等各种不同层级的公益慈善专门人才，制定社会工作专业本科、硕士与博士研究生培养计划。以公益慈善理论与实践的教学与研究作为南京大学社会工作专业发展的重点与特色，在社会工作专业硕士（MSW）与博士点（DSW）下增设公益慈善研究方向，并在社会工作本科阶段增设公益慈善专业课程，同时招聘博士后研究人员进站从事公益慈善研究工作，以培养从本科、硕士、博士到博士后的全系列公益慈善高级专门人才。截至2016年底，设有河仁慈善工作坊、曹德旺优秀论文奖、大学生暑期公益社会实践等项目。

比如，河仁慈善工作坊招聘有志于从事公益慈善学习与研究的硕士研究生与博士研究生，以河仁慈善工作坊为平台，每周开展公益慈善方面的专题讲座、读书报告会、专题研讨会或课题报告会，普及公益慈善知识，提高参与者的公益慈善兴趣与研究能力。

再如，曹德旺优秀论文奖于2014年开始对社会工作、公益慈善、社会管理等相关领域的优秀论文进行评选，对获奖者给予一定奖励并结集出版，以此鼓励青年学生积极投身公益慈善与社会服务等相关领域的研究与实务工作，提高我国社工等相关学科领域研究生教育的培育质量。

（三）公益慈善交流咨询

以河仁社会慈善学院为平台，加强与世界主要国家公益慈善组织与研究机构的交流与合作，举办"河仁慈善论坛"等系列公益倡导活动，促进业内信息的交流与先进理念的推广，努力将河仁社会慈善学院形塑成为中国公益慈善领域对外交流的窗口。2012年9月，学院与河仁慈善基金会、上海增爱基金会、江苏省慈善总会联合举办了《首届中国（南京）公益事业发展论坛》。同时，也为公益慈善基金会、各类社会组织、政府、企业、慈善家族提供公益慈善战略规划、社会福利发展规划及管理模式、业务发展、项目委托管理等方面的咨询服务。

三　经验总结

河仁社会慈善学院依托于南京大学社会学院的办学基础，同时汇聚公益、教育、政府、企业及其他各界的力量，致力于公益慈善的理论研究、人才培养、公益咨询、国际交流与合作等工作，着力促进中国公益事业发展，是我国高校首家设立的支持性公益教育研究机构，为社会输送社会组织服务与管理专业人才。

（一）多方位开展公益实践

南京大学河仁社会慈善学院积极参与南京市公益事业展，与南京市委社会建设工作委员会、爱德基金会等合作，在江苏城市规划展览馆开展南京市公益事业展览；积极参与南京市公益创投协会，作为南京市公益创投协会专家组成员，负责参与了对南京市公益创投投标项目的评标、中期评估与现场指导等系列工作；还积极参加南京市社会福利协会、参与对南京市社会组织负责人的培训等工作。此外，南京大学河仁社会慈善学院积极参与江苏省慈善总会，并受江苏省慈善总会邀请，参加了江苏省慈善总会组织的全省慈善超市运营情况的调研等活动。

（二）全面展开公益研究

南京大学河仁社会慈善学院努力开展各种公益研究项目，为社会组织的发展间接提供智力支持。比如，"走向体面慈善"、"国家、社会、市场三者在公益慈善中的关系"、"儿童保护法研究"、"慈善教材编撰"、"决策工具分析"、"江苏省社区慈善超市发展状况与运营机制研究"、"企业家和慈善家研究"、"宗教与慈善研究"、"年度慈善热点研究"、"美国四大基金会资本运作研究"、"美国兰德公司研究"、"社会组织培育与集中管理的经验研究"、"社会组织培育与管理研究"等。

（三）举办慈善论坛

依托学院平台，邀请国内外知名学者举办慈善论坛，探讨各种社会话题，例如慈善、社区与社会基金讨论，社会服务和实践创新研讨，当前我国民众慈善行为与社会政策分析等，这些问题的提出和讨论具有非常重要的意义。河仁社会慈善学院对各种社会话题的深入讨论和研究，为社会组织提供了一定的智力支持。

第十八章　深圳国际公益研究院

一　基本情况

深圳国际公益学院成立于2015年，由比尔·盖茨、瑞·达理欧、牛根生、何巧女、叶庆均等五位中美慈善家联合倡议成立，并获得比尔及梅琳达·盖茨基金会、北京达理公益基金会、老牛基金会、北京巧女公益基金会、浙江敦和慈善基金会的共同捐资。

学院举办机构为深圳市亚太国际公益教育基金会，招商银行原行长马蔚华为深圳国际公益学院理事会主席，北京师范大学教授王振耀为深圳国际公益学院院长。另外，瑞·达理欧、方仪、耿明、雷永胜、陈越光也作为理事会成员。

学院搭建起了较为完备的师资体系，马蔚华、王振耀、傅昌波、曹洪民、文运、匡冀南、迈克尔·诺顿、曾晶等被评为在院教师，牛根生、托尼·赛奇、雷永胜、资中筠、尤金·坦普尔、迈克尔·桑德尔、何进、林毅夫、埃利奥特·唐纳利、马克·瓦特里斯克、梅丽莎·伯曼、德布拉·梅斯、欧文笛、高倩倩等被聘为特聘教师，涵盖领域与学科范围广。

学院旨在建设培养榜样型慈善家和高级公益慈善管理人才的教育系统，构建支持中国与世界公益慈善领域高度发展的知识体系；打造引领全球慈善发展和推动形成新型慈善知识体系的专业智库；通过提升公益慈善事业的创新性、专业化和公众参与，为推进中国和世界慈善事业的发展做出贡献。

学院使命是构建现代善知识体系、培育使命型善财领袖、凝聚行动性公益力量、推动善时代共享发展。

二 对社会组织的支持

（一）开设特色课程

研究院形成由专题课程、名师公开课、大师课、网络课程和校友讲座等组成的课程体系，为社会组织培养高级领导人才。

首先，以CGPI公益大讲堂为主，每月邀请著名学者、企业家、政府官员或其他领域公众人物，开设专题课程，分享公益行业最新趋势，慈善创新模式和个人实践经历等公益话题，演讲约90分钟，现场提问30分钟，听众约200位来自深圳以及周边地区的广大市民。截至2016年底，已邀请来自政界、公益行业、媒体等38位知名人士担任演讲嘉宾，包括李连杰、前英国首相Tony Blair、吴建民、张维迎、卢德之、焦自伟、杨鹏、徐永光、汤敏、于丹、李亚鹏、濮存昕、敬一丹、白岩松、张越及许戈辉等人，分享有关行业最新趋势，慈善创新模式和个人实践经历等，比如厕所文化与社会文明、PtP模式、少数民族文化保护的公益实践、善经济·企业伦理·可持续发展、无障碍的人文关怀、洛克菲勒家族的慈善与传承等。

其次，定期举办名师公开课。面向社会公众开放，公开课时间约为60分钟，现场提问30分钟，听众约50位来自国内各大公益机构，主要由国内公益慈善领域专家、学者、领军人物分享心路历程、公益理念，传播专业的公益项目管理、执行、评估等知识。截至2016年底，涉及非营利组织的筹款之道、资源动员的道与术、社区安老服务、国际高校的校友管理与筹资实务、中美关系与慈善合作等内容。

再次，定期开设大师课。定期邀请全球各行各业顶尖专业人士，面向 GPL、EMP 学员，提供国际最新行业前沿理念，公益先锋创新思维。比如，曾经邀请约翰霍普金斯大学公民社会研究中心主任莱斯特·M.萨拉蒙教授与内地慈善行业研究人员一同进行题为"全球公民社会十大迷思"的探讨；邀请科尔·威尔伯和何东全就有效资助与使命投资的话题与十余位 EMP 校友、政府及家族基金会代表进行交流；邀请施伟恩博士探讨影响力投资沙龙；邀请吕德伦与卢德之探讨全球慈善与社会发展；邀请彼得·圣吉共探如何运用系统思考的力量实现我们的善意。

此外，专门开设公益网校，旨在创立互动性在线公益教育平台，构建普惠型公益学习及分享社区。向慈善家、公益从业者、社会服务者提供专业课程及认证课程，向社会大众普及公益知识及现代慈善理念。公益网校汇聚全球公益慈善教育资源，课程分公益基础与管理、公益创新与传承、儿童社工服务、养老社工护理等模块，紧扣环境保护、扶贫、救灾应急、公益金融、社会创新、公益管理、公益人文、家族慈善与传承、儿童早期教育、儿童特殊教育、儿童看护、儿童权益与福利、养老护理、老年权益与福利以及弱势群体的权益与服务等在线课程。

（二）策划特色项目

全球善财领袖计划（GPL）和国际慈善管理（EMP）是研究院主要策划项目。

首先，GPL 是面向中国高端财富人群的善财引领学习项目，将实现创新型"善知识"的生产与传播。通过核心课程、延伸课程及实践课程的学习构架，深度挖掘、开拓社会财富人群的潜在需求和善财能力，实现其财富附加值与精神财富价值的最大积累。该计划为期两年，学员需在两年内完成所有主修课程、两门辅修课程，参加至少两次实践课程，并提交全球善财领袖未来公益规划的结业报告。其中，主修课程包括家族慈善与家族传承、公益领导力、社会创新与公益金融、人文与公益四门，分别在纽约、哈佛大学、英国、中国学习；辅修课程包括艺术与公益创新、传统文化与社会服务、公益人文与创新，分别在法国、中国台湾、印度学习；实践课程包括公益项目研发与设计、国际慈善交流与合作。

该项目具有如下特色：搭建了内部开放互动资源对接平台；加入东西方慈善联合基金（UF），与国内外知名慈善家和机构联合捐投公益项目；学员定期项目实地参访与经验分享交流活动，共享世界顶级慈善家的交流平台；美国东西方中心深度参与夏威夷东西方慈善论坛；加入全球善财领袖计划俱乐部，享有互动学习交流合作的资源平台；与顶级慈善团体全球慈善家联合圈（GPC）分享对话。

此外，项目提供为期两年的一对一善经济战略咨询。咨询业务包括但不限于与美国哈佛大学肯尼迪政府学院合作的公益领导力能力建设，与英国剑桥大学可持续领导力学院合作的可持续领导力能力发展，与英国牛津大学、赛德商学院、英国王子基金会合作的公益金融与社会创新咨询，与罗斯柴尔德家族、洛克菲勒家族合作的家族慈善与家族传承，与台湾慈济基金会合作的公益慈善基金会宏观发展与战略规划。

其次，EMP是深圳国际公益学院重点打造的高端公益慈善管理人才培养项目，旨在为关注公益慈善的各界领袖提供世界领先的系统慈善管理教育，目标是为中国乃至大中华地区培养心怀天下、勇于创新的非营利部门高级管理人才。EMP以倡导财富向善的"善经济理论"为基础，打造专业"善知识"课程体系，注重国际经典案例与本土慈善智慧相融合，实行以实践为导向、以应用为目标的新型教学模式。EMP立足中国，放眼世界，建构多学科跨领域的课程体系，对接全球公益慈善家族、基金会等高端资源，以"行动学习，双师辅导，创新性解决社会问题"为教学特色，培养具有高度使命感，追求社会影响力，具备卓越的公益慈善组织管理和社会创新能力的高级管理人才。

(三) 引领善行研究

研究院设有公益研究中心、家族传承中心、公益金融与社会创新中心。

第一，公益研究中心通过行动型研究构建善知识体系，提升中国及其他国家地区公益行业的可持续发展能力和社会影响力。中心下设公益管理研究、公益与人文、社会服务与公共政策、公益行业研究与咨询四个部门，承担行业趋势分析、研究产品开发、课程开发和案例研究、项目合作、课题研究、咨询服务等职能。

关于基础研究，包括理论研究和行业分析。前者梳理与公益慈善相关的慈善文化、家族传承、社会政策、公益管理等方面的研究成果，建构以善经济为主导的知识体系，为课程开发和咨询服务提供知识储备。后者监测动态资讯，建设行业数据库，在此基础上描述现状、总结规律、分析发展趋势，发布公益领域月度分析、年度报告。

关于研究产品开发，包括数据类产品、行业标准和操作指南、最佳实践或评奖。数据类产品主要研究发布具有重要倡导和引领作用的公益领域数据类产品，如中国捐赠百杰榜、全球慈善百杰榜、中国慈善进步指数等。行业标准和操作指南主要研究开发公益慈善行业相关标准，开展相关认证工作；编写公益组织操作实务指南，提高公益行业的专业化水平。最佳实践或评奖主要开展案例研究，梳理公益领域的最佳实践经验；开发、评选、发布公益领域相关奖项。

关于课程研发，包括课程开发、教材开发、案例开发、教学支持。比如，课程开发就是根据 GPL、EMP 等课程体系，参与课程调研、设计和开发工作；同时根据公益慈善行业发展需要，设定小型培训项目，为建制性课程开发积累素材。

关于研究倡导活动，比如承接公益慈善领域研究课题或项目，对特定问题进行调查和深入研究；再如策划组织会议活动，把脉行业热点难点、探讨解决方案或推动行动；还如，通过媒体采访、发表评论文章、参加会议演讲活动等方式，传播 CGPI 的理念和成果。

关于咨询服务，比如提供研究报告，为相关公益机构、学术机构或政府机关提供专业评估或专题研究报告；再如，参与校友、捐赠人、政府部门、慈善组织的项目设计和实施，提供战略咨询、管理咨询、项目策划、项目评估等专业服务。

第二，家族慈善传承中心是深圳国际公益学院下属的专业智库机构，使命是通过研究、培训、倡导和咨询服务，向高净值人群传授善财传承及基业长青之道，提供家族财产参与社会影响力投资的路径，提升中国财富人群的社会价值，提高财富家族设计和执行公益慈善项目的能力，引领财富家族积极向善，促进共享发展和社会公平。研究领域包括以下内容。

一是行业评价，研究和发布家族慈善榜单、案例、报告等研究产品和专业研讨、传播活动，提升中国财富精英的社会价值。

二是价值引领，为新兴慈善家提供高端交流和培训，提升慈善家达成使命、规划和执行公益项目的能力，引领社会财富向善。

三是善财传承，向中国企业家、高净值人群传授善财传承及永续发展之道，提供家族财产参与影响力投资、社会企业的路径。

四是家族建设，为财富家族及其家庭成员提供和谐家庭建设、代际传承方面的高端交流和培训，增强家族凝聚力。

五是交流合作，推动中国慈善家与全球重要慈善家族交流、合作，帮助参与者积累社会资本，提升家族慈善的全球美誉度和影响力。

六是修养提升，为财富家族及其成员提供艺术鉴赏、文化底蕴、科学素养等方面的资讯、交流和培训，建设由"富"到"贵"的善财圈。

第三，公益金融与社会创新中心主要定位于推动公益金融创新、完善现代金融体系、创新公益金融工具、倡导善经济理念、引领公益行业发展。作为公益金融智库，将对国内外公益金融创新案例进行研究，开发公益金融案例库，服务于深圳国际公益学院的教学，并适时开发公益金融门类教学项目。中心目前下设小微金融、影响力投资及绿色金融、慈善信托、社会企业与社会创新四个研究方向。

小微金融是专门向小型和微型企业及中低收入阶层提供小额可持续金融产品和服务。研究任务包括对小微金融的公益属性和商业可持续性进行研究，跟踪分析国内外小微金融案例；开发小微金融公益影响力评估方法，对国内外小微金融的公益社会影响力进行评估；向社会投资机构提供咨询服务。这类为特定目标客户提供特殊金融产品和服务的项目或机构，追求的是财务自立和持续性目标。

影响力投资可投资于企业、社会机构或基金，旨在产生积极的社会与环境影响，并伴随一定财务回报的投资方法。研究任务包括对国内外影响力投资案例进行研究，跟踪分析国内外影响力投资案例；开发影响力投资的公益社会影响力评估方法；将向影响力投资机构提供咨询服务。

绿色金融是环保领域正在兴起的影响力投资方式，依托于深圳国际公益学院在环境保护和可持续发展领域的积累，中心将在绿色金融领域着重进行人才培养，开发绿色金融公益人才培养计划，搭建绿色金融公益伙伴交流平台。

慈善信托是对国内外慈善信托案例进行研究，跟踪分析国内外慈善信托案例，开发慈善信托公益社会影响力评估方法，对慈善信托机构提供咨询服务。

三　经验总结

深圳国际公益研究院致力于创新课程体系研发、公益知识与理念传播、高级管理人才培养，为社会组织发展提供较为系统的智力支持。

在经验方面，学院较好地实现了资源整合，以国际知名大学和具有广泛影响力的基金会和公益慈善组织作为研修实践伙伴，通过"全球善财领袖计划（GPL）"和"国际慈善管理（EMP）"两个核心项目，哈佛大学慈善管理高级领导人项目（ELP）、中欧公益领导力伙伴项目等国际奖学金计划，以及形式多样的专题认证课程，建设以培养慈善家、慈善组织高级管理人才为主，兼顾职业认证教育和大众公益教育的应用型公益慈善教育培训体系。

同时，学院也精心打造了人才培养与知识生产体系，运用国际化、实践型、创新性公益慈善知识生产方式，实行"学术指导+实践引领+访学研修"三位一体的公益教学新模式，建设"公益慈善组织管理"、"公益金融与社会创新"、"家族慈善传承"、"慈善筹款"、"公益与人文"等专业教学研究体系。

第十九章 中国社会组织促进会

一 基本情况

中国社会组织促进会成立于2008年1月8日,是一家由民政部主管,由社会团体、基金会和民办非企业等单位会员及热心社会组织发展、为社会组织发展做出较大贡献的个人会员构成的全国性社会组织。本质上,中国社会组织促进会是组织联合体,现设有基金会分会、行业协会商会分会、专家委员会分会、地方工作委员会分会,由多个联合单位[①]组成。

它们以"动员和依靠社会各界力量,加强社会组织管理与发展的理论研究,密切社会组织之间的联系和信息分享,推进社会组织的自律与

---

① 促进会理事单位具体包括:中国残疾人福利基金会、中国茶叶流通协会、中华慈善总会、中国青少年发展基金会、中国青年志愿者协会、中国银行间市场交易商协会、中国房地产业协会、中国药学会、中国注册会计师协会、中国社会工作协会、长江商学院、上海市慈善基金会、神华公益基金会、广东省社会组织总会均为副会长单位,中国社会福利基金会、中国对外承包工程商会、中国保健协会、中国电力企业联合会、中国扶贫基金会、中国红十字基金会、中国演艺设备技术协会、中国教育发展基金会、中国航天基金会、中国人口福利基金会、中华环境保护基金会、中国企业联合会、中国计算机学会、中国国际民间组织合作促进会、中国对外文化交流协会、中国棉花协会、南都公益基金会、招商局慈善基金会、清华大学教育基金会、北京华夏经济社会发展研究中心、爱佑慈善基金会、安利公益基金会、凯风公益基金会、安徽省社会组织联合会、湖南省社会组织促进会、广西社会组织促进会、辽宁省社会组织发展促进会、浙江省社会组织联合会、云南省社会组织促进会、海南省社会组织促进会、湖北省社会组织总会。

互律，扩大我国社会组织与国际社会组织的交流与合作"为宗旨，不断争取政府有关部门和社会各界的支持，在政府和社会组织之间发挥桥梁、纽带作用，引导和促进社会组织规范运作、健康发展。

其核心业务包括：一是开展社会组织的调查研究，向政府反映与社会组织发展密切相关的情况和意见，为政府提供咨询建议。二是组织国内社会组织之间的交流与合作，加强我国社会组织与国际社会组织的交流与合作。三是规范社会组织自我治理行为，推进社会组织自律与互律。四是引导和组织会员积极参与社会公益事业、开展社会公益活动。五是根据需要开展培训、举办论坛和联谊活动，为会员提供信息咨询等服务。六是推动社会组织信息化建设，提高社会组织服务能力。七是编辑出版社会组织领域刊物，宣传政府与社会组织发展相关方针政策。八是设立社会组织发展基金，扶持并资助社会组织。九是承办政府有关部门委托的其他事项。

二 对社会组织的支持

（一）信息查询与咨询

中国社会组织促进会为社会组织提供社会组织基本信息、行政许可、年检结果、评估等级、免税资格等查询服务。社会组织可根据"包括社会团体、民办非企业单位、基金会、境外基金会代表机构、国际性社团、外国商会、涉外基金会等类型，正常、注销、撤销等状态，登记证号"等方式查询数千家社会组织信息。其中，基本信息涉及名称、登记证号、统一社会信用代码、业务主管单位、联系电话、网址、状态等，行政许可涉及成立、变更、注销、分支成立、分支变更、分支注销、法定代表人、发布时间等，年检结果涉及登记管理机关、年检年度、年检结果、批次等，评估等级涉及5A等级、评估时间、登记有效期等，免税资格涉及免税资格年度、免税资格批次、获得免税资格时间等。此外，促进会也为社会组织提供政策法规、专家解读、研究资料等信息。

(二) 项目合作与交流

中国社会组织促进会为社会组织提供各种项目信息，设有最新项目、推荐项目和热门项目栏目。此外，促进会也积极开展社会组织建设理论研究，提升社会组织理论话语权。专家委员会通过举办高端论坛研讨会、组织理论课题研究、开展中外合作交流等形式，为广大专家学者搭建社会组织理论研究和相互交流的平台，比如，2014年4月，举办了"现代社会组织体制"系列理论研讨活动。另外，促进会还通过各种社会组织主题论坛沙龙透视解析行业发展前沿动态，包括"社会组织创新与发展论坛"、"非公募基金会发展论坛"、"中国社会组织促进会基金会分会双月沙龙"等，对全国社会组织领域的思想解放和改革创新起到良好的示范和带动作用。"社会组织创新与发展论坛"自2008年起先后在青岛、黑河、银川、武汉等地举办四届，参与范围遍及全国近三十个省市，受到业界高度赞誉和好评。2009年，联合十余家非公募基金会发起创办了"非公募基金会发展论坛"，已成功举办五届，成为非公募基金会发展的年度盛事。2012年发起的"中国社会组织促进会基金会分会双月沙龙"已连续召开八期，沙龙因热点选题和政策导向深受业界好评。中国第一份社会组织专业理论期刊《社团管理研究》[①] 发行量超过5万册。专家委员会也积极推动成果转化，繁荣我国社会组织理论研究，部分专家委员会组织已成为我国社会组织领域的重要智库机构。

(三) 能力发展与建设

中国社会组织促进会积极推动社会组织能力建设。

---

① 已更名《中国社会组织》。

一方面，举办社会组织专业培训。促进会通过南都公益基金会的捐助和中央财政的资金支持，成功开展了"基金会领导人及骨干人员能力提升项目"和"社会组织人员培训示范项目"，先后在北京、广东、江苏、宁夏、黑龙江、江西、湖南、安徽、陕西等省份举办了近30期基金会领导人及骨干人员能力提升培训和社会组织人员培训，共培训各类基金会领导人超过600人次，培训社会组织登记管理机关工作人员和社会组织从业人员超过2000人，通过参与培训受益的社会组织数量超过1500家。此外，类似培训还有健康领域全国性社会组织负责人培训班、新时期行业协会商会发展专题班、民办非企业单位财务管理培训、基金会专题培训班、社会治理与社会组织管理系列培训基金会专题班、社会组织登记管理体制改革系列培训班、社会组织/基金会登记管理体制改革系列培训班等。

另一方面，促进会还设立"社会组织发展基金"，引领全国社会组织培育扶持项目。通过与联合国开发计划署、欧盟、中国政府共同组成的"公平发展公共治理"项目合作，接受该项目40万美元，作为"社会组织发展基金"，用于资助基层各类社会组织的优秀项目。现已资助了全国范围内50家基层社会组织的50个项目，涉及民生、教育、医疗卫生、扶贫、创业等多个领域。

（四）社会组织的评估

社会组织促进会评估包括评估政策、评估资讯、评估指标、评估流程、评估团队等。在评估政策方面，促进会从财税、基金会、评估、社团和综合等维度向社会组织提供政策资讯服务；在评估咨询方面，促进会定期向外公开民政部社会组织评估动态；在评估指标方面，促进会分全国性学术类社团、职业类社团、行业协会商会类、联合类社团、公益类社团、民办非企业单位、基金会等类型为社会组织积累了与评估相关的参考资料；在评估流程方面，促进会总结了实地考察与具体评估流程两方面内容；

在评估团队建设方面，促进会公布了社会组织评估专家学者、社会组织评估财务专家、基金会评估专家、公益性社团评估专家名单。

（五）行业规范与自律

中国社会组织促进会作为组织联合体，也在积极促进行业规范与自律。比如，建设"中国基金会网"，筹建"基金会支持社会服务公益项目库"，开创信息服务与项目建设新格局。2012年6月，协助主办中国第一家基金会门户网站"中国基金会网"，2013年，启动了"基金会支持社会服务公益项目库"基础准备工作。再如，发布《中国基金会发展报告》，提升社会组织行业影响力。此外，促进会还与北京师范大学社会公益研究中心、清华大学NGO研究所等机构合作，撰写了第一份《中国基金会发展报告》，2012年社会科学文献出版社将报告正式列入"蓝皮书"系列，每年出版一册，该报告在各级基金会上报的年检数据全样本数据的基础上进行科学分析，充分呈现了中国基金会发展整体面貌，保证了报告的真实性、全面性、系统性和权威性。

三 经验总结

中国社会组织促进会从信息查询、项目信息提供、能力建设、社会组织评估、行业自律等方面为社会组织提供支持服务。首先，作为全国性社会组织，部分承接了政府一些基本工作，比如社会组织信息查询、登记评估等；其次，作为相对独立的支持类社会组织，对外提供了项目咨询和能力建设等方面服务；再次，作为多家社会组织联盟，又担负起了促进行业自律的重要责任。综合来讲，促进会之所以能承担这些综合类服务，一方面在于组织聚合了全国大多数社会组织，这种聚合本身就形成一种社会资源，领先于其他组织；另一方面在于组织的资源配置功能，作为全国性组织联合体，促进会有调配资源的责任与能力。

第二十章　成都公益组织服务园

一　基本情况

成都公益组织服务园是由成都市文明办指导，于2012年5月在成都市民政局注册的民办非企业单位，致力于开展社会组织培育孵化工作，推动志愿服务朝着专业化及常态化方向发展。

自2012年开园至2016年底，服务园共计开设能力建设培训500余场，培训4万余人次，为200余个社会组织提供办公场地，发布信息资讯110期、1万余条。为300余个社会组织提供注册咨询，并协助其完成注册，为社会组织链接各类资源100余次，开展项目推介10余场，协助100余个社会组织落地150余个社区开展社区服务项目。已完成成都主城区80个社区近3000人次培训工作，组建助残、文化、医疗和应急救援四个类别的专业志愿者团队5支。自2014年开启高校社团培育工作以来，截至2016年底已培育包括四川大学、电子科技大学、西南财经大学、西华大学等在蓉51所高校56个社团，并建立了囊括40余个社团的高校交流平台，成立了涵盖30余个社团的高校社团联盟，引领高校公益和志愿服务活动。开展社会主义核心价值观进高校系列巡讲活动40期，参与学生7000余人次，引导支持高校志愿者策划、组织、实施各类志愿服务活动。

在组织定位方面，服务园作为综合性、专业性的公益组织支持平台，秉持"服务公益团队，共享资源平台，致力城市幸福"的宗旨，立足于中国公益组织发展的内外部环境，针对不同公益组织发展的阶段性需求，旨在通过为公益组织提供公共空间、注册协助、专业辅导、能力建设、信息资讯、资源对接等服务，搭建与政府、企业、媒体、高校需求对接、沟通合作的平台，培养有志于投身公益领域的社会创业家和公益创业人才，培育具有专业化服务能力，能够有效整合社会资源，具备可持续发展能力的组织，探索、扶持和培育公益组织发展的创新之路。

在组织架构方面，服务园拥有完善的组织机构，理事会向上直接接受成都市精神文明建设办公室指导，派出执行部门——主任办公室，直接对口管理项目部、活动部、办公室、新媒体运营部、编辑部等下属部门。其中，项目部[①]主要负责项目管理、资源链接、第三方服务、业务咨询及空间管理；活动部主要负责活动策划、活动实施、社团建设、高校平台、参访接待等；办公室主要负责人力资源管理、财务管理、资料归档、资产管理等；新媒体运营部主要负责微博、微信等新媒体运营、网站建设、宣传制作、宣传策划及中心氛围营造；编辑部主要负责《志愿服务·时刻在线》杂志编辑及月度简报撰写等相关工作。各部门分工明确，协作推进各项工作。

在搭建完善的组织架构基础上，服务园也秉持"品格、专业、情怀"并重的原则，注重组建专业社会工作服务团队，吸纳了大批专业人才加入。截至2016年底，正式工作人员26人，其中社工专业6人，新闻传播、信息管理、应用心理学、公共管理等相关专业20人，是一个专业背景多元且富有活力的年轻团队。同时，服务园也鼓励员工积极参与社会工作执业资格考试，目前持证社工便高达12人，持有心理咨询师证、会计从业资格证的社工多名。并且服务园拥有9名党员同志，定期组织开展党组织活动，很好地完善及补充了党支部功能。

在资金运营方面，服务园自2012年成立至2016年底，已承接了来自

[①] 项目一部侧重于对内项目，项目二部侧重于对外项目。

政府、基金会、企业、事业单位的70余个项目，总金额高达千万，因而资金来源相对多元化。然而如图20-1所示，约70%以上的项目均来自政府部门，约85%以上的资金也来源于政府购买；此外，服务园财务审计数据也显示，服务园这三年收支基本持平，总收入约为889万元，平均每年约296万元收入；总支出约为861万元，平均每年约287万元支出；但这些收入中大部分来自于政府补助，2013~2015年分别约占比57.4%、64.1%、58.6%。这也很好地印证了服务园每年稳定的收入基本源自政府扶持。

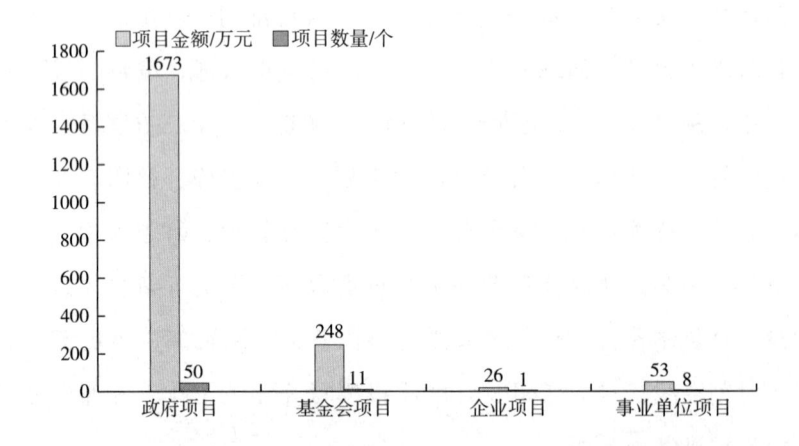

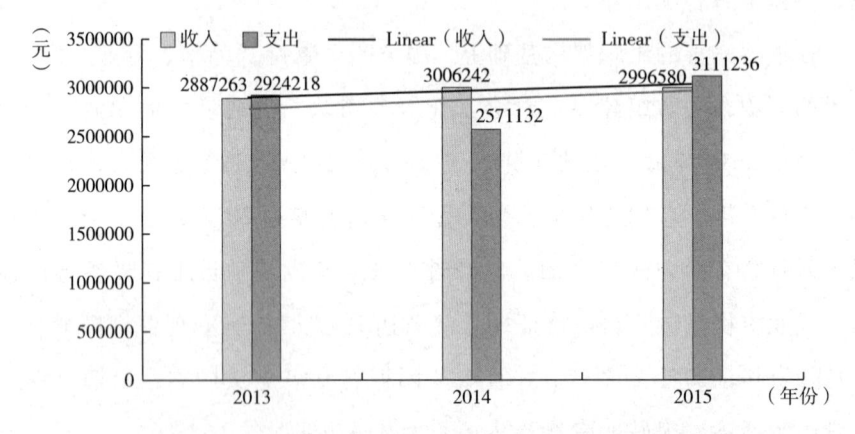

图20-1 成都公益组织服务园项目来源及资金收支状况

在社会效益方面，多年来服务园通过不断地实践和创新发展，摸索出符合本土社会组织孵化的流程和模式，联动在蓉高校组建高校交流平台及高校公益组织联合会，累计孵化社会组织164家，高校社团56家。积极推动志愿服务专业化和制度化，着力打造"雷锋精神时代颂·志愿百日社区行"、"公益志愿专业人才培养计划"、"高校种子资金计划"、"我学榜样做公益"、"十里春风百日红社区志愿服务活动"、"月亮集市—助残创意集市"等志愿服务品牌项目。其工作模式和成果赢得了社会各界的广泛认可和支持，陆续接待近80余个省市地区的300余家社会团体和政府相关机构的参观访问，《经济日报》、《光明日报》等中央媒体均进行过宣传报道。同时也先后荣获全国首个"雷锋精神种子志愿服务站"、"中国最佳公益培训园区"、"四川省十佳志愿服务组织"、"2014年慈善推动者"、"四川省文明单位"、"成都市文明单位"等荣誉。

二 对社会组织的支持

（一）搭建资源共享平台

公共空间是服务园标准化管理模式的重要板块之一，主要为有办公需求的公益机构无偿提供公共办公空间。尽管2012~2016年期间，服务园前后经历了创瑞芳草、东郊记忆、百日红西三次办公地址变更，见图20-2；但仍然坚持在有效空间内保证公共空间的存在，其间共为195家公益机构提供办公场地，为约450家公益机构提供活动空间，使用人数累计25672人次。

此外，服务园作为成都市公益枢纽平台，本着"服务公益团队"的宗旨协助社会组织在民政系统注册，为深入了解注册工作事宜，还专门派工作人员到民政窗口实习。截至2016年底，先后为300余家社会组织提供注册等事宜的服务，其中有108家社会组织成功注册，包括黑暗中对话、无障碍艺途、根与芽、爱思青年等成都活跃的社会组织。为帮助社会组织及时获取最新、最快的行业资讯，服务园利用园区微信公众平

支持性社会组织概览

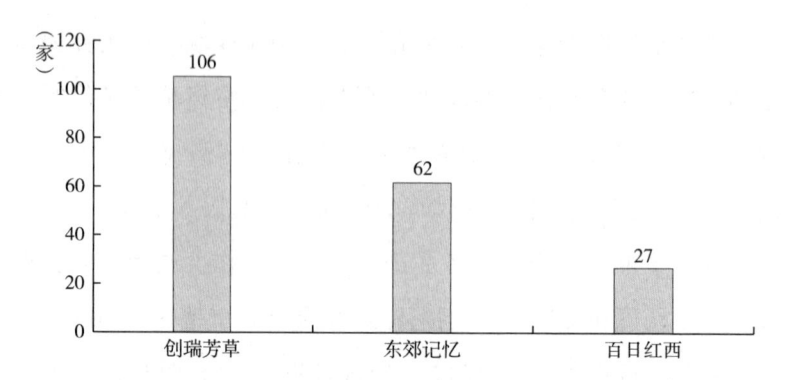

图 20-2　成都公益组织服务园空间入驻情况

台，发布项目资助、公益视点、公益活动、政策信息、招聘信息等1万余条，受到社会组织的关注与肯定。

（二）社会组织培育孵化

自2012年开园至2016年底，服务园根据多元化的社会需求、政策方向及团队发展现状，通过分阶段、分层次、有重点、有特色的培育模式，开展能力建设与社区实践，目前已经开展过四期社会组织孵化培育，累计孵化约164家社会组织，见图20-3。开设能力建设培训200余场，培训1万余人次，为200余个社会组织提供办公场地，发布信息资讯110期、1万余条。为300余个社会组织提供注册咨询，并协助其完成注册，为社会组织链接各类资源100余次，开展项目推介10余场，协助100余

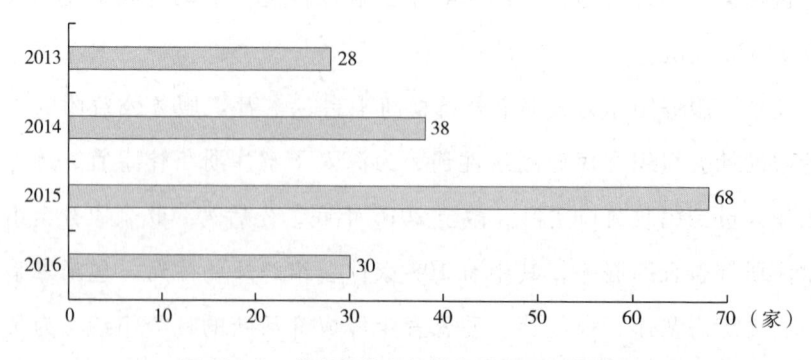

图 20-3　成都公益组织服务园组织孵化情况

个社会组织落地150余个社区开展社区服务项目。

其中，首期培育采取"引进来和本土化"培育模式，通过引入成熟社会组织进行重点培育，从组织架构到能力建设进行全流程式服务，并给予5000元行政经费补贴，以达到通过成熟组织带动草根社会组织健康发展的目的。第二期培育采取"分阶段"培育模式，根据机构发展的不同特性，以萌芽期、初创期、成熟期三阶段为基准，实现组织培育的周期性发展，增强专业志愿服务队伍发展活力。第三期培育采取"多元"培育模式，以社区服务为中心，联动社会组织、社区与高校社团形成助推社区发展的"车轴"；第四期培育则采取"以社区治理为核心"的培育模式，以规范化、品质化、落地化为培育重点，以志愿服务项目为依托，通过项目小额资助、成长教练一对一跟进辅导等形式，提升社会组织综合能力。

（三）典型高校社团培育

服务园自成立以来就积极关注高校社团的发展与培育，并从2013年开始致力于打造高校交流平台，通过高校巡讲、志愿服务"益行会"和高校种子资金项目，为高校公益社团提供活动资金、公益资源、传播支持和策划培训。截至2016年底，已汇聚包括电子科技大学、四川大学、西南财经大学等51所高校的56个社团加入其中，共开展了1963场活动，覆盖高校志愿者约5000余人，见图20-4。并且第一届高校种子资金计划以10个社区作为高校"特色志愿服务活动种子计划"实践项目示范点，资助高校志愿服务项目开展；第二届则通过跨专业自由组队的形式，分别评选出新媒体、环保、助老、可持续社区发展、精神文明建设五个领域的30个双创公益项目，支持高校青年的公益志愿实践。2015年为进一步推动高校交流平台发展，民主选举出高校志愿者代表组成"成都市高校公益社团联合会"，由高校志愿者自主负责交流平台的服务与管理工作；2016年再次在联合会内部建立"巡讲部"和"益行部"，以搭建一个更富活力与激情的常态化、专业化高校交流平台。服务园通过逐步覆盖，打造全市高校社团综合性项目支持平台，让全市高校青年能够有序、有规模、有方向地参与志愿服务建设工作，从而为未来就业和职业化发展打下坚实基础。

56家
高校志愿服务团队

51所
覆盖蓉城高校

5000余人
高校志愿者

1963场
开展志愿服务活动

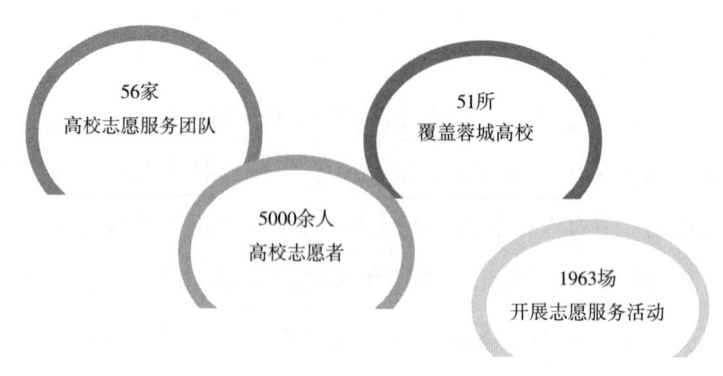

图20-4　成都公益组织服务园高校社团孵化情况

（四）专项人才培养计划

服务园开展了社区骨干志愿者培育与公益志愿慈善专业人才培养计划来培训专项服务人才。其中社区骨干志愿者培训计划致力于提升全市社区志愿服务专业能力，推动志愿服务专业化、制度化和常态化，2014~2016年，服务园依托全市社区志愿服务站开展了金牛区、温江区、高新区、天府新区、双流县等区县150多个社区的社区骨干志愿者培训，并先后组建了助残、文化、医疗和应急四类专业志愿者培训班，各类培训累计约820个学时，受训约4300名志愿者。

而公益慈善专业人才培养计划致力于培养具备专业志愿服务精神、社会责任感、商业思维、机构发展实践能力的公益专业人才。项目汇聚各领域优秀导师，打造核心课程，订制专属私课，分班教学，强化专业性和目的性。此外，还特别增设"定制培训"和"新视野参访计划"，让人才培养回归机构发展。其中，中层提升班针对机构中层管理人员，开设项目管理、领导力等系列核心课程，为机构未来发展积蓄力量，建立慈善事业健康发展长效机制，在资金募集、志愿服务、项目实施、技术支持等方面实现资源最优配置；传播专岗班和财务专岗班根据岗位素质要求进行教学，协助机构解决专业人才缺失问题。第一期人才培养计划培养了40名机构中层管理人员，25名传播专岗人员及21名财务专岗人员。

通过不断地实践和创新发展，服务园摸索出符合本土社会组织孵化的流程和模式。具体流程是：一是申请。二是考察，由服务园孵化业务团队对申请机构与服务园的需求匹配度、创业团队能力、机构运营方案等方面进行综合考察。考察内容包括机构资质、机构负责人情况、机构/项目执行概况等。三是初审，根据考察材料，组织评审委员会对通过考察的机构进行综合评估初审，按照1∶1.5的比例确定进入复审的机构名单。四是复审，评审委员会对通过初审的机构进行复审，就团队能力、机构运营方案等方面进行深入交流，讨论确定拟入园机构名单，全部评审工作在考察结束后一个月内完成。五是公示，对通过复审的拟入园机构名单统一在服务园官方网站、服务园官方新浪和腾讯微博、微信公众平台"成都公益组织服务园"上进行公示，接受社会质询，公示期为3个工作日。六是入园，确定最终入园机构名单。截至2016年底，服务园累计孵化社会组织164家，高校社团56家。

三 经验总结

（一）三大服务阵地联合推动

在培育孵化社会组织的同时，服务园也将社区与高校社团的培育纳入其中，并针对社会组织、社区、高校社团开展了不同类别不同层次的培育工作，同时着力打造三个服务阵地。

一是社会组织①阵地。以社会主义核心价值观为指导,培育专业社会组织,实施项目化运作、完善组织化规范、注重专业化支撑、坚持社区化落地,提升社会组织的能力。

二是社区阵地。依托社区阵地的打造,形成专业社会组织②、专业志愿者与社区结对开展志愿服务的模式,提升社区志愿服务质量,促进社区志愿服务工作。

三是高校阵地。依托服务园打造的高校社团联合会,搭建高校志愿者和志愿者团队交流平台,充分调动高校志愿者的积极性,打造一支精、专、干的高校青年志愿者团队,引领高校志愿服务工作的深入开展。

通过打通社会组织、社区与高校社团之间的屏障,建立了一条畅通的互动链,从而实现社会组织培育的最大成效。

(二) 从组织到人才的培育理念

服务园开展的四期培育工作中,尽管培育方式、培育理念、培育重点都在不断完善,但仍然聚焦于社会组织的能力建设上,四年时间总共培育了164家社会组织。然而对大部分社会组织而言,社会组织发展困境更是个人发展的困境,个体的能动性甚至决定了一个机构的发展走向,积累资源、拓宽视野的需求也越来越紧迫。因而为更好地提升成都地区社会组织的整体发展水平,服务园特别针对社会组织的中层管理者及财务与传播专人开设了公益志愿专业人才培养计划,并通过"专岗培训"和"新视野参访计划",积极拓展工作人员的视野及能力。这种从组织到人才的培育重点转变,是服务园培育工作的一个重大突破,让人才培养回归到组织发展。

经过不断的探索和实践,服务园逐渐建立起以ADDIE培训模式框架

---

① 专业志愿服务组织为主。
② 专业志愿服务组织为主。

为基础，培训内容（技术）、岗位需求（机制）和个人意志（态度及行为）三者为依托，针对不同层次及不同领域的组织和个人开展有重点、有层次的培训课程体系。同时，加强培训后的实践与环境营造，提高志愿服务组织及个人培训的实用性。通过了解组织需求、组织内部岗位需求和个人需求三个层级的情况，重点把握培训对象的意向，确定培训目标，在了解需求的基础上，与培训导师共同策划设计课程结构和具体内容，从而提高培训课程的针对性。

（三）品牌项目联动多方互动

服务园以"志愿服务"为中心，联合开发多种特色品牌项目，并以品牌项目联动多方进行互动，从而形成了自己的孵化特色。例如服务园联合成都海缘残障人公益发展中心及成都高新区推动力公益发展中心发起的"月亮集市"助残就业支持计划，主要以残障人手工产品展卖为主，搭配创意手工产品及有机农产品。以社区广场、大型卖场、公园、高校为落脚点举办不同主题的义卖活动，为残障人提供就业岗位，让残障人有更多的渠道学习到更多实用的生存技能，展示个性手工技艺，以此解决部分残障人的生计和社会融入问题。同时将集市落地社区，带动更多人理解残障群体，参与和支持残障人创业及融入社会梦想。这便很好地实现了社会组织、社区及高校社团之间的良性互动，并撬动了更多潜在资源。

第二十一章 广州社会组织联合会

一 基本情况

广州市社会组织联合会于2014年10月正式成立,是一家由热心支持社会组织工作的企事业单位、社会组织和个人自愿依法组成的全市性、联合性、非营利性的5A级社会组织。广州市社会组织自愿加入,截至2016年底,联合会共发展会员312名,其中,单位会员258名,涵盖了社团、基金会、民办非企业单位代表;个人会员54名,涵盖了专家学者代表及社会知名人士代表。

在主要业务方面,它积极开拓了社会组织合作交流、人才培养、政策引导、行业规范及理论研究等业务,承接了有关社会组织资格初审、信息档案、等级评估、交流培训、联络服务等工作,发挥着枢纽角色。

在组织架构方面,主要设有会员大会,由理事会与监事会共同组成。其中,理事会负责通过会长办公室指导专业委员会、秘书处和内设机构等各项工作。专业委员会细分为行业协会商会委员会、异地商会委员会、基金会委员会、养老服务委员会、专家委员会。秘书处细分为综合部、会员部、业务部、培训部、公益部、评估部、公关部、研发部、党群部。内设机构包括法律服务中心、财务服务中心、信息技术服务中心、人力资源服务中心、新闻传播中心、公益创投中心、募捐指导中心、公信力建设中心、救灾联盟协调中心。

二 对社会组织的支持

广州市社会组织联合会对社会组织的支持具体包括：一是经政府部门授权委托，承接政府职能转移项目，包括承接有关社会组织资格初审、信息档案、等级评估、交流培训、联络服务等公共服务工作。二是组织社会组织开展有关咨询、交流、研讨、考察等活动，促进社会组织的能力建设。三是开展扶老、助残、救孤、济困或者赈灾等社会公益慈善活动。四是向政府部门反映会员愿望和要求，协调会员关系，维护会员的合法权益。五是加强与兄弟城市，港、澳、台地区及国外社会组织联系，促进友好交流。六是建立信息平台，编纂有关刊物，宣传社会组织先进事迹和经验，扩大社会组织的社会影响。

三 经验总结

（一）精心设计有针对性的课程

一是搭建社会组织法律事务培训班。为提升广州公益组织法律方面的自我保护能力以及增强提供社会服务时的法律意识、推动行业依法规范经营、为公益组织确立法人治理制度奠定良好基础。广州市社会组织联合会携手广州公益慈善书院、广东诺臣律师事务所共同为会员组织开设公益组织法律课程。

二是开设社会组织新闻传播培训班。通过理论讲授、课堂实践和案例教学等方式，针对社会组织从业人员开设公益传播类课程，提升公益从业者的传播策划能力和媒体应对能力，经验包括项目式实战机会和导师组一对一定制式指导等。

三是设计社会组织中高层管理人员培训班。以"领导力"为主题，围绕前瞻力、控制力、影响力、感召力、决断力等元素开展培训与沙龙，提升社会组织中高层管理人员能力水平；同时搭建交流平台，促进不同类型社会组织的交流与共融。

四是举办行业协会商会异地商会秘书长研修班。主要目的是提升行业协会商会、异地商会秘书长的整体素质，切实增强其履职能力和工作水平。

五是公益慈善类社会组织能力建设培训班。目的是提升公益慈善类社会组织的能力水平，推动公益慈善机构的发展，使社会组织更有效地发挥自身作用。

（二）多方并进发挥桥梁纽带作用

作为政府和社会组织之间的桥梁纽带以及全市社会组织合作发展的公共服务平台，广州市社会组织联合会积极拓展服务：

一是接受委托承担政府辅助性、事务性、服务性工作，为加强社会组织管理提供有力支撑；

二是搭建公共服务平台，精心服务社会组织，提升社会组织发展能力；

三是发挥行业自律作用，提升社会组织的归属感、凝聚力及服务水平。

通过多方努力，着力发挥其枢纽角色及作用。

附 录

附录一　国际支持性社会组织名录

NPP公益创投基金会　Non-Profit Partners Foundation
NPP新公益伙伴　New Philanthropy Partners
SAF海外学习基金会　The Study Abroad Foundation
阿登纳基金会　Konrad-Adenauer Stiftung
阿迦汗基金会　Aga Khan Foundation
阿列夫基金会　Aleh Foundation
埃斯佩兰萨国际基金会　Esperanza International Foundation
爱尔兰科学基金会　Science Foundation Ireland
安全世界基金会　Secure World Foundation
安全政策中心　Center for Security Policy
安泽国际救援协会　Adventist Development Relief Agency
奥本海默基金　Oppenheimer Funds
奥斯汀博爱组织　Caritas of Austin
澳大利亚全球基金会　Australian Global Foundation
巴迪基金会　Badi Foundation
巴勒斯坦儿童救助组织　Palestine Children's Relief Fund
巴萨特基金会　Basat Foundation
巴西基金会　Brazil Foundation
半边天基金会　Half The Sky Foundation
保尔森基金会　Paulson Institute Foundation

保护国际基金会　Conservation International

贝利马丁基金会　Barry & Martin's Trust

贝纳海姆基金会　Bernheim Fund

比尔及梅琳达·盖茨基金会　Bill & Melinda Gates Foundation

伯奈锡安基金会　Bnai Zion Foundation

博杜安国王基金会　King Baudouin Foundation

博卡援助之手　Boca Helping Hands

布法罗天主教慈善会　Catholic Charities of Buffalo

残障帮扶组织　Easter Seals Capper Foundation

诚信报告组织　Honest Reporting

达米恩基金会　Damien Foundation

丹福思基金会　Danforth Foundation

德国国际合作机构　GIZ

德国海因里希·伯尔基金会　Heinrich Boell Foundation

德国技术合作组织　Internationale Zusammenarbeit

德国米苏尔社会发展基金会　Misereor Foundation

东湾天主教慈善会　Catholic Charities of the East Bay

儿童成就中心　Achievement Centers for Children

儿童春天基金会　Childspring International

儿童饥饿基金　Children's Hunger Fund

儿童权利联盟　Alliance for Children's Rights

儿童救助组织　Child Aid

儿童乐益会　Right To Play

儿童投资基金会　The Children's Investment Fund

儿童协会　Children Incorporated

法布雷托儿童基金会　Fabretto Children's Foundation

反家暴服务组织　Family Violence Prevention Services

费舍尔家庭基金会　Fisher House Foundation

佛教慈济慈善事业基金会　Buddhist Compassion Relief Tzu

弗雷德·霍洛基金会　The Fred Hollows Foundation

弗里德里希艾伯特基金会　Friedrich – Ebert – Stiftung Foundation

扶轮基金会　The Rotary Foundation of Rotary International

服务社区行动组织　Action in community Through Service

福布莱特基金会　Fulbright Association

福特基金会　Ford Foundation

妇女就业协会　Women Employed

赋权国际　Empowering Lives International

格诺威特基金会　Greennovate Foundation

贡德基金会　KunDe Foundation

构建全球卫生基金会　Accordia Global Health Foundation

古根海姆基金会　John Simon Guggenheim Foundation

硅谷友善会　Goodwill of Silicon Valley

国际艾滋病联盟　International HIV/AIDS Alliance

国际草根协会　Grassroots International

国际儿童基金　International Children's Fund

国际儿童组织　Children International

国际孤儿援助团　The Global Orphan Project

国际计划　Plan International

国际家庭护理　Family Care International

国际教育协会　Institute of International Education

国际救助儿童会　Save the Children Foundation

国际美慈组织　Mercy Corps

国际青年基金会　International Youth Foundation

国际十字组织　Cross International

国际卫生权利组织　Health Right International

国际文化交流组织　AFS International Exchange

国际药物共享　MedShare International

国际医疗救援组织　MAP International

国际援助会　Assist International

国际正义组织　International Justice Mission

国际志愿者　Global Volunteers

国际治疗　CURE International

国际致善协会　Compassion International

国际助残　Handicap International

国际助老会　Help Age International

国际可持续发展研究院　International Institute for Sustainable Development

海地儿童之光　Hope for Haiti's Children

海地外联　Haiti Outreach

海地卫生基金会　Haitian Health Foundation

海伦凯勒国际救助　Helen Keller International

好尔公益　Haoergy

亨利·鲁斯基金会　The Henry Luce Foundation

亨利街综合服务　Henry Street Settlement

护家国际联盟　Family Legacy Missions International

环球协力社　Global Links Initiative

饥饿儿童援助会　Aid for Starving Children

基督教高级服务组织　Christian Senior Services

基督人权组织　Christ for Humanity

加拿大合作协会　Canadian Cooperative Association

加拿大基督教慈善协会　Canadian Council of Christian Charities

家庭暴力干预组织　DVIS/Call Rape

嘉道理慈善基金会　Kadoorie Charitable Foundation

柬埔寨儿童基金会　Cambodian Children's Fund

教育联合会　Cooperative for Education

解放儿童基金会　Free The Kids

捐赠中国慈善基金会　Chinese Philanthropy Global Partnership

卡罗莱那促民组织　Carolina for Kibera

卡萨斯开拓者基金会　Casas Por Cristo

开源地理空间基金会　Open Source Geospatial Foundation

凯洛格基金会　Kellogg Foundation

康拉德·阿登纳基金会　Konrad – Adenauer – Stiftung

壳牌基金会　Shell Foundation

克林顿基金会　The Clinton Foundation

库拉马瑞卡斯国际组织　Curamericas Global

酷刑受难者中心　Center for Victims of Torture

跨越边界　Beyond Borders

拉美裔全国委员会　National Council of La Raza

莱福德恰伊基金会　Lyford Cay Foundation

利众基金会　Trace Foundation

连氏援助组织　Lien Aid

联合国志愿人员组织　UN Volunteers

联合国儿童基金会　United Nations International Children's Emergency Fund

粮食济贫组织　Food For The Poor

流浪儿童基金　Abandoned Children's Fund

瘘管基金会　Fistula Foundation

罗伯特博世基金会　Robert Bosch Stiftung Foundation

罗森沃尔德基金会　Rosenwald Fund

洛克菲勒基金会　Rockefeller Foundation

洛杉矶天主教慈善机构　Catholic Charities of Los Angeles

梅里尔基金会　Merrill Foundation

湄公学院　Mekong Institute

美国慈善瞭望　CW

美国慈善统计中心　NCCS

美国慈善协会　American Institute of Philanthropy

美国儿童成长基金会　Children of The Americas

美国儿童基金会　Children of Armenia Fund

美国儿童权益组织　Child Rights And You America

美国菲利浦海的基金会　Phillip Hayden Foundation

美国公民基金会　The Citizens Foundation USA

美国公谊服务委员会　American Friends Service Committee

美国关怀基金会　AmeriCares Foundation

美国国际美慈组织　Mercy Corps

美国国际文化交流机构　AFS – USA

美国国际援助　ActionAid International USA

美国行动　Operation USA

美国环保协会　Environmental Defense Fund

美国基金会中心网　Foundation Center

美国近东难民援助组织　Ameican Near East Refugee Aid

美国卡菲德组织　Camfed USA

美国康巴援助基金会　Kham Aid Foundation

美国可持续发展社区协会　Institute for Sustainable Communities

美国亚洲志愿者协会　Volunteers in Asia

美国印度基金会　American India Foundation

美国犹太人世界服务会　American Jewish World Service

美中环境基金会　US – China Environmental Fund

美洲基金　American Fund

美洲开发志愿联盟　Volunteers for Inter – American Development Assistance

民族儿童组织　Children of the Nations

摩根纪念友善会　Morgan Memorial Goodwill Industries

墨卡托基金会　Stiftung Mercator Foundation

南非发展基金　South Africa Development Fund

尼泊尔青年救助协会　Nepal Youth Foundation

女孩教育指导服务机构　Girls Educational & Mentoring Services

欧洲森林研究所　European Forest Institute

朋友无国界　Friends Without A Border

皮博迪教育基金会　Peabody Education Fund

普仁罗华基金会　The Prem Rawat Foundation

奇迹之家　The Miracle Foundation

气候债券倡议组织　Climate Bonds Initiative

桥梁基金　The Bridge Fund

钦博特之友　Friends of Chimbote

全球艾滋病联盟　Global AIDS Interfaith Alliance

全球关爱项目　Project C. U. R. E.

全球基金　The Global Fund to Fight AIDS

全球紧急援助　World Emergency Relief

全球救济　Globus Relief

全球捐赠组织　Global Giving

全球联系　Global Links

全球伦理基金会　Global Ethic Foundation

全球绿色资助基金会　Global Green Grants Fund

全球卫生服务组织　Global Health Ministries

全球文化遗产基金会　Global Heritage Fund

全球希望网络　Global Hope Network International

全球援助联盟　Global Aid Network

人道主义联盟　A Humanitarian Alliance

人道主义援助中心　Focus Humanitarian Assistance USA

人皆有食　Food For All

人权观察　Human Rights Watch

人权优先　Human Rights First

仁爱教育基金　Ubuntu Education Fund

日本国际交流基金会　The Japan Foundation

瑞典老年痴呆症基金会　Swedish Alzheimer's Foundation

瑞士动物保护协会　Swiss Animal Protection

塞奇基金会　Russell Sage Foundation

社区伙伴　Partnerships for Community Development

生活的艺术基金　The Art of Living Foundation

圣波尼菲斯海地基金会　St. Boniface Haiti Foundation

拾穗人　Gleaning for the World

世界动物保护协会　World Animal Protection

世界儿童保育组织　Childcare Worldwide

世界健康基金会　The Global Health Foundation

世界救济基督会　Church World Service

世界救助组织　World Care

世界粮食计划署·美国　World Food Program USA

世界绿色气候机构　World Green Climate Association

世界未来基金会　World Future Foundation

世界医疗救济　World Medical Relief

世界自然基金会　World Wildlife Fund

手牵手机构　Hand in Hand Ministries

守望地球 Operation Earth

树华教育基金会 The Soar Foundation

思科基金会 Cisco Foundation

斯波坎天主教慈善会 Catholic Charities of Spokane

斯莱特基金会 Slater Fund

斯塔基金会 Starr Foundation

苏莽基金会 Surmang Foundation

台达电子文教基金会 Delta Electronics Foundation

汤森路透基金会 Thomson Reuters Foundation

天主教救济发展组织 Episcopal Relief and Development

天主教社会服务组织 Catholic Social Services

铁匠学院 The Blacksmith Institute

网络希望 Net Hope

网络援助 Net Aid

危机管理组织 Crisis Control Ministy

危机中的儿童 Children In Crisis

维基媒体基金会 Wikimedia Foundation

维珍美国联合会 Virgin Unite USA

沃斯堡天主教慈善机构 Catholic Charities Fort Worth

无国界卫生组织 Health Poverty Action

喜马拉雅研究发展基金会 Himalaya Foundation

心连心国际组织 Heart to Heart International

新加坡国际基金会 Singapore International Foundation

新兴力量 EMpower

新以色列基金 New Israel Fund

休斯顿艾滋病基金会 AIDS Foundation Houston

休斯顿妇女中心 Houston Area Women's Center

休斯顿女性职业规划中心　Dress for Success Houston

雅德扶贫美国之友　American Friends of Yad Eliezer

雅莎拉友好医疗服务组织　Friends of Yad Sarah

亚伯拉罕基金会　The Abraham Fund Initiatives

亚美尼亚慈善联盟　Armenian General Benevolent Union

亚美尼亚救济基金　Fund for Armenian Relief

亚洲备灾中心　Asian Disaster Preparedness Center

亚洲动物基金会　Animals Asia Foundation

亚洲基金会　The Asia Foundation

亚洲经济通讯社　Asian Economy News Agency

延伸希望组织　Outreach

耶路撒冷基金会　The Jerusalem Foundation

耶路撒冷神学院之友　American Friends of Ateret Cohanim

野生动植物保护国际　Fauna & Flora International

叶敏奥德友好服务组织　Friends of Yemin Orde

以色列癌症协会·美国　Israel Cancer Association USA

以色列发展组织·美国　Emunah of America

以色列一体基金会　One Israel Fund

印度达利特人自由联盟　Dalit Freedom Network

印度发展救济基金会　India Development and Relief Fund

印度发展协会　Association for India's Development

印度扶贫基金会　Help the Helpless

英国海外志愿服务社　Voluntary Service Overseas

英国文化协会　British Council

犹太国际基金会　Jewish National Fund

犹太人职业服务组织　Jewish Vocational Service

援助矩阵基金会　The Aidmatrix Foundation

灾贫援助发展组织　Helping Hand for Relief and Development

长叶伙伴基金　Longleaf Partners Funds

拯救非洲　Heal Africa

拯救饥饿儿童　Kids Against Hunger

直接救济基金会　Direct Relief

祝福国际　Blessings International

滋根基金会　Zigen Fund

附录二 港澳台支持性社会组织名录

中华环保联合会　All – China Environment Federation
慈济国际人道援助会　Tzu Chi International Humanitarian Aid Association
台湾非政府组织国际交流协会　The NGOs Association for Internetional Affairs
安宁照顾基金会　Hospice Foundation of Taiwan
澳门发展策略研究中心　CPEDM
澳门基金会　Fundacao Macau
澳门同济慈善会　Macao Tong Chai Charity Association
澳门义务工作者协会　Association of Volunteers Social Service Macao
巴迪基金会　BaDi Foundation
陈一心家族慈善基金会　The Chen Yet – Sen Family Foundation
成长希望基金会　Changing Young Lives Foundation
创世社会福利基金会　Genesisi Social Welfare Foundation
慈济慈善事业基金会　Compassion Relief Tzu CHI Foundation
东华三院　Tung Wah Group of Hospitals
佛光山慈悲社会福利基金会　FGS Foundation
富邦文教基金会　Fubon Cultural & Educational Foundation
港澳台湾慈善基金会　HK & Macau Taiwanese Charity Fund Ltd
国家政策研究基金会　National Policy Research Foundation
罕见疾病基金会　Taiwan Foundation for Rare Disorders
弘道老人福利基金会　HONDAO Senior Citizen's Welfare Foundation

华夏基金会　HuaXia Foundation

环境资源研究发展基金会　Institute of Environment and Resources

家乐福文教基金会　JiaLeFu Foundation

兼善天下社会服务志业协会　Alliance for the Public Good

莲花慈善基金会　Lotus Charitable Foundation

龙应台文化基金会　Lung Yingtai Cultural Foundation

美化环境基金会　Beautiful Taiwan Foundation

全联庆祥慈善事业基金会　Qing Xiang Foundation

时代基金会　Epoch Foundation

台北市爱慈社会福利基金会　Aidcare Foundation

台北市北投文化基金会　BeiTou Culture Foundation

台湾癌症基金会　Formosa Cancer Foundation

台湾大哥大基金会　Taiwan Mobile Foundation

台湾动物紧急救援推广协会　Animal Rescue Team TaiWan

台湾儿童暨家庭扶助基金会　Taiwan Fund for Children and Families

台湾公益团体自律组织联盟　TaiWan NPO Self-Regulation Alliance

台湾国际劳工协会　Taiwan Labor Development Association

台湾海峡交流基金会　Straits Exchange Foundation

台湾好基金会　Lovely Taiwan Foundation

台湾红丝带基金会　Taiwan Aids Foundation

台湾绿色生产力基金会　Taiwan Green Productivity Foundation

台湾民主基金会　Taiwan Foundation for Democracy

台湾沙游治疗协会　Sandplay Therapy Association

台湾社会工作专业人员协会　Taiwan Association of Social Workers

台湾外展教育发展基金会　Outward Bound Taiwan

台湾维新基金会　Weixin Foundation

台湾文化会馆基金会　Foundation of Taiwan Culture

台湾物理治疗学会　Taiwan Physical Therapy Association

台湾医界联盟基金会　Taiwan Medical Professionals Alliance

台湾营养基金会　Nutrition Foundation of Taiwan

台湾阅读文化基金会　Taiwan Reading Cuture Foundation

台湾智库基金会　Taiwan Thinktank Foundation

台湾专科护理师学会　Taiwan Association of Nurse Practitiners

团结香港基金会　Our Hong Kong Foundation

吴三连台湾史料基金会　Theme Zalive by Zenoven

喜马拉雅研究发展基金会　Himalaya Foundation

夏潮基金会　ChinaTide Foundation

香港癌症基金会　HONG KONG Cancer Fund

香港恩泽慈善基金会　Hong Kong en–ze Charity Foundation

香港福慧慈善基金会　FuHui Foundation

香港妇女基金会　Hong Kong Women's Foundation

香港格莱珉基金会　Grameen Foundation

香港公益金　The Community Chest

香港和撒那基金会　The Better Hong Kong Foundation

香港红十字会　Hong Kong Red Cross

香港基本法教育协会　The Basic Law of the Hong Kong Association

香港建华基金会　Jian Hua Foundation

香港乐施会　OXFAM Hong Kong

香港林护基金会　Linhu Foundation

香港菩隆行基金会　Hongkong Pu long line fund

香港青年关爱协会　Hong Kong Youth Care Association Limited

香港青年协会　HKFYG

香港青年研究院　Hongkong Youth Academy

香港桑麻基金会　Hongkong Sangma Foundation

香港伤残青年协会　HONG KONG Federation of Handicapped Youth

香港世界贸易组织研究中心　Hong Kong WTO Research Institute

香港思源基金会　Si Yuan Foundation

香港天邻基金会　HIS Foundation

香港田家炳基金会　Tin Ka Ping Foundation

香港小平教育基金会　Xiaoping Education Foundation

香港言爱基金会　Hongkong Love foundation

香港择善基金会　ZeShan Foundation

香港智行基金会　Hong Kong Chi Heng Foundation

香港中华能源基金会　China Energy Fund Committee

香江文化交流基金会　C S Culture Foundation

心路社会福利基金会　Syin – Lu Social Welfare Foundation

心知文教基金会　Insight Cultural and Educational Foundation

新台湾和平基金会　New Taiwan Peace Foundation

新台湾人文教基金会　New Taiwanese Cultural Foundation

信宜基金会　Hsin – Yi Foundation

伊甸社会福利基金会　Eden Social Welfare Foundation

医疗财团法人台湾血液基金会　Tanwan Blood Services Foundation

中国文化院　China Academy of Culture Limited

中华民国的医务社会工作协会　Medical Social Work Association

中华民国药师公会全国联合会　TaiWan Medical Association

中华启能基金会　Qi Neng Foundation

中华社会福利联合劝募　United Way

中华心理卫生协会　Mental Health Association Taiwan

中华育幼机构儿童关怀协会　Chinese Childrenhome &Shelter Association

附录三　中国内陆支持性社会组织名录

资金支持型支持性社会组织部分名单

阿里巴巴公益基金会

爱德基金会

北京彩虹桥慈善基金会

北京达理公益基金会

北京法律援助基金会

北京光华慈善基金会

北京巧女公益基金会

北京三一公益基金会

北京市企业家环保基金会

北京天使妈妈儿童慈善救助基金会

北京嫣然天使儿童医院

北京億方公益基金会

北京银泰公益基金会

比亚迪慈善基金会

春桃慈善基金会

广东青少年发展基金会

广东省扶贫基金会

广东合生珠江教育发展基金会

广东省何享健慈善基金会

广东省绿芽乡村妇女发展基金会

广东省千禾社区公益基金会

广东省与人公益基金会

广东省紫琳慈善基金会

河仁慈善基金会

华鼎国学研究基金会

江苏陶欣伯基金会

老牛基金会

南都公益基金会

刘鸿儒金融教育基金会

青岛市华泰公益基金会

陕西福智慈善基金会

上海联劝公益基金会

上海仁德基金会

上海市慈善基金会

深圳市龙越慈善基金会

深圳壹基金公益基金会

深圳市亚太国际公益教育基金会

四川省城乡统筹发展基金会

新联合公益基金会

兴业慈善基金会

浙江敦和慈善基金会

浙江天景生公益基金会

正荣公益基金会

中国扶贫发展基金会

中国妇女发展基金会

中国光华科技发展基金会

中国青少年发展基金会

中国人口福利基金会

中国社会福利基金会

中国社会救助基金会

中华环境保护基金会

中华少年儿童慈善救助基金会

中华社会文化发展基金会

珠海市扶贫基金会

自然之友基金会

能力支持型支持性社会组织部分名单

ICS 创新空间

SIYR 思益

艾特公益服务中心（它公益）

爱德社会组织培育中心

爱氧星互联网公益传播平台

安徽益和公益服务中心

安庆信益社会评估事务所

包头市昆区社会组织孵化中心

宝鸡金台区社会组织发展服务中心

北京爱心零距离公益服务中心

北京春泽社会服务能力促进与评估中心

北京德力社会组织评估与服务中心

北京恩玖非营利组织发展研究中心

北京富群社会服务中心

北京互联社会组织资源中心

北京华益社会工作促进中心

北京惠泽人公益发展中心

北京健康城市建设促进会

北京里仁社区建设促进中心

北京明明德人才发展中心

北京七悦公益服务中心

北京尚德社会组织能力建设促进中心

北京市东城区社会组织指导服务中心

北京市房山区社会组织服务中心

北京市丰台区丰台街道社会组织服务指导中心

北京市丰台区和义社会组织孵化培育合作中心

北京市社会组织孵化中心

北京市顺义区社会组织培育发展中心

北京市西城区社会组织孵化中心

北京幸福家公益服务中心

北京益微青年公益发展中心

北京煜博社会组织服务指导中心

北京致诚社会组织矛盾调处与研究中心

倍能组织能力建设与评估中心

滨州市社会组织孵化服务中心

常熟市社会组织培育中心

成都爱思青年公益发展中心

成都倍力社会组织发展促进中心

成都多思公益服务中心

成都高新区菩提社区发展中心

成都高新区推动力公益发展中心

成都公益组织服务园

成都锦江区社会组织孵化中心

成都绿之叶公益发展促进中心

成都青年社会组织创新中心

成都青朴社会工作服务中心

成都善利公益发展中心

成都市金牛区源之心社会工作服务中心

成都市田园社会工作服务中心

成都市温江区涌泉滴水公益社会组织服务中心

成都蜀光社区发展能力建设中心

成都温江区柳城街道社区治理支持中心

成都武侯区社会治理创新服务园

成都责仁社会组织发展促进中心

成都众信社会组织发展服务中心

创益成长

大连社会组织示范孵化基地

大连市沙河口区黑石礁街道帮万家社会组织孵化基地

大连市中山区葵英街道社会组织孵化基地

大连市中山区社会组织孵化基地

德州市社会工作创业扶持中心

东莞市现代社会组织评估中心

东营市垦利县汇益社会组织孵化中心

鄂尔多斯社会组织管理服务中心

鄂尔多斯益启公益组织发展中心

恩派公益组织发展中心

福州微时刻公益服务中心

甘肃简公益发展中心

广东济德文化公益服务中心

广东开元社会服务研究中心

广州恭明社会组织发展中心

广州日行一善公益发展中心

广州市番禺区绿石头社区公益服务中心

广州市番禺区现代公益组织研究与评估中心

广州市青年社会组织孵化基地

广州市社会组织培育基地

广州市同道公益发展中心

广州市同行社会服务发展中心

广州市越秀区新南社会发展服务中心

广州中山青年社会创新园

贵阳市乌当区滴水公益服务中心

贵阳市乌当区家悦社区发展与研究中心

哈尔滨市道里区嘉仁公益服务发展中心

海南省东方妙喜公益服务促进会

海南省惠众社会工作服务中心

汉中市青年社会组织孵化基地

行动亚洲生命关怀能力发展中心

杭州恩友社会组织服务中心

杭州恩众公益事业发展中心

杭州青年公益社会组织服务中心

杭州市上城区博信公益发展服务中心

杭州市上城区明德公益事业发展中心

杭州市上城区社会组织服务中心

杭州市上城区爱你公益服务中心

杭州市社会组织服务中心

杭州市余杭区社会组织服务中心

合肥市包河区社会组织创新园

合肥市包河区社会组织发展中心

合肥市庐阳区社会组织创新园

合肥势成非营利组织风险管理中心

河南社区支持交流评估中心

河南社区组织支持交流中心

湖北省妇女儿童社会组织孵化基地

湖南乐创公益慈善发展中心

湖南省益加青社会组织服务中心

湖南省株洲市青年社会组织孵化培育基地

湖南省株洲市社会组织孵化培育基地

湖南长沙仁与公益组织发展与研究中心

湖州市社会组织服务中心

华夏公益服务中心

惠州市爱之声公益文化发展中心

吉安市吉州区社会组织发展中心

济南历下区社会组织培育发展中心

济南市槐荫区社区社会组织孵化基地

济南市市中区乐家园社会组织服务中心

济南市市中区社会组织创新园

济南市中群益社会组织服务孵化中心

嘉兴市社会组织培育发展中心

嘉兴市秀洲区社会组织培育发展中心

江苏华益社会组织评估中心

金华市社会组织服务中心

金华同声公益服务中心

北京市石景山区芯动力社会组织发展中心

九江市社会组织孵化基地

兰州市西固区天益社会工作服务中心

丽水市社会组织服务中心

量子公益服务中心

米公益

南昌爱益公益发展中心

南昌市青云谱区社会组织孵化中心

南昌市社会组织孵化中心

南昌益心益意公益服务中心

南京互助社区发展中心

南京江宁青年公益组织培育中心

南京社会工作园

南京市溧水区社会组织服务中心

南京市栖霞区社会组织培育发展服务中心

南京市协作者社区发展中心

南京市玄武区社会治理创意园

南京益民社会服务中心

南京雨花台区社会组织孵化中心

宁波市海曙区社会组织服务中心

宁波市社会组织服务中心

宁波市阳明公益事业发展中心

青岛社会组织创新园

青岛市东方公益助残中心

青岛市市北区社会组织创益工场

青岛市市北区益创中心

青山湖区社会组织孵化中心

青翼社会工作人才服务中心

衢州市社会组织服务中心

厦门市湖里区社会组织服务园

山东公益服务中心

山东省济南市基爱社工服务中心

陕西妇源汇性别发展培训中心

陕西零贰玖公益服务中心

陕西绿草地社区文化促进中心

陕西普辉青年社会发展中心

陕西尚善公益发展中心

陕西新愿公益服务中心

陕西益邦人才服务中心

陕西众益社会组织服务中心

陕西筑梦公益发展中心

上海大桥街道公益性社会组织孵化园

上海多阅公益文化发展中心

上海复恩社会组织法律服务中心

上海虹口区社会组织孵化实践基地

上海黄浦区18号公益园

上海静安区社会组织评估事务服务中心

上海绿洲公益发展中心

上海闵行区社会组织孵化园

上海明日公益事业发展中心

上海平凉街道乐银龄社会组织孵化园

上海浦东公益服务园

上海浦东新区博爱家园公益服务中心

上海浦东新区川沙新镇社会组织服务中心

上海浦东新区时间银行公益事业发展中心

上海浦东新区洋泾社会组织服务中心

上海市社会创新孵化园

上海松江区社会组织服务园

上海索益公益文化发展中心

上海探索公益文化发展中心

上海梧桐绿公益促进中心

上海星辰社会组织支持中心

上海徐汇区社会公益孵化园

上海延吉街道社区社会服务中心

上海杨浦区公益创新实践园

上海杨浦区雷励青年公益发展中心

上海杨浦区青年公益服务支持中心

上海银根公益事业发展中心

上海映绿公益事业发展中心

上海展望计划公益促进中心

上海长宁区社会组织创新实践园

绍兴市社会组织服务中心

深圳市阿斯度社会组织自律服务中心

深圳市创新谷社会服务发展中心

深圳市福田区企创非营利组织发展中心

深圳市汇贤公共服务促进中心

深圳市罗湖区光合春田社会组织发展中心

深圳市罗湖区和粤公益发展中心

深圳市明善公益事业发展中心

深圳市奇点非营利组织发展中心

深圳市图鸥公益事业发展中心

深圳小鸭嘎嘎公益文化促进中心

沈阳沈河区社会组织孵化基地

沈阳铁西区社会组织孵化基地

四川和仁社会公益发展研究中心

四川民新社会组织发展研究中心

四川尚明公益发展研究中心

四川省群团社会组织服务中心

四川毅华国际文化交流发展中心

苏州 LESGO 公益小组

苏州工业园区社会创新发展中心

苏州工业园区社会组织培育基地

苏州公益园

苏州昆山市爱德社会组织培育中心

苏州乐仁乐公益发展与评估中心

苏州乐仁乐助社会创新机构

苏州市沧浪区公益孵化园

苏州市高新区公益性社会组织培育中心

苏州市姑苏区盛蔓公益服务社

苏州市平江区公益组织培育中心

苏州市吴中区社会组织服务中心

苏州益支点公益发展服务中心

台州市青年社会组织服务中心

台州温岭市社会组织服务中心

太原市社区社会组织服务中心

泰嘉安存创业创新工场

泰州靖江市社会组织培育中心

泰州市海陵区社会组织培育中心

泰州市社会组织孵化中心

泰州市医药高新区社会组织发展服务中心

天津滨海新区社会组织孵化园

天津和平区社会组织孵化中心

天津经济技术开发区社区社会组织孵化基地

天津社会组织服务管理中心

天津西青区社会组织孵化器

铜川市王益区社会组织孵化基地

威海市社会组织孵化园

微时刻公益服务中心

潍坊市新路社会组织发展中心

渭南青年社会组织培育中心

温州市社会组织服务中心

温州市温创小微企业服务中心

乌海市社会组织孵化基地

无锡春晖青年公益发展中心

无锡公益创新创业园

无锡市滨湖区河埒街道益巢社会组织孵化园

无锡市滨湖区社会组织服务发展中心

无锡市崇安区普济公益社会组织发展中心

无锡市惠山区社会组织孵化中心

无锡市南长区社会组织孵化基地

无锡市锡山区社会组织孵化中心

无锡新区社会组织孵化服务园

芜湖市社会组织培育中心

武汉爱熙社会工作服务中心

武汉市硚口区社会组织孵化园

武汉市武昌区晓庄公益助力中心

武汉禧乐社会组织服务中心

西安市社区治理创新服务中心

锡林郭勒盟社会组织孵化基地

咸阳市青年社会组织培训发展中心

心益创研

徐州沛县社会组织公益园

徐州市云龙区社会组织服务中心

徐州新沂市社会组织培育发展中心

延安青年社会组织孵化基地

延边龙井市社会组织孵化站

扬州市社会组织培育发展中心

伊金霍洛旗双孵化园

宜信信翼 V 课堂

益家人公益品牌管理

益起来企业社会责任机构

益云社会创新中心

永州社会组织孵化基地

云南草根公益支持中心

云南青年公益组织培育基地

云南协力公益支持中心

枣庄市社会组织孵化园

张家港公益组织培育中心

长春市宽城区社会组织孵化站

长春市绿园区社会组织孵化器

长春市青年社会组织公益服务中心

长沙市共享家社区发展中心

长沙市青年社会组织孵化中心

长沙市社会组织孵化基地

长沙市天心区社会组织孵化管理中心

浙江省启信公益发展中心

镇江市镇江新区社会组织孵化基地

郑州市金水区社会组织孵化基地

郑州市社会组织孵化园

郑州市中原区德佑社会工作服务中心

支点公益事业发展中心

中国公益金融创新计划

中国基金会培训中心

重庆市南岸区益友公益发展中心

重庆市渝中区巴渝公益事业发展中心

重庆市渝中区华扬公益事业发展中心

重庆渝州公益事业服务中心

舟山市社会组织服务中心

珠海市香洲区亲青汇青年社会组织培育发展中心

信息支持型支持性社会组织部分名单

ABC 美好社会咨询社

ISD 爱山东公益创新平台

MSC 咨询

NGO 发展交流网

NGO 资讯网

艾特公益

爱之援助健康咨询服务中心

百度慈善捐助平台

北京恩玖信息咨询中心

北京民政信息网

北京齐纳百思咨询

北京奇点公益信息技术服务中心

北京瑞森德筹款研究中心

北京睿投管理咨询

北京睿熠升公益咨询及传播机构

北京市社会组织公共服务平台

北京万生心语咨询有限公司

北京心汇创益市场咨询

北京益普拉斯信息咨询

北京长策智库信息咨询

北京卓怡信息咨询中心

博源拓智公益咨询中心

常青藤公益网

慈善公益网

慈善家杂志

慈善杂志

慈善中国

凤凰公益

感恩中国

公益宝

公益慈善周刊

公益互助网

公益时报

公益网

公益中国

附录三　中国内陆支持性社会组织名录

广州安之康信息咨询中心

广州社会组织信息网

贵州人公益行动网络

国际公益慈善论坛

国际互助网

和平台

红盾公共安全咨询与服务中心

华夏公益网

华裔公益论坛

环球网公益

江苏公益网

京东公益

京华时报公益周刊

乐力帮公益网

联劝网

灵析

梦想树公益论坛

南都公益观察

宁波慈善网

全球资源网

人民网公益

人民政协报慈善周刊

人人公益

善爱网

善远咨询

上海慈善网

上海社会组织

上海舜益公益咨询

社工中国网

社会创业家杂志

深圳艾普咨询顾问中心

深圳环宇社创管理咨询

世界公益慈善论坛

搜狐公益

苏州公益网

腾讯公益

天津深蓝公共卫生咨询服务中心

微公益

新公益网

新华公益

新浪公益

央广网公益

羊城慈善网

义工网

易宝公益圈

易助网

益桥（北京）管理咨询

云南超轶健康咨询中心

展翼社工网

长春慈善网

支付宝公益平台

中国爱心公益网

中国爱心网

中国慈福公益网

中国慈善家杂志

中国慈善联合会

中国慈善信息平台

中国大学生公益论坛

中国发展简报

中国发展门户网

中国公益传播网

中国公益慈善网

中国公益广告网

中国公益联盟

中国公益论坛网

中国公益人网

中国公益善行网

中国公益事业发展国际论坛

中国公益事业联盟

中国公益网

中国公益文化网

中国公益新闻网

中国公益在线

中国公益组织服务联盟

中国基金会发展论坛

中国基金会网

中国健康、环境与发展论坛

中国青年志愿者网

中国社会公益网

中国社会企业与社会投资论坛

中华慈善在线

中华民生公益网

中民慈善捐助信息中心

自律吧 USDO

智力支持型支持性社会组织部分名单

Aha 社会创新学院

宝鸡英才学院

北京大学公民社会研究中心

北京大学光华－银泰公益管理研究中心

北京大学新结构经济学研究中心

北京大学志愿服务与社会福利研究中心

北京华夏经济社会发展研究中心

北京理工大学公益法研究中心

北京青少年社会工作研究院

北京师范大学社会发展与公共政策学院公益教育研究所

北京师范大学中国公益研究院

成都积善社会责任公益研究与发展中心

成都社会组织学院

德鲁克社会组织学习中心

对外经济贸易大学行业协会研究中心

复旦大学青年组织与公民社会研究中心

广州番禺区现代公益组织研究与评估中心

广州社会组织学院

广州社会组织研究院

广州市社会治理研究中心

鸿·公益学院

湖南大学中国公益创业研究中心

华北电力大学社会企业研究中心

惠信学院

洛阳慈善职业技术学校

绿盟公益学院

南京大学河仁社会慈善学院

南京工业大学浦江学院公益慈善管理学院

南京青年公益学院

普世社会科学研究所

青岛市志愿服务学院

清华-布鲁金斯公共政策研究中心

清华大学 NGO 研究所

清华大学创新与社会责任研究中心

清华大学公益慈善研究院

森吉梅朵慈善学校

上海慈善教育培训中心

上海大学中国社会转型与社会组织研究中心

上海交通大学第三部门研究中心

上海交通大学中国公益发展研究院

上海金融与法律研究院

上海青年公益人才学院

上海现代公益组织研究与评估中心

社会企业研究中心

社会资源研究所

深圳国际公益研究院

深圳社会组织研究院

深圳市现代创新发展研究院

深圳市现代公益组织研究与评估中心
苏州大学社会公共文明研究所
温州大学商人商会研究所
武汉大学公益与发展法律研究中心
武汉科技大学湖北非营利组织研究中心
壹起社会研究中心
益修学院
云南振滇社会组织发展研究院
浙江大学公民社会研究中心
浙江大学宁波理工学院益立方公益学院
正大公益慈善学院
中国基金会培训中心
中国教育创新研究院
中国人口与发展研究中心
中国人民大学非营利组织研究所
中国人民大学中国公益创新研究院
中国人民大学中国调查与数据中心
中山大学公民与社会发展中心
中山大学公益慈善研究中心
中山大学中国公益慈善研究院
中央民族大学管理学院基金会研究中心

综合服务型支持性社会组织部分名单

北京慈善义工协会
北京公益服务发展促进会
北京民办教育协会

附录三 中国内陆支持性社会组织名录

北京青少年社会工作协会

北京人力资源服务行业协会

北京社会工作者协会

北京市残疾人协会

北京市慈善义工联合会

北京市大兴区社会组织联合会

北京市律师协会

北京市民间组织国际交流协会

北京市农民专业合作社联合会

北京市社会心理工作联合会

北京市西城区社会工作者联合会

北京市志愿者联合会

北京外商投资企业协会

北京注册会计师协会

成都慈善会

成都社会工作者协会

成都市公益慈善联合会

成都云公益发展促进会

城市社区参与治理资源平台

大连市青年公益事业发展促进会

佛山市社会工作委员会

佛山顺德区社会服务联会

福建省慈善总会

甘肃省社会组织促进会

公益筹款人联盟

广东社会工作委员会

广东社会组织联合会

广东中山青年联合会

广西名高公益联盟

广州公益组织发展合作促进会

广州市巾帼社会工作服务中心

广州市科技类社会组织服务中心

广州市青宫社会组织发展服务中心

广州市志愿者联合会

贵州省妇女能力建设与发展促进会

海西公益联盟

河北省社会工作促进会

河南省慈善总会

零废弃联盟

南京互助社区发展中心

内蒙古公益慈善事业发展促进会

宁夏慈善公益组织联合会

宁夏义工联合会

青少年志愿者联盟

全球消除贫困联盟－中国网络组织

山东省中小企业服务机构促进会

上海浦东新区社会工作协会

深圳市福田区社会工作协会

深圳市公益救援志愿者联合会

生态人类联合会

首都慈善公益组织联合会

四川省群团组织社会服务中心

四川省枢纽型社会组织联合平台

浙江省温州市创新创业文化促进会

中关村社会组织联合会

中国爱国主义志愿者协会

中国慈善联合会

中国福利会

中国公益事业联盟

中国公益组织服务联盟

中国教育改进联盟

中国民间志愿服务联盟

中国贫困地区文化促进会

中国社会工作协会

中国社会组织促进会

中国小额信贷联盟

中山市共同长大公益服务中心

中山市青年志愿者协会

中山市清风自游人公益服务中心

中山市职工服务类社会组织联合会

资阳市公益协会

资阳市众善公益协会

图书在版编目(CIP)数据

支持性社会组织概览/丘仲辉主编.--北京：社会科学文献出版社，2019.4
 ISBN 978-7-5201-4299-1

Ⅰ.①支… Ⅱ.①丘… Ⅲ.①社会组织-研究-中国 Ⅳ.①C912.21

中国版本图书馆CIP数据核字（2019）第026893号

支持性社会组织概览

主　　编 / 丘仲辉
副 主 编 / 佘红玉　陈友华

出 版 人 / 谢寿光
责任编辑 / 陈　颖

出　　版 / 社会科学文献出版社·皮书出版分社（010）59367127
地址：北京市北三环中路甲29号院华龙大厦　邮编：100029
网址：www.ssap.com.cn
发　　行 / 市场营销中心（010）59367081　59367083
印　　装 / 三河市尚艺印装有限公司
规　　格 / 开本：787mm×1092mm　1/16
印　张：17.5　字　数：241千字
版　　次 / 2019年4月第1版　2019年4月第1次印刷
书　　号 / ISBN 978-7-5201-4299-1
定　　价 / 88.00元

本书如有印装质量问题，请与读者服务中心（010-59367028）联系

▲ 版权所有 翻印必究